本书获广东外语外贸大学"211工程"
三期重点学科建设子项目立项资助（GDUFS211-1-086）

日本佛教源流

韦立新　任　萍◎编著

中国出版集团
世界图书出版公司
广州·上海·西安·北京

图书在版编目（CIP）数据

日本佛教源流 / 韦立新, 任萍编著. — 广州：世界图书出版广东有限公司, 2013.2

ISBN 978-7-5100-5711-3

Ⅰ.①日… Ⅱ.①韦… ②任… Ⅲ.①佛教史—研究—日本 Ⅳ.① B949.313

中国版本图书馆 CIP 数据核字 (2013) 第 023559 号

日本佛教源流

责任编辑	孔令钢
出版发行	世界图书出版广东有限公司
地　　址	广州市新港西路大江冲 25 号
	http://www.gdst.com.cn
印　　刷	北京振兴源印务有限公司
规　　格	787mm×1092mm　1/16
印　　张	11.25
字　　数	208 千
版　　次	2013 年 2 月第 1 版　2021 年 7 月第 2 次印刷
ISBN	978-7-5100-5711-3/B・0057
定　　价	40.00 元

版权所有，翻印必究

前　言

　　佛教自经朝鲜半岛传入日本之后，虽然也曾一度遭遇了大和朝廷中固守传统、力主排佛的保守势力的百般阻挠和反对，但最终因当时欲引入并借助大陆先进文化以振兴国家的大势所趋，在时任摄政的圣德太子的推动下，迅速一度成为了日本的"国教"。其后一直作为日本的主要宗教之一，给日本的社会、历史和文化以及日本人的生活带来重大而深远的影响。其在日本的传播和发展，不仅在某种意义上推动了日本社会、经济的发展，对日本文化的形成和构建也起到了积极的作用。正如杨曾文先生在其《日本佛教史》（新版）序中所言，"正因为佛教在日本历史上曾占有如此重要的地位和发挥了重大作用，所以在回顾和研究日本的历史文化的时候，不能不接触到佛教，写日本古代史、文化史、思想史、哲学史、文学史、艺术史等，都必须联系到佛教，甚至把它作为重要内容。"了解和研究日本佛教及其历史源流，对于理解和认识日本人及日本文化，了解中日两国文化交流的历史，进而更进一步理解和把握整个东亚文明，无疑有着非常重要而积极的意义。

　　时至今日，在日本佛教史的研究方面，中外都不乏权威的研究成果问世。笔者虽然一直对中日佛教文化关系、佛教文化交流史、日本禅宗史饶有兴趣，也曾尝试过围绕宋元时期"中国禅的东传与日本禅的形成和发展"而展开的两国佛教文化关系做一些粗浅的探讨和研究，并不自量力地勉力付梓（《宋元时期中日佛教文化关系》，香港开益出版社2003版），但作为对日本佛教及其发展历史颇感兴趣的后学者，既无深厚而足够的研究积淀，也无更多的独到见解足以催生出更有价值的日本佛教史来，因此只能以概述的形式，将自以为应该或值得提起的人物和事件作简略记述。同时，为更好把握日本佛教文化，了解其源流，对其史上各个时期形成的宗派，活跃在史上的重要人物及主要事迹，以及古今著名寺院、重要佛教著作都分设章节加以介绍。关于日本人撰写的重要佛教著作部分，经笔者考据远不止书中所列，但因其中有不少著述在《诸宗章疏目录》（《大日本佛教全书》第九十五卷）里虽有记载，却并无现存，故在本书中暂作舍弃不记处理。

　　本书佛教史概述部分对"古"的源流部分显得略有偏重，而似乎在对近现代部分的记述方面略显粗略，给人以"厚古薄今"之感。这也许与笔者的偏爱有一

定关系。但是，该书既然名为"日本佛教源流"，并旨在让读者从佛教史、佛教文化的角度去更好地认识、理解和把握日本文化，则自然应该对在日本文化形成和构建方面起到决定性作用的"源流"部分有所偏重，这应该是情有可原的吧。但愿读者能借助此书，对日本佛教文化的源流有所了解，从而加深对日本文化的认识和理解。

另外，作为日本佛教史的概述，既然不允许用足够的篇幅来进行详细而全面的记述，就唯有大刀阔斧地进行取舍。但有必要指出的是：对日本佛教史上的史实和人物的取舍和把握，或对同一人物或事件的评价和解读，都将必然或多或少地掺杂有作者的主观成分，正如学问、见解上的见仁见智一样，窃以为是在所难免的。因此，尽管笔者力求尽可能客观地把日本佛教史的概貌展现给读者，但仍然难免有所偏颇或遗漏，还请读者包涵并批评指正。

目 录

第一章 日本佛教史概述 ··· 001
第一节 佛教的传入 ··· 001
第二节 奈良佛教 ··· 005
第三节 平安佛教 ··· 012
第四节 中世佛教 ··· 022
第五节 近世佛教 ··· 036
第六节 近现代佛教 ··· 040

第二章 日本佛教宗派 ··· 051
第一节 天台宗 ··· 051
第二节 真言宗 ··· 052
第三节 净土宗 ··· 054
第四节 净土真宗 ··· 055
第五节 临济宗 ··· 056
第六节 曹洞宗 ··· 058
第七节 黄檗宗 ··· 059
第八节 日莲宗 ··· 061
第九节 时 宗 ··· 062
第十节 融通念佛宗 ··· 063
第十一节 法相宗 ··· 064
第十二节 华严宗 ··· 065
第十三节 律 宗 ··· 067
第十四节 修验道 ··· 068
第十五节 南都六宗 ··· 069
第十六节 新兴宗教 ··· 071

第三章 日本佛教史上重要人物 ··································· 074
圣德太子 惠慈 旻 役小角 定惠 泰澄 景戒 广智 胜道 玄宾 义真
玄睿 义渊 行基 实惠 光定 道慈 道昭 智凤 最澄 空海 德一 玄昉
良辩 鉴真 道镜 善珠 圆仁 圆珍 圣宝 真济 常晓 圆行 宗睿 安然

真然　宽朝　空也　良源　庆滋保胤　源信　皇庆　奝然　寂照　成寻　永观
良忍　觉猷　觉鑁　皇圆　觉阿　文觉　重源　源空　荣西　慈圆　亲鸾　觉禅
贞庆　明遍　辩长　俊芿　证空　昙照　高辨　道元　睿尊　高峰显日　日莲
荣朝　退耕行勇　圣觉　明全　宗性　凝然　兰溪道隆　圆尔　孤云怀奘　一遍
南浦绍明　宗峰妙超　清拙正澄　莹山绍瑾　一山一宁　雪村友梅　虎关师炼
梦窗疏石　智光　关山慧玄　无学祖元　兀庵普宁　大日能忍　无本觉心
大休正念　春屋妙葩　义堂周信　绝海中津　中岩圆月　满济　一休宗纯
莲如　横川景三　显如　隐元　卍元师蛮　隆光　白隐慧鹤

第四章　日本古今著名寺院 …………………………………………… 101

安国寺　安详寺　宝严寺　本能寺　本法寺　本隆寺　本莲寺　本门寺　本妙寺
本应寺　比苏山寺　禅林寺　长乐寺　长学寺　长谷寺　慈照寺　崇福寺
传法院　大安寺　大乘寺　大德寺　大觉寺　大念佛寺　大石寺　大树寺
当麻　东大寺　东寺　东本愿寺　东福寺　法成寺　法华寺　法界寺　法隆寺
法轮寺　法起寺　佛光寺　佛向寺　高山寺　高雄山寺　根来寺　广隆寺
光明寺　光明山寺　光运寺　桂宫院　观世音寺　海藏寺　弘经寺　欢喜光寺
华严寺　慧日寺　极乐寺　建长寺　建仁寺　金仓寺　金刚峰寺　金光寺
金莲寺　净琉璃寺　净妙寺　净智寺　久远寺　宽永寺　来迎院　莲华寺
六波罗蜜寺　龙安寺　鹿苑寺（金阁寺）　轮王寺　妙本寺　妙光寺　妙觉寺
妙显寺　妙心寺　明王院　南禅寺　平等院　浅草寺　清澄寺　清净光寺　清水寺
青莲院　劝修寺　泉涌寺　壬生寺　日光轮王寺　仁和寺　瑞龙寺　瑞圣寺
如愿寺　三宝寺　三千院　善导寺　善水寺　深大寺　神护寺　神野寺　胜林院
胜光寺　石山寺　寿福寺　双林寺　四天王寺　唐招提寺　醍醐寺　天龙寺
万福寺　万寿寺　往生院　无量光寺　西本愿寺　西大寺　西芳寺　西光寺
西园寺　相国寺　蟹满寺　新善光寺（善光寺）　兴福寺　兴国寺　兴圣寺
修禅寺　学养寺　药师寺　岩船寺　延历寺　野中寺　银阁寺　永光寺　永平寺
园城寺　圆觉寺　圆满院　元庆寺　元兴寺（法兴寺、飞鸟寺）　云居寺　增上寺
贞观寺（嘉祥寺西院）　正法寺　知恩院　智积院　中宫寺　中尊寺　总持院

第五章　日本人撰写的重要佛教著作 …………………………………… 141

《辩显密二教论》　《传光录》　《东域传灯目录》　《法华秀句》　《佛性抄》
《扶桑略记》　《观心本尊抄》　《教时问答》　《教行信证》　《净土源流章》
《觉禅抄》　《开目抄》　《立正安国论》　《秘藏宝钥》　《弥勒讲式》
《明义进行集》　《普劝坐禅仪》　《日本洞上联灯录》　《日本高僧传要文抄》

《日本灵异记》　《日本往生极乐记》　《三代实录》　《三国佛法传通缘起》
《三教鼎足论》　《三教一致之辨》　《三教指归》　《三论大义抄》　《沙石集》
《十善法语》　《十住心论》　《守护国界章》　《天台法华宗义集》
《往生讲式》　《往生要集》　《唯信抄》　《五轮九字明秘密释》　《显戒论》
《兴禅护国论》　《选择本愿念佛集》　《续日本高僧传》　《延宝传灯录》
《一心戒文》　《永平清规》　《元亨释书》　《真禅融心义》　《真言宗教时义》
《正法眼藏》　《正法眼藏随问记》

附录一：日本佛教史大事年表……………………………………… 152
附录二：主要参考文献……………………………………………… 163
后　记……………………………………………………………… 171

第一章 日本佛教史概述

第一节 佛教的传入

说起日本佛教的历史，一般以佛教从印度经西域、中国、朝鲜传入日本时算起。概而言之，即前5—前4世纪草创于印度，在1—2世纪时传入中国，至4世纪后半期传至朝鲜半岛诸国，再于6世纪前半期传入日本。至于佛教正式传入日本的具体时间，则因其说法莫衷一是，且各有理据，[1]所以通常我们只说其初传于6世纪前半期。实际上，除了百济圣明王派使者进献佛像、经论等物之史实外，因日本与中国及朝鲜半岛诸国早已往来频繁，且还有不少其他的官方"公传"及民间"私传"的历史记载，[2]因此，也有人认为佛教可能在更早的时候已经传入日本。

一、佛教传入前的宗教思想

尽管有学者认为，与其他民族相比，远古时代的日本人"多少有点缺乏宗教思想"[3]，但其实他们也和其他民族一样，有着其固有的"原始宗教信仰"。一般来说，"原始宗教思想"主要体现在如何看待"生与死"、"灵与肉"、"现世与来世"等问题上。

从发掘出土的"屈葬人骨"，我们可推测出绳纹文化时代人对死灵的畏惧和防范，由在北九州出土的"瓮棺葬"、"石棺葬"遗址中的陪葬品，可想到弥生文化时代人除了恐惧之外，已开始产生祭祀、抚慰死灵的意识；再由陪葬品中开始出现武具、马具、食器等实用性极强的物品，不难得知其来世信仰思想已经萌芽。

通过特有的祭祀、祈祷和抚慰方式，使祖先死后游魂都变成"善灵"以庇护

---

[1] 据史料记载有来自百济、新罗和高句丽等不同的传入途径，通常以通过官方（朝廷）途径传入的所谓"公传"时间算起，即以百济圣明王派使者献金铜佛像、经论等并上表赞颂佛法这一史实所发生的年代为佛教正式传入日本的时间。但即便如此，对该史实发生的年代的记载也有不同，既有记载为钦明天皇十三年（552）（《日本书纪》）的，也有记载为钦明天皇七年（538）（《上宫圣德法王帝说》、《元兴寺伽蓝缘起并流记资财帐》）的，尚无绝对权威定论。不过，最近学界认为《日本书纪》编造、润色痕迹明显，可信度不高而倾向于认同后者。

[2] 如《扶桑略记》记载汉人鞍部司马达等于继体天皇十六年（522）来到大和，在草堂上安置佛像礼拜，时人颇感诧异等。

[3] 参见村上专精：《日本佛教史纲》，杨曾文译，商务印书馆1981年版，第3页。

子孙，使各类天神地祇等自然神灵都平息怨怒而停止作祟，欣然保佑现世风调雨顺、国泰民安，可以说，这就是佛教传入之前日本人的"原始宗教信仰"，其主要体现在各种自然崇拜与氏族神（祖先神）信仰结合而成的神话传说上，也就是后来的所谓"神道"的最原始思想。

二、奉佛与排佛之争

尽管有记载表明佛教可能在更早时期已经通过民间"私传"途径进入日本，[1] 但当百济国圣明王作为对日外交政策的一环，正式派遣使者进献金铜释迦佛像、幡盖、经纶等，以献"能生无量无边福德果报"之妙法向大和朝廷示好时，仍然在当时朝廷上引发了应否接纳此外来"蕃神"之争。

据《日本书纪》卷十九记载：

是日，天皇闻巳，欢喜踊跃。诏使者云：朕从昔来，未曾得闻如是微妙之法。然朕不自决。乃历问群臣曰：西蕃献佛，相貌端严，全未曾看，可礼以不？苏我大臣稻目宿祢奏曰：西蕃诸国一皆礼之，丰秋日本岂独背也。物部大连尾舆、中臣连镰子同奏曰：我国家之王天下者，恒以天地社稷百八十神，春夏秋冬祭拜为事。方今改拜蕃神，恐致国神之怒。

由此可知，奉佛派大臣苏我稻目以信佛乃是大势所趋，"西蕃诸国"皆已信奉为由力主接纳，而排佛派大连物部尾舆等人则以"恐致国神之怒"为由强烈反对佛教传播。

其实，苏我、物部二氏均为国家旧臣，共同参与朝政，围绕着内政与外交的主导权拉帮结派、争权夺利，势不两立之争由来已久。因此，奉佛与排佛之争，既是二氏由来已久的争权夺利的又一体现，同时也可看作是欲凭借固有的氏族神信仰以加强氏族团结的"保守势力"，与欲积极引入并借助外来的大陆文化和"归化人"势力以增强实力的"开明势力"的博弈。

钦明天皇虽对百济王遣使送来妙法"欢喜踊跃"，但因物部等人强烈反对，只好把佛像等物赠与苏我稻目"试令礼拜"（《日本书纪》卷十九）。稻目将佛像安置于家中，并建向原寺[2]虔诚供奉。不想此后疫病流行，病死者众，物部尾舆等人于是趁机参奏天皇："昔日不须臣计，致斯病死。今不远而复，必当有庆。宜早投弃，勤求后福！"（《日本书纪》卷十九），并获准奏放火焚毁佛寺，将佛像投入难波堀江中。在苏我稻目死后的敏达天皇十四年（585），其子苏我马

---

[1] 如《扶桑略记》关于汉人鞍部司马达等于继体天皇十六年（522）来到大和，在草堂上安置佛像礼拜等的记载。

[2] 据传为日本最初的佛寺，于奈良县高市郡明日香村丰浦有遗址。苏我稻目一开始在此安置佛像，后于推古天皇时移至丰浦，改称丰浦寺。该故地现建有净土真宗广严寺。

子又因病获准供奉佛像以"乞延寿命",并在此前一年在石川的家宅建造了佛寺,迎请善信尼及其弟子二人在此修法[1],不巧又遇疫病流行,再次遭到物部氏等人参奏天皇,惨遭毁寺灭佛之灾[2]。

尽管如此,正如前面所述,该时期日本与中国及朝鲜半岛诸国早已往来频繁,佛教三宝不断自百济、高句丽东传而来,皇室和贵族当中信佛者日增。至苏我氏除掉物部氏夺势专权以后,不仅来日僧侣及造寺工匠愈来愈多,受戒出家者亦日呈上升之势。另据《日本书纪》卷二十二记载,推古天皇于二年(594)二月"诏皇太子及大臣,令兴隆三宝",随着难波黄陵山上四天王寺、飞鸟(今奈良高市郡明日香町)法兴寺等的相继建成,来日高僧讲经弘法者日众,佛教越发兴隆,奉佛已成大势所趋。

三、圣德太子的思想及其功绩

圣德太子(574—622)是一位深受日本人景仰的重要历史人物,关于他的传记史料为数不少,除了《古事记》和《日本书纪》外,还有《上宫圣德法王帝说》、《圣德太子传历》、《上宫太子御记》、《上宫皇太子菩萨传》、《七代记》等,尽管各类史料所记不尽一致,且有许多事迹实际上是缺乏确凿佐证的,但这并不影响他在日本人心目中的崇高形象,其在日本历史、日本文化史上的地位和功绩是有口皆碑的。

他生于敏达天皇三年,为用明天皇的第二皇子,自幼聪慧,博闻强记。据传,他"习内教于高句丽僧慧慈,学外典于博士觉"(《日本书纪》卷二十二)。另据《上宫圣德法王帝说》记载:

上宫王师高丽惠慈法师。王命能悟《涅槃》常住五种佛性之理,明开《法华》三车权实二智之趣,通达《维摩》不思议解脱之宗,且知经部、萨婆多两家之辨,亦知三玄、五经之旨。并照天文地理之道,即造《法华》等经疏七卷,号曰上宫御制疏。

由此可知,他不仅通佛经、解佛法,还懂儒家五经、道家"三玄,[3]"于天文地理亦颇有造诣。

圣德太子自幼受大陆汉文化的熏陶,同时还有可能受到祖母坚盐媛(苏我稻目之女)的影响,从小接触从百济等国传来的佛教经典书籍,加上其不凡身世[4],对来自大陆的佛教思想自有其独到感受和理解。据传,他曾赠言妃子橘太

---

[1] 司马达等的女儿司马岛,十一岁从高句丽比丘尼惠便、法明出家,曾往百济受戒,号"善信尼"。

[2] 日本佛教史上称此灭佛事件为"乙巳法难"。

[3] 指《老子》、《庄子》和《周易》。

[4] 年轻丧父(用明天皇),后又遇叔父崇峻天皇惨遭苏我马子弑杀之不测。

郎女曰"世间虚假,唯佛是真"(天寿国绣帐铭),临终时曾告诫山背大兄王等"诸恶莫作,诸善奉行"(《日本书纪》),无一不显示出他对佛教真谛理解颇深。推古天皇[1]即位(593)以后,时年二十岁的圣德太子即任摄政,被委以"总摄万机,行天皇事"((《日本书纪》卷二十一)之大权。正是由于他的积极倡导和推动,不仅皇室、朝廷对待佛教的态度不再消极或摇摆不定,使佛教得以正式作为国家宗教确立下来,各方豪族也都竞相捐资建佛寺铸佛像,以期积德结缘于三宝。推古天皇三年时,高句丽僧人惠慈、百济僧人惠聪来到日本,为在日本弘传佛法贡献良多。其中惠慈作为圣德太子的佛教之师,于太子在佛教理解和造诣方面影响极大。据传惠慈回国之后,在母国听闻太子辞世讣告时悲痛不已,立意次年同月同日往赴净土与太子相见,后来果然如约践行此诺,令天下为之动容。

圣德太子在日本佛教史上最大功绩,概而言之有以下三点:其一,通过制定宪法十七条[2],号召全国上下"笃敬三宝",所有臣民信奉佛教,使佛教得以在日本顺利传播和发展。制定于推古十二年(604)的十七条宪法,第二条明确要求"应崇敬三宝。三宝者,佛法僧也,则四生之终归,万国之极宗,何世何人,非贵是法?人鲜尤恶,能教从之。其不归三宝,何以直枉?"其二,在推古十五年七月、十六年四月两度派小野妹子为使赴中国隋朝联系邦交,求取经论,开辟了与中国的交通往来。其三,他多次奉敕在宫中宣讲《法华经》、《胜鬘经》等,并在讲经释论的基础上,将自己的理解、注释撰成《三经义疏》[3],身体力行地弘扬佛教。

四、大化改新与兴隆佛教

由于自中国隋唐留学归来的日本留学僧积极参与大化革新,并在此过程中发挥了重要作用,使当时的日本得以引进完备的隋唐政治和经济制度,同时建立了新型的、进步的社会生产关系,使生产力有了很大的提高,社会文化也取得了相应的发展。在获得朝廷的有利庇护和支持下,佛教终于几经波折后得以在日本确立稳固的地位,并获得较大的发展。

为更好地兴隆佛教以镇护国家、护佑国民,天皇于大化之年(645)亲下诏书,诏令曾留学隋唐的僧旻、惠云、常安等"十师"担负"教导众僧,修行释教"之重任。传入日本不久的佛教,尽管在当时其教理、教义尚未能真正为人所理解,故

---

[1]《古事记》和《日本书纪》上记载的6世纪末、7世纪初的天皇,为日本最初的女帝,钦明天皇的第三皇女,其母坚盐媛为苏我稻目之女。专权和蛮横的苏我马子在暗杀了对自己不满的崇峻天皇之后即立她为帝。

[2] 尽管学界不乏认为宪法十七条并非圣德太子所作之说,但本书仍倾向于归功于他。

[3] 即《法华经义疏》、《维摩经义疏》、《胜鬘经义疏》。学界有认为《三经义疏》乃伪撰之说,至今尚无定论,但总的来说肯定为圣德太子所著的看法略占上风。

绝大多数人只停留于为死者祈愿冥福而信佛，但因其信奉者多以皇室公卿贵族为主，加之当时普遍认为信佛可以招福消灾，故在早期的佛教兴隆事业当中，更多的是投入人力、财力、物力于大力兴建寺院、铸造佛像方面。加上经过"奉佛与排佛之争"告一段落之后，信奉佛教以为"护国"之观念已占绝对上风，以天皇为首的朝廷贵族们为祈求佛、菩萨保佑日本国泰民安、丰衣足食，动员大量民众，投入举国之财力来建造寺院、铸造佛像等，佛教一时呈现兴隆景象。据记载，推古天皇（624）派人校验当时的佛寺和僧尼时，全国有寺院四十六所，僧八百一十六人，尼五百六十九人，合共一千三百八十五人。而至持统天皇六年（692）时，寺院数已增至五百四十五所，尽管当时僧尼数量未及把握，但在持统天皇四年（690）时，仅京内七所寺院的僧人数已达三千三百六十三人，[1] 由此可推测出当时佛教兴隆之势。

第二节　奈良佛教
（710—794）

在日本史上，自元明天皇和铜三年（710）迁都平城京（奈良），直到794年迁都平安为止的时代，称为奈良时代。由于在前一个时代里，日本积极引入了隋唐的政治和经济制度，并参照其制定和颁布了不少顺应当时社会发展的律令[2]，再经过"大化改新"的一系列改革，使得该时期呈现出国家体制及社会制度相当完备，中央集权高度集中，以天皇为首的统治阶级牢牢掌握政治、经济及文化的主导权的主要特征。

一、日本佛教在奈良时期的特殊地位

在朝廷的大力扶持和保护下，佛教不仅牢固确立了其作为"镇护国家"之教的特殊地位，还获得了稳步的发展。据传圣德太子就曾以皇子之尊亲披袈裟讲解佛经，当时以天皇、皇子身份剃发出家或剃发受戒者亦不乏其人。[3] 日本佛教在该时期的特殊地位，还有如下三件典型事例为证。

（一）天皇亲自下诏创建国分寺

本来，壬申之乱（672）以后，朝廷制定并颁布了诸如僧尼令、僧纲、国师制等相关的法令和制度，既严禁僧尼参与或过问政治，限定其宗教活动范围不能

---

[1] 参见杨曾文：《日本佛教史》，浙江人民出版社1995年版，第42页。
[2] 如天智天皇时期的《近江令》（668）、天武、持统天皇时期的《净御原朝廷之令》（689）、文武天皇时期的《大宝令》（701）、元正天皇时期的《养老令》（718）等。
[3] 如天平20年（748）天皇、皇后和皇太后由行基菩萨主持受戒，天皇法名胜满，皇后法名满福，皇太后法名德满。

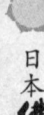

超出寺院以外，同时设立了由僧纲管辖京内，由国师管理地方诸国的僧尼和寺院的"僧官制"，并由国家统一来掌管僧尼的得度、受戒等权限。这种典型的"官寺佛教制度"，的确起到了将佛教置于中央集权国家律令体制的有效管制之下的作用。但后来却遭遇了疫病流行、饥馑发生、政治不稳和社会动荡，迫于如此情势，为借助佛教保佑国家太平、社会稳定，圣武天皇于天平十三年（741）二月四日亲自下诏在各国设立"国分寺"、"国分尼寺"，并于天平十五年（743）发愿并动用大量人力、财力、物力兴建金铜卢舍那大佛，进一步完善了以东大寺为中心，各国分设国分寺、国分尼寺的"官寺佛教体制"。

（二）起用行基化募建造大佛像

奈良时代著名僧人行基（668—749），因遍游诸国教化民众，并多行架桥修路筑堤之善举，慕名追随而来之民众动辄数以千计，以致引起朝廷的戒备和不满。朝廷曾于养老元年（717）下诏以"妄说罪福，合构朋党，（中略）强乞余物，诈称圣道，妖惑百姓"（《续日本纪》）之罪名对其传教活动加以禁止，但后来却迫于形势所需，利用其在民众中的影响力和感召力，在民间化缘募集资金以兴建大佛像。并于天平七年（745）敕任其为大僧正。圣武天皇还于天平二十一年（749）从其受菩萨戒，并赐以"大菩萨"号。

（三）僧人受宠并参与朝政

奈良时代著名法相宗僧人玄昉（？—746）和道镜（？—772），因受到笃信佛教的天皇家族的敬重和宠爱，曾一度被委以重任，身居高位参与朝政，并导致当时统治阶级内部矛盾激化。这既被视为奈良时代佛教僧侣腐败堕落的典型事例，同时也被当做日本佛教曾一度与政治密不可分的佐证事例，在日本佛教史上留下了特殊的一页。

二、奈良佛教的宗派

奈良佛教，一般指奈良时期兴盛的三论宗、成实宗、法相宗、俱舍宗、华严宗和律宗。因奈良位于平安（京都）之南，故又称为南都六宗、南都佛教。由于当时律令政府有意加强对僧尼的统一管制，严格控制僧尼四处游走、乞食传教，而倡导和鼓励各宗推举佛学高僧为宗师，在各自寺院指导并组织僧徒开展佛学研习和研究，故该时期佛学研究特别兴盛。以各大寺院为主要据点，僧尼们除了诵读经典外，还结成不少以讲经、交流佛学研究心得为主的佛学团体。因此，一般认为该时期的佛教六宗，与其说是宗派，倒毋宁说是学团、学派更为恰当。

（一）三论宗和成实宗

三论宗古时又称"三论众"，以主要研习印度的龙树[1]的《中论》、《十二门论》以及据传为龙树弟子的提婆的《百论》而得名。至隋末唐初的吉藏（549—623）时，集三论学说之大成正式成立三论宗。因佛教传入日本时，自朝鲜半岛诸国来日僧人不少，据传其中大部分是继承了三论宗学说者，但具体何人何时宣扬何种教义均无法考证，一般根据圣德太子所著《三经义疏》中引用的提婆的空宗思想，推测其师高句丽僧慧慈应属三论宗系统。再就是推古朝三十三年（625）来日的高句丽僧慧灌，据传曾"入隋受嘉祥吉藏三论之旨"（《元亨释书》），来日本时适逢大旱，于是奉旨讲"三论"求雨，结果因求雨灵验受敬重而获任命为僧正。孝德天皇大化二年（646），他再奉旨在宫中讲解"三论"，从此日本三论宗日渐兴隆，慧灌因此被视为日本三论宗的初传。三论宗的形成，标志着日本从此开始出现佛教宗派。

慧灌门下出了不少高僧，多数曾赴中国唐朝求得正法归国并获任命为僧正。其中尤以智藏出名，赴唐学三论归国后居法隆寺弘传该宗教义，被视为日本三论宗第二传。其门下高徒道慈，于大宝元年（701）乘遣唐使船入唐，不仅从吉藏的法孙元康学习三论，还历访各宗名僧求法而归。据传其不仅弘传三论，而且以"三论为本，兼弘法相、真言等宗"（《三国佛法传通缘起》），为日本传入六宗立下汗马功劳，被奉为日本三论三祖。

成实宗起源于印度，其教义主要依据印度的诃梨跋摩的《成实论》，在起源及教义上与三论宗相去不远，亦认为一切皆空，主张以"四谛八正道"达至涅槃。相对于三论宗有"大乘空宗"之称，成实宗又被称为"小乘空宗"，在传入中国、日本时，往往都依附于三论宗。早期传入三论教义之高僧，如高句丽惠慈、慧观，百济慧聪、观勒等人均兼通成实学说，在讲习、传授三论学说的同时，有时不免兼讲或联系到《成实论》。当时传授和研习三论学说的著名寺院，如元兴寺、大安寺、西大寺、法隆寺等，其所结成的佛学团体多数都兼习成实之学说，故成实宗在日本实际上并未成独立之宗派。

（二）法相宗和俱舍宗

法相宗是由唐玄奘（602—664）及其高徒窥基（632—682）创立的中国佛教宗派。主要依据《解深密经》和《唯识论》等经典，继承了印度的唯识派教义，认为一切存在均为心、识之作用所致，是"空虚"而绝非"实在"，又称唯识宗。在三论宗传入日本经过三十年后，由道昭（629—700）在齐明天皇（655—660）

---

[1] 印度大乘佛教中观派之祖。据传还著有《大智度论》和提倡易行道的《十住昆婆沙论》、密教的《释摩诃衍论》等，故又被称为"八宗祖师"。

时期传入。道昭因此被视为日本法相宗第一传。他曾于白雉四年（653）随遣唐使赴唐居住七年，师从玄奘三藏研习法相唯识教义，同时兼学禅宗，归国后住元兴寺弘法，并周游各地，一边传教，一边为民凿井汲水、设船摆渡等。于文武四年（700）七十二岁时圆寂于元兴寺禅院，由其弟子遵从其遗言举行了日本首次火葬。

在道昭赴唐后的第五年，即齐明天皇四年（658）七月，智通、智达乘坐新罗船入唐，师从玄奘和窥基学习正宗法相教义，归国后以元兴寺为据点传布法相教义，为日本法相宗第二传。以上第一、第二传，均以元兴寺为传法中心，故在日本佛教史上合称为"元兴寺传"[1]或"南寺传"。日本法相宗之第三传，乃是于大宝三年（703）奉旨入唐的新罗僧智凤、智鸾、智雄。他们在唐期间跟随玄奘的再传弟子智周[2]（669—723）学习唯识教义，归国后以兴福寺为中心传法。再有于养老元年（717）随遣唐使入唐求法，于天平七年（735）携大量经纶章疏回国，住兴福寺弘传法相教义的玄昉，为日本法相宗第四传。因第三、第四传均受教于智周，归朝后都以兴福寺为传法中心，故史称"北寺传"或"兴福寺传"。玄昉因消灾招福和为皇太夫人宫子治病效果灵验而备受朝廷宠信，一度身居高位，自由出入朝廷、参与朝政，最后引发史上"藤原广嗣之乱"[3]，成为日本佛教史上出名人物，在此不作细表。

俱舍宗与法相宗同起源于印度，主要依据印度世亲的《阿毗达摩俱舍论》而创立。该书被视为集小乘佛教教理之大成，由将法相宗传入中国的唐玄奘翻译流传，且其基本教义与法相宗大致相通，故无论在中国还是在日本，基本上都是被当做法相宗的附宗加以传授和研习。

奈良时期的法相宗，还有两位值得一提的高僧，一位是南寺系统的行基（668—749），另一位是北寺系统的义渊（？—728）。

行基俗姓高志，十五岁出家入药师寺，后投道昭、义渊门下学佛。如前所述，曾不顾当时《僧尼令》之禁周游各地传教，同时组织信徒开荒修路、架桥筑堤、治病救人等，所到之处追随者众。有记载曰："基之所过，耕夫舍耒耜，织妇投机杼，奔波礼谒，村里闠咽，而不容往来。"（《元亨释书》卷十四）据传由他组织兴建的寺院，仅畿内地区就有六十九所之多。圣武天皇（724—748）时期，他号召、率领信众四处奔走化募，力助天皇兴建东大寺、国分寺，因功德无量而获敕任大僧正，还亲任天皇、皇后、皇太后剃发出家戒师。据传由其授戒的弟子

---

[1] 因元兴寺位于奈良盆地南部的飞鸟地区，故又称"飞鸟传"。

[2] 被视为法相宗在窥基之后研究唯识教义成就最高的名僧，著有《成唯识论演秘》、《成唯识论了义灯记》、《成唯识论枢要记》等。

[3] 天平十二年（740），藤原宇合的长子藤原广嗣因不满僧人玄昉、吉备真备在朝专权跋扈，为除掉二人于北九州起兵叛乱，终被镇压。史称"藤原广嗣之乱"。

多达三千余人。[1]

义渊俗姓市往氏，父母情况不详，自幼被天智天皇收养，后奉旨出家，师从智凤学佛。由于其德行高深，门下高徒名僧辈出，受到天智、天武、持统、文武、元明、元正、圣武七朝天皇的敬重。奈良时期的法相宗自他以后获得了发扬光大。

（三）华严宗与东大寺

与依据"论部"创立的"论宗"和依据"律部"创立的"律宗"不同，华严宗是奈良六宗当中唯一依据"经部"（《华严经》）创立的大乘佛教。

在中国，早在南北朝时期就出现了聚集在一起诵读《华严经》，并共同研习该经的学派团体。后由唐代法藏（643—712）根据《华严经》集大成正式创立华严宗。据传在道璇[2]（702—760）携华严章疏来到日本之前的养老年间（714—723），天皇曾让人誊写《华严经》以为先人祈愿冥福。[3] 道璇于天平八年（736）赴日时虽携带不少《华严经》章疏，但并未正式讲经传教。至天平十二年（740），由良辨僧正奏请圣武天皇以敕召请审祥[4]正式开讲《华严经》。此被视为日本华严宗的正式开创，审祥为第一祖，良辨被视为第二祖。

当时的圣武天皇眼见邻国新罗佛教隆盛，愈发坚定了大兴佛教以治国安邦的决心。据传天皇特别尊崇华严宗，于天平十二年（740）行幸河内知识寺参拜卢舍那佛时，就起了重造卢舍那大佛像的念头。天平十三年（741）二月十四日，天皇正式下诏，命各地择最佳地点兴建国分寺、国分尼寺，并重申建造丈六佛像和七层塔的旨意。再于天平十五年（743）十月，正式发布铸造毗卢舍那大佛像的诏书曰：

有天下财富者朕也，有天下权势者亦朕也。以此财富权势而造此佛像，事成易，心至则难。唯恐徒劳人力，不能感圣，或生诽谤，反陷罪辜。是故有智之人，恳发至诚，可招祥福。[5]

东大寺是华严宗的总寺院（总本山），又称大华严寺、总国分寺、金光明四天王护国寺。作为统辖各地国分寺的中心所在，同时又寄托着天皇兴隆佛教以镇护国家、保佑子民的夙愿，其建造自然受到天皇及其家族的高度重视和大力扶持。据传统辖尼寺的法华寺就是由皇太后宫子施舍其宫殿改建成为尼寺的。另外，天

---

[1] 参见村上专精：《日本佛教史纲》，杨曾文译，商务印书馆1981年版，第20页。

[2] 学界大多以道璇为最初将华严章疏传入日本者。

[3] 参见村上专精：《日本佛教史纲》，杨曾文译，商务印书馆1981年版，第29页。

[4] 长期以来，认为审祥乃新罗僧人，赴唐从法藏学法之后来到日本，住大安寺弘法的说法占主流，但最近学界似乎倾向于认为审祥乃大安寺僧人，赴新罗留学，研习华严教义归国后应邀开讲《华严经》。

[5] 转引自村上专精：《日本佛教史纲》，杨曾文译，商务印书馆1981年版，第27页。

平十六年（744）开始在近江（今滋贺）甲贺寺造模像、立大佛骨柱时，天皇曾亲临现场并为之拉绳。重新定都平城（奈良）后，于天平十七年（745）八月正式在东山开建大佛地坛时，天皇亦亲自以袖运土砂，加佛座。天平十九年（747）在金钟寺重新开始铸造大佛像，其间经过了所谓"三年八次改铸"，至天平胜宝元年（749）佛像建造才得以完成。但因当时日本甚缺黄金，令大佛像涂金工程无法进行，于是天皇下诏命天下各神社佛寺齐齐祈祷，祈愿日本出产黄金。

  天皇及其家族在兴隆佛教上的良苦用心，赢得了当时的广泛呼应。加上行基、良辨等高僧的积极奔波、大力辅助，大佛像的铸造不仅得到来自地方豪族的财物献纳，同时还得到来自普通民众的劳力支持。在获得黄金进献得以实现佛像涂金之后，于天平胜宝四年（752）四月，以圣武天皇、光明皇太后、孝谦天皇为首，朝中文武百官齐齐列席，由来自印度的婆罗门僧正（704—760）任导师，举行了空前盛大的卢舍那佛开光供养法会。翌年正月工程全部结束，至此，史上号称由圣武天皇创建、由所谓"四圣"[1]合力建成的总国分寺终于大功告成。据传圣武太上天皇亲写愿文刻碑以垂范后世，碑文曰：

    以世代国王，为我寺檀越。若我寺兴复则天下兴复，若我寺衰弊则天下衰弊。[2]

（四）日本律宗与鉴真和尚

  作为南都六宗之一的日本律宗，同样也是以研究和实践戒律为主的宗派。可以说，在唐僧鉴真（688—763）传入中国道宣的南山律宗以前，虽有戒律自朝鲜、中国传入，但日本长期苦于缺乏系统的律学理论和权威律师，既不具备严格按照正统的戒律规定举行度僧授戒仪式的条件，亦不可能在精通律学的权威高僧教授下学习和研究戒律、规范僧尼的守戒行为等，一时间，日本佛界"私度僧"和违反"僧尼令"者大有难以控制之虞。因此，朝廷积极鼓励从中国召请得道高僧赴日传授戒律，并指导和帮助整肃、规范日本佛教僧尼言行。据传，天平五年（733）随遣唐使入唐求法的荣睿、普照、玄朗、玄法、理镜等人，实际上都肩负着来自舍人亲王[3]召请唐朝著名戒师之重托而入唐。

  关于中国南山律宗的传入，一般认为有三传：在天武天皇（673—686）时期奉敕入唐学习戒律归国的道光律师为第一传；圣武天皇天平八年（736）应请渡日的唐僧道璇律师为第二传；历尽千辛万苦于天平胜宝六年（754）到达日本的著名戒师鉴真为第三传。由于在鉴真东渡日本之前，日本从未有足够律僧以满足

---

[1] 圣武天皇发愿，良辨僧正奠基，行基菩萨劝化，婆罗门僧正导师。
[2] 转引自村上专精：《日本佛教史纲》，杨曾文译，商务印书馆1981年版，第28页。
[3] 天武天皇第三皇子，奉敕负责编撰《日本书纪》，曾作为知太政官事参与国政，死后获追认为太政大臣，淳仁天皇即位（759）时获追封崇道尽敬皇帝号。

正统戒律规定的"三师七证"[1]，直到有了鉴真及其带来的律僧之后，日本才开始能够设坛举行正规而合法的授戒仪式，因此，鉴真被视为日本律宗的开山祖。

鉴真（688—763）生于扬州，俗姓淳于，自幼出家，于神龙元年（705）从道岸禅师受菩萨戒，景龙二年（708）在长安实际寺的戒坛从荆州南泉寺名僧弘景受具足戒。其后巡游长安、洛阳，拜访名师钻研律宗、天台宗及其他诸宗之学。据传其在四十余岁时已在江淮一带讲授戒律达一百三十回，受戒弟子多达四万余人，修复古寺八十余所，成为江淮一带屈指可数的著名戒师。

天平五年（733），肩负使命随遣唐使入唐求法的荣睿、普照在唐留学，眼见中国戒律之盛况，遂于天平十四年（742），在拜谒了洛阳大福先寺的道璿并恭请其东渡传法之后，后慕名来到扬州大明寺，拜请当时正在讲律的鉴真戒师。据《唐大和尚东征传》记载，鉴真在听了二人讲明"愿和上东游兴化"之来意后，随即对弟子们说：

昔闻南岳惠思禅师迁化之后，托生倭国王子，兴隆佛法，济度众生。又闻日本国长屋王崇敬佛法，造千袈裟来施此国大德众僧；起袈裟缘上绣着四句曰："山川异域，风月同天；寄诸佛子，共结良缘。"以此思量，诚是佛法兴隆有缘之国也。今我同法众中，谁有应此远请，向日本国传法乎？（《唐大和尚东征传》）

因见众僧犹豫，无人响应，便当众毅然表示："是为法事也，何惜身命？诸人不去，我即去耳。"（《唐大和尚东征传》）当下便有祥彦、道兴、道航等二十一名弟子表示愿随鉴真舍命东渡传法。于是，就有了中日文化交流史、中日佛教史上意义非凡的鉴真六次东渡这一页。鉴真一行的前五次东渡，其中第一次和第四次因有人从中作梗，向官府告发而导致行动失败，第二、三、五次则或因遇巨风击破乘船，或因遇暴风往回漂流而终告失败，前后苦心积虑长达十一年，东渡传法却始终未能如愿。其间在途中痛失荣睿和祥彦，随人亦大部分知难离去，鉴真也终因长年积虑、身心劳损而至双目失明，时年已六十四岁，却依然矢志未改。正所谓"老天不负有心人"，终于在天平胜宝五年（753）十二月，与同行僧俗二十四人搭乘日本使节船到达了萨摩国秋妻屋浦（今鹿儿岛县川边郡），并于翌年二月在弟子法进、昙鸾、义静等人伴随下进入平城京，由天皇下诏安置在东大寺。当时众多高官、名僧感于鉴真历尽十二年千辛万苦而来，纷纷前来拜谒、慰问。敕使吉备真备还宣读了孝谦天皇的诏书，向鉴真明确表明"自今以后，授戒传律，一任和上"的旨意。同年四月，在卢舍那大佛前建筑了戒坛，以圣武上皇、光明皇太后、皇太子为首，约有四百四十余人登坛受戒。在此之前已受戒为僧的贤璟、忍基、行忍等八十多名学僧，也重新从鉴真受具足戒。自此之后，除了在大佛殿

---

[1] 按戒律规定，欲受具足戒成为僧尼，需有三师（戒师、教授师、羯磨师）和七证（七位证明受戒的尊证师），共十位律师，方能举行仪式。

西边建了常设的戒坛院以外，又分别在筑紫观音寺和下野药师寺建造了戒坛，使日本有了著名的"天下三戒坛"。鉴真后来还在获赐的已故新田部亲王的旧宅地修建了"唐招提寺"，也建造了戒坛，与弟子在此潜心研究和传授戒律。一时间，律宗呈现一派兴旺景象。

第三节　平安佛教
（794—1192）

奈良时代之后是平安时代，从延历十三年（794）迁都至平安（今京都）时起至1185年平家灭亡时止，前后长达四百余年。在日本文化史上，这是个普遍被认为是形成日本特色文化的时代，亦即把汲取来的中国文化逐渐"日本化"，最终促使其"国风文化"繁荣昌盛的时代。

该时期最大特点之一就是造就了贵族和僧侣这样的特权阶级，无论在政治上还是经济、文化领域，都占据着重要的地位，发挥了主导性作用。在奈良时代末期，随着土地兼并的不断加剧，领主、国司土地私有及公卿贵族庄园的日益扩大，各方经济实力和武装力量都不断加强，就连大佛寺也都拥有自己的庄园和僧兵，朝政实际上操纵在势力强大的藤原氏外戚集团手里，天皇已无实权，中央集权的律令制实际上已不复存在。

在迁都平安后不久，恒武天皇于延历十五年（796）敕命建造东寺、西寺，而没有在平安京里移建南都各宗任何一派的寺院，据说此乃恒武天皇吸取前朝教训，有意要摆脱旧佛教势力影响而为之。可以说，代之以过去的佛教保护政策，奈良末期的光仁天皇（709—781）和平安初期的恒武天皇（737—806）对佛教倾向于采取统制政策。实际上，日本佛教发展至奈良时代末期，自恃有朝廷庇护而不自重，僧尼中假佛惑众、蓄妻养子等堕落之事时有发生，已开始呈颓败之势。

就在奈良佛教开始颓败并远离京城失去地利之时，由最澄传入的天台宗和由空海传入的真言宗在新都平安兴隆起来。

一、传教大师最澄与天台宗

最澄（767—822）为日本天台宗创始人，与空海（774—835）并称为平安佛教之"双璧"。他于神护景云元年（767）出生于近江国（今滋贺）滋贺郡古市乡，十二岁即投入近江国分寺大国师行表门下修唯识学说及禅法，十五岁得度为僧，延历四年（785）十九岁时在东大寺戒坛院受具足戒，因有感于世态之无常，于同年七月登比睿山居草庵立志潜心修行，其间接触并钻研《摩诃止观》、《法华玄义》、《法华文句》等据传由鉴真和尚带来的天台宗经疏。

延历七年（788），最澄自刻药师如来像并将草庵改建成比睿山寺。延历十六年（797）被任命为"内供奉"，延历十七年（798）十一月开始在比睿山上举行"法华十讲"法会，又于延历二十一年（802）七月，应和气弘世等人之请，在其主持的高雄山寺向南都十余名硕学高僧宣讲"法华三大部"，并力主以《法华经》立宗的天台宗应获兴隆、独立。在场听讲的善议、勤操等南都老僧深为其高深造诣所折服，上表朝廷大加赞叹。最澄从此愈发名声大振。恒武天皇亦倍加欣赏，有意助其兴隆佛法，于是诏命其作为"入唐请益天台法华宗还学生"入唐求法。

延历二十三年（804）七月，最澄在弟子义真的陪同下乘遣唐使船从筑紫（今福冈）出发入唐，九月一日到达唐朝明州（今宁波）海岸，随即巡礼天台山，先从修禅寺座主道邃受圆顿菩萨戒成为天台宗第八祖，后拜佛陇寺座主行满学天台法门，再从禅林寺翛然学牛头禅，并于翌年赴越州龙兴寺拜谒顺晓学习密教，与义真同受金刚界和胎藏界两部灌顶。滞唐九月，竟然尽得所谓"圆、禅、密、戒"的"四宗相承"，并获授经书典籍二百三十部四百六十卷及图样、法器等物满载而归。

最澄归国后，奉天皇敕命在高雄山寺设立了日本首个灌顶道场，为道正、修圆、勤操等八人举行了日本最初的密教灌顶仪式。大同元年（806）正月，作为祈愿恒武天皇病体康复的奖赏，最澄要求允许天台法华宗与原有南都六宗一样，每年可获"年分度者"二人的奏请获批，日本天台宗从此获得"公认"，正式开宗。最澄从此以比睿山为中心，致大力于天台宗的兴隆事业。弘仁十三年（822）六月四日，五十六岁的最澄留下遗书，将后事托与义真，于中道院圆寂。其在晚年曾呕心沥血地著《显戒论》三卷等，乞望朝廷敕许在比睿山设立大乘戒坛，因遭南都僧纲强烈反对最终未能遂愿。而在其圆寂后十一天的六月十一日，设立大乘戒坛开授大乘戒的生前奏请终于获得敕许，最澄夙愿终得实现。贞观八年（866），清和天皇下诏赠最澄以日本首个"传教大师"号。

日本天台宗以传教大师最澄为始祖，但最早把天台宗章疏带到日本的是鉴真大师。因鉴真所学其实并非局限于律藏，同时也精通天台圆教，并将律仪、戒法与台教相结合。故在其东渡日本时携带的各种经书典籍中，就有号称"天台三大部"的《摩诃止观》、《法华玄义》、《法华文句》以及《四教义》等天台宗的主要教典。鉴真在弘传律学的同时，也畅演天台止观，激起了日本僧人研习天台教观的兴趣。后传教大师（最澄）在东大寺得鉴真和上携来的天台宗教籍，深深皈依其三谛一如之妙教，并和徒弟义真一起入唐，求取天台宗未传之经释典籍，从而正式开创了日本的天台宗。

最澄开创之日本天台宗，创圆、禅、戒、密四宗一致之旨，此亦可视为其有别于中国天台宗之独特所在。

最澄的弟子圆仁，以及义真的弟子圆珍此后也相继入唐求法，使天台密教教学得以发扬光大。圆仁留学唐朝前后十年，巡礼五台山，目睹了当时五台山弘传天台教学之盛况，并师从志远学得台教。归国后继承最澄法统，广弘天台教学，使日本天台宗获得迅速发展。圆仁所著《入唐求法巡礼行记》，乃其在唐经历与见闻之实录，具有很高的史料价值。圆珍于仁寿三年（853）入唐，在唐期间依良谞学天台，又从福州开元寺的般若多罗、长安大兴善寺的智慧轮、青龙寺的法全等传受密教。其中从法全处获授两部大法及抄写的仪轨，归国时携回典籍四百余部达一千卷，在中日文化交流史上的贡献不容小觑。

圆珍以后，其法系一分为二。圆珍的徒众脱离比睿山，住园城寺（三井寺），称为寺门；比睿山则称为山门。山门至良源时，教学以固有的圆教为宗旨，高徒辈出，宗势大起。良源的弟子源信则鼓吹净土思想，兴起惠心流；其另一弟子觉运则立檀那流，合称为惠檀二流。"台密"系统发展至后世共有十三流派。

二、弘法大师空海与真言宗

就在最澄获准每年度僧二人，天台宗正式开宗的大同元年（806），空海从唐归来开始弘传真言宗。

空海（774—835）为赞歧国（今香山县）人，幼名真鱼，其父母家族中多有好学问并崇信宗教者。其十五岁时跟随在伊予亲王家担任侍讲的外舅阿刀大足进京学习，十八岁正式入大学"明经道"学习《论语》、《孝经》、《史传》等儒教经书。据传他曾从一位无名僧人受教《虚空藏求闻持法》，以此为契机立志潜心入深山修苦行，曾到过阿波的大泷岳、土佐的室户崎等地。由于他在入唐求法前有十多年时间的踪迹无法考证，故据推测基本上都是潜心修行于深山密林当中。其间在大和的久米寺得遇《大日经》，因对其中诸多不解而遍访周围名师求教未果，遂产生入唐求真法之心愿。

延历二十三年（804）四月，空海在东大寺受具足戒，同年七月与最澄一起乘坐遣唐使船入唐，在唐投入青龙寺著名高僧惠果门下，从其受胎藏界灌顶，并获授正统密教及《金刚顶经》等典籍，成为真言宗第八祖。于大同元年（806）八月与留学生橘逸势等一起归朝复命。

与最澄不同的是，空海回国后并未能马上获准进京，只能暂住筑紫的观音寺，至大同四年（809）七月，方才获准入住平安京（京都）北部的高雄山寺。嵯峨天皇即位后，空海因书法和诗文才华横溢而深得天皇赏识，与嵯峨天皇开始了深交，同时在弘扬真言宗方面得到了天皇的大力支持。据载，空海于弘仁元年（810）

十月在高雄山寺修"镇护国家"之法，诵《仁王般若经》以祈"摧灭七难，调和四时，护国护家，安己安他"（《遍照发挥性灵集》卷四）。于弘仁三年（812）十一月，应最澄恳请在高雄山寺为最澄、和气真纲等人授金刚界结缘灌顶，十二月再授胎藏界结缘灌顶。后获敕任东大寺别当，并在东大寺创建真言宗灌顶道场。弘仁七年（816）七月，获赐高野山，在此创建金刚峰寺，弘扬真言宗教法。弘仁十四年（823）正月，再获嵯峨天皇赐给京都东寺，以作为日本真言宗传法的根本道场，从此苦心经营于斯，终使东寺成为日本真言宗的传法中心，空海开创的日本真言宗也因此被称为"东密"。

空海门下极盛，有实惠、杲邻、智泉、真济、真雅、真如法亲王、圆明、泰范、忠延、道雄，世称"十大弟子"。其中真雅僧正的门徒最多。真济以后，宗门不振。继实慧、真绍之后，宗睿与真雅的法脉并立，形成真言宗分派的渊源。宗睿初学天台宗于比睿山，后学密教于实惠及真绍之门。宗睿门下出源仁，源仁之下出益信及圣宝，各自大弘密教，由此而引出东密之分裂为广泽与小野二流。以益信为创祖的广泽流自益信经宇多天皇传宽空，宽空经宽朝传济信，济信门下出宽助而名声极于一代。宽助弟子极众，大别又分出六派，称为"广泽六流"。以圣宝为创祖的小野流经观贤传淳佑，传元杲，传至仁海，为小野流的极盛期。仁海与广泽流的宽朝，称为东密的两大重镇。仁海之下有成尊，成尊门下出义范、范俊、明算。义范下传胜觉，范俊下传严觉，由此二人各出三流，成为小野六流以后又渐渐产生分派，以致有所谓"野、泽十二派三十六支派"之说。

三、密教的兴盛

随着空海开创的真言宗（东密）和最澄创立的天台宗（台密）的兴隆，入唐八家[1]自唐朝求法归国后又都不遗余力地弘传密教，致使当时籍修"加持祈祷"以消灾灭罪、招福增益之观念愈发深入人心，加之当时空海、最澄等高僧奉旨为祈雨、治病等所作"讲经"、"祈祷"累累灵验，日本朝野上下无不对密教心悦诚服。就连南都诸宗也深受其影响，逐渐呈现出密教化倾向。该时期不仅密教秘法种类繁多，宫中、寺院奉行的佛事法会亦不胜枚举，因此，平安时代实际上成为了密教兴盛的时代。

早在奈良时期，日本就已经开始盛行由密教高僧建坛修行各种秘法，以加持祈祷庇佑国泰民安。据传当时已有如意轮法和吉祥天法的传布。至平安时期，有传教大师最澄在宫中修毗卢遮那法，有弘法大师空海在宫中修仁王经法、请雨经法等，均效果灵验，两位大师亦因此在当时佛教界名声大振。

---

[1] 指平安初期入唐求法并归国弘传密教的八位日僧，即真言宗的空海、惠运、常晓、圆行、宗睿和天台宗的最澄、圆仁、圆珍。

当时宫中设立了真言院，并于承和二年（835）正月根据空海的奏请，在宫中创建了曼荼罗坛，由大师亲自主持修行"后七日御修法"，从此每年成为惯例，由东寺长者主持修法祈祷国泰民安。在弘法大师之后，有慈觉大师圆仁自唐朝传来大炽盛光法、七佛药师法、大安镇法等；有智证大师圆珍传来尊星法等；还有不动法、孔雀王法、请雨法、延命法、金刚夜叉等等。一时间，各大寺院均有名僧修行不同的真言秘法，或祈求风调雨顺、增益延寿，或念咒消灾治病、降妖除难，择机依事如法修行。

由于"御灵信仰"的流行，通过举行佛事法会以抚慰冤魂、取悦神灵，如此观念亦加速了当时佛教的咒术化、密教化。该时期的日本，每年都定期在宫中或寺院由僧侣主持举行各类佛事法会。有始于称德天皇时期的御斋会；有起源于齐明天皇朝的仁王会、维摩会；还有法华会、最胜会、佛名会、大乘会等等，其种类之多令人咋舌。

（一）圆仁及其门徒与天台密教

最澄的弟子圆仁（794—864），作为延历寺第三代座主、天台宗山门派[1]之祖，在兴隆天台密教方面功不可没。

他于延历十三年（794）出生于下野国都贺郡，自幼丧父，从其兄学习经史。九岁时师事大慈寺广智和尚，十五岁登比睿山投入最澄门下学习《摩诃止观》，弘仁五年（814）得度，从最澄受传法灌顶，后于弘仁七年（816）在东大寺受具足戒。承和五年（838）六月与"请益僧"圆载等人一起随遣唐使藤原常嗣入唐，七月到达扬州海陵县。其本来目的是登天台山求教正统天台教学，却因是短期留学的"还学僧"资格而未获准许，不得已只好留在扬州开元寺，随宗睿学习悉昙[2]，再从全雅受灌顶，并得授两部曼荼罗、佛舍利等。不想翌年搭乘使船归国时遭遇逆风，随船漂流至山东半岛东部的文登县，只好暂留该地。后听从新罗僧劝告于翌年登上了五台山，随志远和尚学习《摩诃止观》等，并书写天台宗著述三十七卷，巡礼文殊菩萨圣迹之后进入长安。在长安的大兴善寺从元政阿阇梨受金刚界灌顶，在青龙寺受义真阿阇梨胎藏界灌顶，再随玄法寺发全习胎藏仪轨，从南天竺宝月学悉昙。在准备回国时遇唐武宗开始镇压佛教，几经辗转周折后在新罗人的帮助下得乘新罗商船，终于承和十四年（847）九月十八日回到大宰府。翌年进京，获敕任内供奉十禅师，于嘉祥二年（849）五月在延历寺开始主持灌顶，并建总持院以作常设的修法道场，修炽盛光法。于齐衡元年（854）获祠敕任延历寺天台座主，后为文德天皇授两部灌顶，为清和天皇、淳和太后等授菩萨戒，

---

[1] 以比睿山延历寺为总寺的天台宗流派之一。另有以圆珍为派祖的寺门派。
[2] 梵语的字母、发音等。

进一步赢得皇室家族及贵族们的崇敬，为天台密教的隆盛奠定了坚实基础。于贞观六年（864）正月圆寂，被天皇追赐"慈觉大师"号。

圆仁著有《显扬大戒论》、《金刚顶经疏》、《苏悉地羯罗经略疏》等代表作。另有日记《入唐求法巡礼行记》四卷，与入宋僧成寻的《参天台五台山记》一起，并称为日本僧侣中国旅行记之"双璧"。与最澄、空海的两部大法密教不同，圆仁主要研究和弘传的是胎金苏[1]三部秘法，故被视为天台三部都法的始祖。

大师门下出了不少卓有成就的门徒，有于仁寿四年（854）获敕命任三部大法灌顶阿阇梨的安慧、慧亮，有创建元庆寺，世称"花山僧正"的遍照，还有后来成为元庆寺座主，集天台密教之大成的大学匠安然等。

其中，安然（841—?），年少即出家，登比睿山成为圆仁弟子，先学显、密二教奥旨，后从元庆寺遍照受金刚界、胎藏界秘法灌顶，于元庆八年（884）由遍照奏请获传法阿阇梨位[2]，成为元庆寺座主。著有《悉昙藏》、《教时问答》、《教时诤论》等密教代表著作。

纵观日本密教的发展，最初天台宗所依的是《法华经》，而真言宗依据的是《大日经》，至圆仁时主张所谓"理同事胜"，认为两经同说密教教理，但《大日经》略优于《法华经》；而圆珍则更重视密教，明确主张"显劣密胜"；至安然时则更为极端，主张改天台宗名为真言宗，明确作出了真言宗第一，佛心宗（禅宗）第二，法华宗第三，华严宗第四的教判，著《教时问答》主张立真言（密教）宗。

（二）圆珍与天台密教

延历寺第五代座主圆珍（814—891），生于赞歧国那珂郡，十岁开始学习《毛诗》、《论语》、《汉书》等，十五岁随叔父仁德登比睿山，师从义真学《法华经》、《金光明经》、《大毗卢遮那经》等大乘经，三十二岁时被推举为比睿山真言宗学头，嘉祥三年（805）获敕任内供奉十禅师。仁寿三年八月乘唐朝商船入唐求法，先登天台山国清寺随物外学天台教义，后赴长安从法全受两部灌顶，于天安二年（856）携大小乘经律论疏四百四十一部一千卷归朝复命。入唐求法的天台宗三圣[3]当中，数圆珍携回的典籍数量最多。

圆珍回国后住比睿山的山王院，在此向诸僧传授密教大法和章疏。贞观元年（859）入园城寺[4]，贞观六年（864）在仁寿殿为清和天皇等三十余人授密教灌顶，并奉旨讲《大毗卢遮那经》。贞观八年（866）奏请以园城寺为天台宗别院，后创建唐坊以保存自唐朝携回的经论典籍。贞观十年（868）六月成为延历寺座主，

---

[1] 指密教胎藏界、金刚界、苏悉地三部经法。
[2] 具有传密教法资格的密教最高位。
[3] 指最澄、圆仁、圆珍。
[4] 天台宗寺门派的总寺。创建于奈良时代末期，后由圆珍再兴建为天台宗延历寺的别院。

宽平三年十月圆寂，被追赐"智正大师"号。

圆珍在座主之位二十四年，其后有七代座主均出自其门流。著有《法华论记》、《授决集》、《大毗卢遮那经指归》、《诸家教相同异略集》等，是继圆仁之后又一位兴隆天台密教的有功之臣。

四、良源及其门徒与比睿山的兴盛

良源（912—985）作为第十八代天台座主，因致力于比睿山的复兴有功，故被后世称为比睿山中兴之祖。

比睿山天台宗自传教大师最澄创立以来，虽然主要由慈觉大师圆仁大成其事业，但在智证大师圆珍之后，有七代座主均出自圆珍派门流之下。至良源任座主时，他作为圆仁派门流的法孙，在右大臣藤原师辅的大力支持下，重新振兴了承平大火灾后萎靡不振了四十年的比睿山。

良源生于近江国浅井郡，十二岁登比睿山师事理仙，后随相应和尚等人学习显密之学。年纪轻轻已才华横溢，曾在承平七年（937）的维摩会上驳倒元兴寺义昭，又在应和三年（963）的清凉殿法华会上驳倒了东大寺法藏，从此名声大振。康宝三年（965）就任天台座主，同年比睿山延历寺再遇火灾焚毁，使得自承平五年火灾劫后的比睿山愈发元气大伤，一派荒凉。良源于是以此为机，在得到藤原氏经济上大力支持的基础上，重建三塔[1]堂舍，制定规定肃正纲纪，采取措施奖励修学，极大振兴了睿山佛教。于宽和元年（985）圆寂，获追赐"慈惠大师"号。

据传其门徒号称有三千，得意弟子有七十，其中有被称为"四杰"的源信、寻禅、觉远、觉超。其高徒在显、密二教的研究上各有造诣，其中尤数源信和觉远两位僧都成就卓著。源信住横川慧心院，觉远住檀那院，各自将所学发扬光大，使门派兴盛，后来分别形成慧心派、檀那派。

五、本地垂迹思想的确立

在佛教初传入日本时，日本人将佛视为"蕃神"，由此可知在当时日本人的意识当中，佛与神并无本质上的不同，有的只是"外来神"和"本地神"之分而已。此即日本人在宗教意识上的所谓"神佛习合"思想。作为古时日本人"神佛融合"、"神佛混淆"思想意识的反映，既有如《续日本纪》里关于多气大神宫寺移迁度会郡[2]、宇佐八幡为助东大寺大佛像铸造而上京等的记载，也可从一些关于神因佛庇护而得救，信徒因佛保佑而免受加害等神话传说[3]中得以窥出。

---

[1] 指比睿山上延历寺的东塔（止观院）、西塔和横川（愣严院）。

[2]《续日本纪》文武天皇二年条。

[3] 如《武智麿传》、《日本国现报善恶灵异记》、《三代实录》、《扶桑略记》等均有此类记载和传说。

如此宗教意识，发展至平安时期，则形成了较为明确的"本地垂迹"思想。所谓"本地垂迹"，即认为佛、菩萨乃神之"本体"，为救济众生而化身为神，亦即"垂迹"于日本。

关于日本人宗教意识里的神佛观念、对神佛关系的认识，有学者[1]经研究后归纳出如下发展、变迁过程：奈良时期以前已形成早期"神佛融合"思潮；进入奈良时期后以"神悦佛法"、"神护佛法"为主；进而演变成"神借佛法以求解脱"；至平安时期则形成"本地垂迹"思想，认为神乃佛、菩萨之化身；再发展至镰仓时代，则形成以"山王神道"、"两部神道"为代表的系统的"本地垂迹"理论。

根据文献史料记载可知，在日本佛教史上的奈良时代后期至平安时代前期，除四国地方外，各地均创建有"神宫寺"[2]。同时，在很多著名佛教寺院内或附近，或建有保护佛寺的"镇守社"[3]，或奉当地原有土地神为寺院镇守神。曾几何时，称多度大神为"多度大菩萨"，称八幡神为"护国灵验威力神通大菩萨"[4]，神像中出现僧侣形状的八幡神像等现象几乎俯拾即是。另据日本学者研究结果表明，自灵龟年间（715—716）至元庆二年（878），有史料记载的"神前读经"就有二十例。[5]如此神佛会通、相互融合的现象比比皆是，成为佛教传入日本之后，在谋求"日本化"过程中独有的文化现象。如此种种无不说明：日本佛教史上的"本地垂迹"思想，发展至平安时期，不仅愈发明显、具体、系统化，且影响深远、深入人心，成就了该时期特有的"平安佛教文化"。

六、净土信仰的兴起

实际上，日本在佛教传入的同时，可以说弥陀净土信仰就随之产生了。从《日本书纪》的记载得知：在舒明天皇十一年（639）就有留学僧惠隐自唐朝回国，翌年在宫中讲《无量寿经》。白雉三年（652）时，再次进宫为天皇讲经。加上更早时期的圣德太子在《维摩经义疏》中引用过《无量寿经》，可知当时既已有净土经典传入，也开始有了初期的净土信仰。此后，还有行基菩萨高声念诵弥陀佛号，四处游走劝化民众。至奈良时代，净土三经一论在六宗当中均有学僧研究，三部经也被广泛抄写流行。据传奈良朝末年的光明皇后，就笃信阿弥陀佛的誓愿，以致朝廷在其逝后命各地国分寺制作阿弥陀净土画像。虽然当时深入系统地论述

---

[1] 参见辻善之助《日本佛教史》（岩波书店1994年版）第一卷第五章。

[2] 参见逸日出典《神佛习合》（六兴出版社1986年版）"初期神宫寺事例一览表"。

[3] 如东寺的镇守神社为稻荷神社，东大寺的镇守社为八幡宫等。在奈良的东大寺、大安寺、药师寺都建有八幡宫。

[4] 参见《东大寺要录》卷四所载弘仁十二年（821）八月十五日官符。

[5] 参见田村圆澄《飞鸟佛教史研究》，东京墙书房1969年版，第六章。

净土教义的著作不多，净土信仰也远未能在广大民众当中普及，但认为通过礼拜、观想、念佛、作愿等修行，死时即可往生净土极乐世界的所谓"弥陀净土信仰"已逐渐形成。

有学者的研究结果表明，从当时的阿弥陀佛造像及其铭文可看出，早期的净土信仰，主要以为死者追善为主。[1]进入平安时代以后，随着天台宗和真言宗的兴隆，两宗均有提倡念佛以求往生净土的修行法。尤其天台宗的"常行三昧"[2]，后来逐渐发展成为比睿山兴隆一时的念佛门。

在日本净土信仰的发展史上，至法然上人正式创立净土宗之前，还有空也、源信和良忍三位名僧不得不提。

（一）空也上人的净土念佛

空也（903—972）是平安中期的念佛僧。又作弘也。身世、籍贯均不详。是一位带有神秘色彩的僧人，并是所谓"空也念佛"宗之开山祖。因其出身来历不详，故有传其为醍醐天皇皇子之说，也有传其为仁明天皇皇子常康亲王之子者。二十余岁时在尾张国（今爱知县）的国分寺剃发出家，后曾四处周游，"天下名山，足迹殆遍，所过道途，高者下之，洼者平之，桥梁寺宇，破坏必修，无水之地，则凿义井"（《东国高僧传》卷五《空也传》）。天庆元年（938）入京走街过巷，口中念唱阿弥陀佛名号，向市井民众宣传念佛，自此之后民间念佛者日见增多。因而被称为"阿弥陀圣"或"市圣"。有书中记述为证：

天庆以往，道场聚落修念佛三昧，希有也。何况小人愚女多忌讳之。上人来后，自唱，令他人唱之，尔后举世念佛为事，诚是上人化度众生之力气也。（《日本往生极乐记》）

天历二年（948）登比睿山，从天台座主延昌受戒，法名光胜。天历五年广募净款，造一丈高的十一面观音像和六尺梵天、帝释、四天王像。同年疫病流行，故发愿为死者书写金泥《大般若经》一部，费时十三年，于应和三年（963）八月完成。并在贺茂川之西建立西光寺（即今六波罗蜜寺）供养此经。天禄三年九月在东山西光寺入寂，享年七十。

（二）源信及其《往生要集》

源信（942—1017）生于大和国（今奈良县）葛城郡。俗姓卜部，父为卜部正亲。世称惠心僧都、横川僧都。幼年失怙，遵父遗命出家，自幼登比睿山随良源学习

---

[1] 参见井上光贞《日本净土教成立史的研究》，东京山川出版社1975年新版。

[2] 天台宗修行法之一。要求在九十日修行期间常在弥陀佛像周围步行，口念弥陀名号，心念弥陀相貌。

显密二教，才智出众，曾厌弃世俗名利而隐居横川潜心著述。当时在横川以楞那院为中心正兴念佛之风，源信也曾致力于弘传善导流的"称名念佛"，同时于永观年间至永延元年（987）撰《往生要集》三卷，描绘极乐净土之妙，阐释弥陀净土教义，对后来创立的日本净土宗产生了深远的影响。他对佛教教义有独到见解，曾再三托人将所著《往生要集》寄往宋朝向高僧求教，成为中日文化交流史上一段佳话。

正历年间（990—994），他创立灵山院，安置横川华台院丈六弥陀三尊。长保五年（1003），书天台宗疑问二十七条，嘱其弟子寂照入宋时，请宋僧四明知礼解疑。知礼颇赞叹其造诣之深，曾作答释寄还。他后来还被补为"内供奉"十禅师之一，亦被尊为日本净土真宗第六祖。宽仁元年安详圆寂，世寿七十六。其才华洋溢，著述颇多，除上列者外，另有《大乘对俱舍抄》、《观心略要集》、《一乘要决》等书，总计七十余部一百五十卷。其门流称为惠心流，主张从果向因的本觉法门，对后世净土信仰影响很大。

《往生要集》是体现源信净土念佛思想，劝化人们修行净土念佛法门的代表作。他在对各种佛教经典潜心研究的基础上，最后得出显密教法深奥难解，唯有净土念佛最易修行的见解。正如他在序中所述："夫往生极乐之教行，浊世末代之目足也。道俗贵贱，谁不归者。但显密教法，其文非一；事理业因，其行惟多。利智精进之人未为难，如予顽鲁之者，岂敢矣。是故依念佛一门，聊集经论要文，披之修之，易觉易行。"该书系统阐释了弥陀净土思想以及各种念佛修行法，其中关于专修口称念佛方面的见解，促成了后来的日本净土宗的问世。

（三）良忍上人与融通念佛宗

平安时代后期，天台宗还出了一位提倡念佛往生净土的高僧，他就是被后人尊为融通念佛宗开山祖的良忍。

良忍（1073—1132），俗姓秦，号光静（乘）房，生于尾张国（今爱知）之多郡富田。十二岁登比睿山，随东塔檀那院的良贺修习天台宗止观业，后从禅仁、永意修密教遮那业。二十一岁时成为东塔常行三昧堂专司带领念佛合唱的堂僧。嘉保元年（1094）隐居于京都洛北的大原，分别创建了来迎院、净莲华院，每日唱念佛号六万遍，专心诵读《阿弥陀经》，书写《法华经》，心中祈念西方弥陀极乐净土。据传其长年常坐不卧，苦练修行，终于在四十五岁时的永久五年（1117）五月十五日，在"念佛三昧"中亲得阿弥陀佛面授"融通念佛"偈文："一人一切人，一切人一人，一行一切行，一切行一行，是名他力往生。"由是开始倡导"一人念佛与万人念佛相互融通"的理念，带着劝进帐四处化教。其声音圆朗、曲调优美的念佛吸引了众多信徒，自愿加入其"融通念佛"者不计其数。长承元年（1132）

寂于大原来迎院，享年六十。安永二年（1773）被后桃园天皇追谥为"圣应大师"。后人因其声音清亮，颂佛之声哀婉动听，尽得"声明"[1]之妙，皆尊其为天台声明中兴之祖。

融通念佛宗是日本十三宗之一，又称融通大念佛宗、大念佛宗。以行十界一念、自他融通之念佛而期求往生净土为宗旨。所依据的经典有《华严经》、《法华经》、净土三部经（《无量寿经》、《观无量寿经》、《阿弥陀经》）、《梵网经》、《融通圆门章》及《融通念佛信解章》等书。其中尤以《华严》、《法华》二经最为重要。

融通念佛宗由于良忍上人妙解念佛门义理和颂佛声哀婉绝妙而盛极一时。但约到第六代法明上人时才具备相当规模。而其理论的完成，并使本宗最后得以成立的，当数大通、尊者、融观。因此，此三人分别被称为融通念佛宗的元祖、中兴祖、再兴祖。本宗在寿永年间（1182—1184）因法统中断而衰微，元亨年间（1321—1323）法明良尊继任第七世，戮力传教，中兴宗门。其后至室町、战国时代，又因内生流弊，外受新兴宗派势力的压迫，宗风再度不振。至江户时期始由第四十六世大通融观复兴宗势。融观定制规，设学寮，促进宗学的研究，并撰《融通圆门章》及《融通念佛信解章》，以确立宗纲。1874年公布宗名，以大阪住吉的大念佛寺为总本山。

融通念佛宗虽说是他力宗而非自力宗，但却是作为从自力宗向他力宗过渡的桥梁而兴起，可视为日本独有之新宗教。同时，虽属他力教，但却与净土宗、真宗等他力教有显著不同，主张一人所唱念佛与众人所唱之念佛功德相互融通，而念佛一行亦与一切万行相通，一切功德圆满，方得往生净土。

第四节 中世佛教
（1192—1603）

一、具有"庶民化"倾向的镰仓新佛教

日本镰仓时期的最大特点，即新崛起的武士阶级首先在经济、政治上掌握了主导权。他们在地方上努力经营农业，发展经济，增强自己的经济实力，并通过封建主和家臣从仆的契约形式，与下层武士和民众建立起牢固的关系，势力日益扩大和巩固，终于推翻了贵族统治，建立起新型的封建社会。一句话，"过去一直处于社会下层的武士阶级逐渐走到了历史舞台的前台，拥有并掌握了政治上的权利和经济上的实力，并进而追求在文化上占据主导地位，以图与政治、经济势力相适应，与统治者身份相符合"[2]。因此，在文化上、宗教上，追求不同于以

---

[1] 即佛教仪式中众僧齐声念佛、诵经的音乐、曲调及其用声法、唱法。

[2] 韦立新：《宋元时期中日佛教文化关系》，香港开益出版社2003年版，第17页。

往贵族公卿们引以为豪的"高尚而优雅",而迎接一股"新风"的到来已势成必然。

于是,日本佛教发展至镰仓时期,出现了"庶民化"、"世俗化"倾向,所谓"镰仓新佛教"应运而生。不仅如此,从中国传入的禅宗,由于其倡导之精神、追求的情趣以及其简单易行的修行方式,受到了上至幕府将军、下至下层武士的热烈追捧,影响很快波及普通民众,加上传统的旧佛教也在此时通过更能适应"时运和国情"的自身改造及"本土化"获得了复兴。因此,有学者认为[1],在该时期兴起的新佛教宗派,与旧有的奈良佛教以及平安时期盛行的天台和真言二宗,构成了日本民族佛教的基本格局。也就是说,一直延续到近代以后的日本民族佛教的基本格局,就是在镰仓时期基本确立的。

新佛教的兴起,主要是在从文治二年(1185)源赖朝开设幕府至北条高时灭亡(1333)约一百五十年间的时代。在这一时期里,有不少在日本土生土长的佛学"精英",根据自己对佛教经典的钻研和理解,形成了自己的思想体系,并结合日本当时的时运和国情,创立起具有鲜明民族特色的新的教义体系来。

(一)法然上人与日本的净土宗

在镰仓时期新兴起的佛教宗派当中,创立最早的是以法然上人(1133—1212)为开山祖的净土宗。有学者认为,在日本能够系统地判释佛法,在诸宗之外另创独立宗派的,自弘法大师创立真宗之后,法然上人当属第一人。[2]

法然上人本名源空,幼名势至丸,于长承二年(1133)出生于美作国(今冈山县内)久米郡南条的稻冈莊。关于他的传记有十几种。据传,他自幼出家,刻苦钻研经论,既通天台宗三大部,又有隐遁之志,后于久安六年(1150)[3]遁世投入黑谷的慈眼房睿空[4]的门下之后,深得赏识,得以授"法然"房号和"源空"名字。他虚心好学,历游南都遍访名师以探寻诸宗秘法,深得当时各宗名僧器重,并不惜倾自己所学尽数传授。

法然是通过读《往生要集》、《往生拾因》等而了解并接受净土思想的,由此又接触了善导的《观经疏》等。在读到《观经疏》中"一心专念弥陀名号"字句时大有所悟。可以说,在仔细研读各种经论,努力摸索、探究最正宗、最根本的佛法根源之后,他最终舍弃了修习多年的天台宗及其他"圣道门"诸宗,而"选择"了以较容易为庶民百姓理解和修行的"口称念佛"为中心的净土教义,于安元元年(1175)四十三岁时,正式开创了以口唱佛陀名号为本的"一向专修宗"(净

---

[1] 参见杨曾文:《日本佛教史》,浙江人民出版社1995年版,第216、217页。
[2] 参见村上专精:《日本佛教史纲》,杨曾文译,商务印书馆1981年版,第142页。
[3] 有1151年之说,但从近年研究成果看多倾向于1150年。
[4] 融通念佛宗之祖良忍的弟子,乃正宗的天台宗元顿菩萨戒衣钵传人。

土宗）。

众所周知，传统旧佛教是拒"凡夫俗子"、"恶人"、女人于"千里之外"的。其最通俗易懂的教义，即"善有善报，恶有恶报"的善恶因果报应思想。当然，还有许多深奥难解的关于修行解脱的教义体系。而法然自称依据善导开创的日本净土宗，继承了善导的"一切善恶凡夫"皆可通过念佛灭罪，往生净土的观点，认为"轻重兼灭，一切遍治"，"称佛一声即除罪五百万劫"。（《选择本愿念佛集》）既不排斥武士、渔民等"杀生"之"恶人"，也不排斥女人，从而获得了包括武士、农民、渔民、妓女在内的广大普通民众的信奉和皈依。从此，净土宗愈发兴盛，正如史书所记："自此以后，净教甚昌，贵贱俱修，都鄙咸遵。"（凝然《净土法门源流章》）

最能反映法然的净土信仰思想的，当属其代表作《选择本愿念佛集》。该书论述了日本净土宗的基本教义，由其开宗明义的第一句话："南无阿弥陀佛——往生之业，念佛为先"可知，其中心思想是提倡口称念佛，认为"口称念佛"乃阿弥陀佛四十八愿中之"本愿"，功德无量，只要一心不二地口称阿弥陀佛名号，则"一切众生"、"罪恶凡夫"皆可往生极乐净土。其弟子亲鸾后来评价该著作曰：

真宗简要，念佛奥义摄在于斯，见者易谕，诚是希有最胜之华文，无上甚深之宝典也。[1]

日本平安时代尽管已有净土教的流行，但直至镰仓初期法然的出现才使净土宗宣告独立。文治二年（1186）睿山座主显真向法然求教关于出离秽土的道理，此后其他诸宗的高僧也先后皈依此教。后白川、高仓、后鸟羽三位天皇以及上西、宜秋、修明三位皇后，都从法然受戒。因法然的新宗受到众人的欢迎，其他各宗多起而反对。睿山一派于元久元年（1204）集议制止专修念佛之流行；南都方面则以法然轻忽佛戒，好谤他宗，排斥余行的理由，于元久二年（1205）向朝廷奏请纠弹。承元元年（1207）朝廷即宣令取缔，并处法然师徒以重刑。建历元年（1211）法然蒙赦返归京都，住于东山大谷，翌年圆寂。获深草天皇赐号"通明国师"，后于贞享五年（1688）再获东山天皇谥号"圆光大师"。

法然门下，受学之徒异常众多，并且各自成派立宗。史上历来把圣光、圣觉、金光称为法然门下的"三俊"。法然以后，虽然净土教各派的教义愈益分裂，但凡是祈愿往生净土的宗派，都是依照这个教判为准的。净土宗、净土真宗、时宗，乃由法然系下分张设教的三大流。因为在"三经一论"中所阐扬的法门都是以往生弥陀的净土为目的，所以称为净土门；其他的经论所阐扬的法门不是都以往生净土为目的，而是以在此土入圣为目的，所以称为圣道门。

---

[1] 参见《教行信证文类》卷六《后序》。

（二）亲鸾圣人与日本净土真宗

由法然上人弟子亲鸾创立的日本净土真宗，正式开创于元仁元年（1224）。是年正月，在常陆稻田住了十几年的亲鸾，开始着手撰写《教行信证文类》六卷，通过大量引经据典，从教（教典）、行（修行）、信（信心）、证（修行结果）四个方面完整地论述了自己所理解的净土真宗教义。如此完整而自成体系的思想，被后来自成一宗的日本净土真宗奉为立宗之根本，因此，该著作的问世，自然被史学家们公认为日本净土真宗正式创立的标志。

如前所述，与传统的旧佛教相比，净土宗尽管已经具有强烈的"庶民化"倾向，否定了深奥难解的修行解脱论和善恶报应论，但仍然主张通过念佛灭罪方能往生净土。正所谓："下品下生是五逆重罪之人也，而能除灭逆罪，余行所不堪，唯有念佛之力堪能灭于重罪。"（《选择本愿念佛集》）而相比之下，净土真宗所倡导的教义，尤其是亲鸾提出的以恶人为往生本位的所谓"恶人正机"论，则更受包括"恶人"在内的广大下层民众的欢迎。

亲鸾认为，通过念佛以求灭罪，实际上仍然是一种"自力"修行，妨碍人们建立往生的信心，不利于坚定对阿弥陀佛及其本愿、愿力的信念。往生与否应由对弥陀愿力的信心决定，而与个人的善恶行为无关。

弥陀本愿不选人之老幼、善恶。应知信心为根本。弥陀本愿以救罪恶深重，烦恼炽盛之众生为志。如相信本愿，则无需其他善行，没有优于念佛之善行也。不必害怕恶行。没有能妨碍弥陀本愿，阻碍众生往生之恶行。（《叹异抄》）

可想而知，亲鸾如此"他力"思想，对因生活所迫而苦于难以行善积德的普通下层民众来说，是多么的难能可贵。日本净土真宗因此信众日增。

（三）一遍上人与日本时宗

在日本净土宗系统当中，还有一个与净土真宗一样独立出来的宗派，即由一遍创立的时宗。

时宗是日本净土宗流派之一，又称游行宗、游行众、时众。总本山位于神奈川县藤泽市清净光寺（游行寺），本尊是阿弥陀如来，以净土三部经（《无量寿经》、《观无量寿经》、《阿弥陀经》）为所依经典。本宗名称系依据《阿弥陀经》经文"临命终时"而来，盖人生无常，时时刻刻处于生灭之中，故"平生"与"临终"等无差别。为表此意及本宗念佛之旨，遂命名为时宗。

一遍于延应元年（1239）二月出生于伊予（今爱媛县），出生时正值家境破落。他十岁丧母，自幼有出家就学之念，于建长三年（1251）投入筑前大宰府圣达门下，全心全意皈依净土法门，潜心研究他力念佛教义。文永八年（1271），一遍来到信浓国（今长野县）的善光寺，绘制了善导的"二河白道"图，后回到伊予的洼寺奉为本尊，闭门修炼称名念佛三年之久，终于对念佛有所领悟。为广泛传布念佛，他决定四处周游参拜诸国"灵地"，以求佛力佑助自己实现济度众生之宏愿。文永十一年（1274），他参拜了四天王寺、高野山之后，于当年夏天参拜了纪伊（今和歌山县）的熊野权现[1]。据传他专心参笼百日，终得熊野权现示现亲授一偈："六字名号一遍法，十界依正一遍体，万行离念一遍证，人中上上妙好华。"从此自号"一遍"，携带劝进帐和念佛牌，周游诸国劝化民众，足迹遍及九州、四国、近畿、北越、关东、山阴、山阳等六十余州。据传在他的劝进帐上记名的信徒多达二十五万余人。正应二年（1289）八月五十一岁时安然圆寂。明治十九年（1886）获天皇追赐"圆照大师"谥号。

一遍开创的以"神敕念佛"为特征的时宗，由于以熊野权现神的启示为开宗之依据，且不拘泥于固定的寺院而四处巡行传教，自然更易于为崇信神祇的广大民众所接受。加之其强调"绝对他力"，认为往生与否甚至不在乎是否相信佛之名号，只要念佛。则可凭借不可思议的"他力"获得往生。故此不分愚智，不论凡俗、贵贱，亦不必考虑能否往生，一路只需专心念佛可也。如此教义，对于普通民众来说，自有其不同于亲鸾的"恶人正机"思想的独特魅力。

一遍殁后，由二代祖他阿上人继之，确立宗规，并创建相模国藤泽清净光寺。他到各地巡游化募传教后，再回该寺居住，因此被称为"藤泽上人"。此后，时宗宗祖通称为游行上人、藤泽上人。至第五代祖安国时，正式以清净光寺为总寺。第七代祖托阿则著《器朴论》，将时宗宗义作系统化整理。至第十二代尊观法亲王时，宗势日益兴盛。自镰仓末期至南北朝时代，分裂成游行派、一向派、奥谷派等十二流派。至室町时代，因脱离民众阶层、僧尼腐败等原因，宗势日渐衰颓。原为净土教代表的地位，遂由真宗本愿寺教团所取代。游行、赋算、踊跃念佛、与民间神祇的关系密切（以八幡、天神、三岛、诹访为守护神）等为该宗特色。

（四）荣西禅师与日本临济宗

在镰仓新佛教的各个宗派中，净土宗、真宗、时宗和日莲宗，通常被视为由日本僧人根据自己对佛教经典钻研的心得和解释创立起来的所谓"民族宗教"，因迎合了该时期的社会和时代的需要，赢得了广大"庶民"信众而获得极大发展。而同于该时期兴盛起来的禅宗，则是由中日禅僧自中国传入的。

禅宗其实很早就传入日本。据传在唐学法相宗回国的道昭，滞唐时就曾从相州的慧满学禅，在孝得天皇朝的白雉年间（650—854）回国后，在元兴寺开设了禅院，此被视为日本有禅宗的开端。而日本临济禅宗的正式创立，则是由入宋归国的荣西开始的。

---

[1] 熊野权现，即熊野神社供奉的神，被视为佛的化身。

早期的临济禅宗，因以荣西为首的禅师在弘传禅法的同时往往兼传天台、真言教义，故被称为"兼修禅"。而后来由来自中国的兰溪道隆、大休正念、一山一宁等禅僧传授的才是"纯粹禅"。

荣西（1141—1215）生于备中（今冈山县）吉备津，八岁起随父亲读《俱舍论》，十四岁剃发出家，并登比睿山受戒。平治元年（1159）师从比睿山的有辨学习天台宗教义，后从千命受灌顶，再登伯耆（今鸟取）大山从基好修习密教，后又回到比睿山继承了显意的密教。仁安三年（1168）四月入宋，登天台山万年寺寻访圣迹，于九月携天台新章疏三十余部六十卷与重源一起回国。据传曾奉旨在神泉苑修持请雨法求雨，结果灵验，获天皇赐"叶上"称号。文治三年（1187）夏天再度入宋，随临济禅黄龙派第八代嫡孙虚庵怀敞学禅，获授法衣，得以正式继承正宗临济禅的法脉。建久二年（1191）自宋回国，翌年于筑前（今福冈）香椎宫旁创建了日本最早的禅宗寺院报恩寺。另外，将自宋朝带回的茶种植于背振山，此被视为日本正式栽培茶叶之始。

建久五年（1194）入京传禅，因遭比睿山诸宗强烈反对而受挫。曾著《兴禅护国论》驳斥其他各宗的指责和诽谤，于第二年再回博多建安国山圣福寺。正治元年（1199）受北条政子皈依，应请任幕府不动明王开眼供养仪式的导师。后得北条政子赠寿福寺住所居住于镰仓。建仁二年（1202）再任永福寺多宝塔落成供养仪式导师。后得在镰仓幕府第二代将军源赖家的支持下，在京都东山创建建仁寺，并于翌年获准在该寺设立真言院和止观院。建永元年（1206）九月步重源后尘任东大寺大劝进职[1]。承久三年（1209）再获朝廷委以重任负责法胜寺九重塔的修建，因有功而于建保元年（1213）五月获任权僧正[2]，成为镰仓新佛教各宗派祖师当中最接近上层的僧人。翌年二月，为源实朝[3]祈祷病体康复，并献《吃茶养生记》。后再奉源实朝之命修祈雨法求雨灵验，再获请任大慈寺落成供养仪式导师。七十五岁时圆寂于京都建仁寺。[4]

荣西的法嗣有退耕行勇、释圆荣朝、佛树明全等人。正如前面提及，荣西禅师的禅宗，尚未能完全摆脱以往佛教习尚，兼传圆、密二教，并没有把三宗完全分开。而作为纯粹的禅宗进行传布，可以说是从道元禅师开始的。尽管如此，荣西的弘禅，刺激了时人研究禅宗的兴趣，促成入宋学禅之风潮。加之中国南宋灭亡之时，不满于元朝统治的禅僧纷纷避难于日本，客观上促使日本禅宗得以迅速

---

[1] 专门负责有关修建寺院事务之职。
[2] 僧官中的高级官阶，有大僧正、僧正、权僧正之分。
[3] 镰仓幕府第三代将军。因有和歌佳作甚多，故又以歌人闻名于世。
[4] 史料中《元亨释书》、《明庵西公禅师塔铭》、《沙石集》、《延宝传灯录》等均记载为寂于建仁寺，但《吾妻镜》记载其逝于寿福寺。

发展，在各宗派中逐渐取得极大优势，此皆可视为荣西禅师之功。出自荣朝门下的圆尔辨圆于1235年至1242年入宋学习禅宗。宽元元年（1243），被摄政关白藤原氏的长者九条道家召入朝中，以兴建中的新寺为基础正式迎请其来京都晋山主法，新寺命名为"东福寺"。从此，新的东福寺成为天台、真言、禅宗三宗兼传之道场。在圆尔及其门下众多弟子的竭力举扬下，临济宗逐渐走向隆盛。

（五）承阳大师道元与日本曹洞宗

与弘传兼修禅的荣西不同，镰仓时期还出了一位提倡"只管打坐"，主张纯粹禅而反对兼修禅的道元。他从宋朝天童山如净继承了正宗曹洞宗法统，并将其传入日本发扬光大。

道元（1200—1253）于正治二年（1200）生于京都。因自幼失去父母而有感于世事无常，十三岁时登比睿山剃发出家，受大乘菩萨戒。建保五年（1217）赴建仁寺从荣西门下弟子明全学禅。贞应二年（1223）与明全一起入宋，历游阿育王山、径山、天台山等著名寺院拜访名僧，后赴天童山师从如净参禅三年，终得继承正统曹洞宗法系于安贞元年（1227）回国。先住京都建仁寺，因著《普劝坐禅仪》宣扬打坐修禅而遭天台宗教徒迫害，被迫离开建仁寺后移住京都深草安养院，不久开始致力于著述《正法眼藏》，明确主张坐禅方为"佛祖单传之正法"，而否定当时风靡一时的末法思想、在家成佛思想及念佛、祈祷等佛法。后来再著《护国正法义》力主自己所传才是护持国家之正法，因此受到兼有天台、真言、临济禅三宗的东福寺的威胁。宽元元年（1243）七月，道元应其门弟波多野义重之请，移至其所辖越前（今福井）支比庄掌大佛寺。该寺后来改称永平寺。从此之后大部分时间居于越前山间，专心致力于实践如净临别时嘱其"莫住城邑聚落，莫近国王大臣，只居深山幽谷，接得一个半个，勿令吾宗致断"（《建撕记》）的训诫，培育弟子。他制定《永平清规》规范门弟的日常言行，提倡出家至上主义，劝化弟子出家于山中"只管打坐"，并努力使深奥的佛教哲理通俗易懂化。于建长五年（1253）八月二十八日圆寂，获天皇追赐"承阳大师"名号，成为日本禅宗中首位获"大师"号者。

日本曹洞宗为日本禅宗三派之一，拥有两位宗祖、两处大本山。两宗祖为创立本宗宗旨之道元（高祖，又称开祖），以及开创本宗宗团之莹山绍瑾（太祖）。两大本山即道元所创位于福井县的永平寺与莹山所创位于横滨市（原建于石川县，1898年移至现址）的总持寺。

道元有入室受传禅法弟子四人。其中孤云怀奘、彻通义介为后来曹洞宗的发扬光大贡献最大。孤云怀奘（1198—1280），初在比睿山出家，后改师事道元，协助道元司理山务寺制。道元寂后，即着手道元著作的校集。其门下出有义介、寂圆、义演、义准等人。义介开创大乘寺，其门又出寒岩义尹、莹山绍瑾等人。永仁四年（1296）以后，本宗莹山绍瑾游化各地三十年，晚年止住能登诸岳寺，改律院为禅刹，名诸岳山总持寺。日本曹洞宗至绍瑾有突破性发展，改革"只管打坐"的禅风，吸收民间流行之祈祷仪式，积极在民间传教。该宗宗风有别于临济禅"参公案"，而纯粹透过坐禅，以期众生本具之真如佛性显现。

由于道元的曹洞宗不同于与朝廷、幕府关系密切的临济宗，自打一开始即主张远离都市，不近权贵，舍弃名利，居山修行，故主要在民间传播和发展。

（六）日莲上人与日莲（法华）宗

镰仓时期还有一个独立于净土宗各派和禅宗之外的新开创宗派，即由日莲开创的日莲（法华）宗。

日莲（1222—1282）出生于安房国（今千叶县）的小凑，于天福元年（1233）登上东北庄的清澄山寺出家，嘉祯三年（1237）得度为僧，跟从道善学习天台教学。后到镰仓、近畿等地游学，在比睿山"阅览三藏要义，深达台宗玄秘，广涉诸宗，梵字悉昙等无不研究"（《本化高祖年谱考异会本》）。此后，还游访大和（今奈良）、纪伊（今和歌山）、摄津（今兵库、大阪）的诸宗各寺，学习法相、华严、真言等各宗教仪。于建长四年（1252）再返回清澄山寺，翌年在该寺宣讲"四格言"[1]，批判净土各宗，开始宣称《法华经》为佛法中最高经典，唯唱念经题才是正法。此被视为日莲宗的正式开宗。

由于日莲此举激怒了包括地头[2]东条景信在内的净土教信奉者，被迫离开清澄山寺，来到镰仓，在名越结庵居住并弘传教法。在此期间，著《守护国家论》、《灾难对治抄》等。又于文应元年（1260）著《立正安国论》上送北条时赖，在书中对正嘉、正元年间（1257—1260）连年发生地震、疫病等的原因及对策提出看法，力主唯有禁止净土念佛宗、回归法华信仰国家方能幸免于难，社会才能确保平安。结果于弘长元年（1261）被发配至伊豆国（今静冈）伊东。文永元年（1264）回家乡小凑探望母亲，又受到来自念佛信仰者的袭击。但经此一难后，日莲反而愈发坚定了对法华的信仰。

文永五年（1268），有蒙古国书至，威逼日本称臣归顺，否则难免一战。此消息使当时的人们认为日莲在《立正安国论》中的预言灵验，一时皈依日莲者大增。日莲因此趁势再激烈攻击净土、禅、律各宗，同时其信徒的言论亦愈发偏执过激，最终导致于同年九月十二日被幕府问罪，于相模国（今神奈川）龙口几遭问斩，后发配佐渡（今新泻），其门徒或遭流放，或拘禁，日莲宗受到重创。此即为日

---

[1] 据载其四格言为"念佛无间，禅无魔，真言亡国，律国贼"。
[2] 镰仓时代掌握地方行政权的官吏。

莲宗史上的"龙口法难"。

日莲在佐渡的流放生活当中，著《开目抄》、《观心本尊抄》等，提倡唱念"妙法莲华经"五字经题。文永十一年（1274），日莲获赦回到镰仓，不久又到甲斐（今山梨）身延山，建草庵以为弘法道场，此即为日莲宗的总寺久远寺。引得各方弟子纷纷云集而来，日莲宗信徒不断增加。弘安五年（1282）九月，日莲因病离山而去，十月十三日寂于武藏池本门寺，时年六十一岁。

日莲门下弟子颇多，其中以日昭、日朗、日兴、日向、日顶、日持为本弟子，称为"六老僧"。另外，日法、日家等十八位弟子称为"十八中老僧"。日莲殁后，以六老僧为中心，日莲之教传于各地，后形成各种门派。六老僧中，日向长住身延山，日兴反对日向，并在教义方面批判本迹一致说，而主张本迹胜劣，乃另开富士大石寺（日莲正宗的本山）、北山本门寺。此即日莲宗首次分派，其门流称为兴门派（即今之日莲正宗、日莲本宗）。南北朝时代，日朗的弟子日像于京都建妙显寺，首开关西布道之端绪，教势因此大展。但由于布教态度及对教义解释的不同，分裂对立亦随之而至，如日阵、日隆、日真、日什等皆各立门派，至室町时期，在关东以身延、池上、中山为中心地潜心布教，势力颇盛。在京都则建有二十一本山，教势亦日益隆盛。天文五年（1536）的"天文法难"，由于比睿山延历寺僧徒的袭击，京都日莲教二十一寺院多被焚毁，教势一度衰颓。后由日助等再兴十六本寺。天正七年（1579）又受到织田信长等人的压迫，遂分裂成二派。一派是采取妥协摄受态度的受派；另一派是采取传统折伏态度的不受不施派。德川秀忠时，不受不施派被禁，直至1876年方才解禁。明治以后，在家佛教运动盛行，遂由日莲宗信仰另又形成国柱会、灵友会、立正佼成会、创价学会等新兴宗教团体。

二、旧佛教各宗派的复兴

镰仓时期的传统旧佛教，由于在前一个时期里，一直占据着佛教界的支配地位，各大寺院既得到来自国家的有力支持和庇护，又拥有自己的领地和庄园、僧兵武装，其在各方面实力之雄厚，就连朝廷、幕府都不敢小觑。如此状况下的传统旧佛教诸宗，养尊处优，不思进取，傲慢固执，无视戒律，与其他新兴的镰仓新佛教宗派相比，显然难以获得广大普通民众的支持，其发展受到很大局限是可想而知的。但尽管如此，受镰仓新佛教的刺激，南都各大宗派均进行了一定的自身"改造"，使诸大寺重新呈现出硕学辈出、教学兴盛、法会昌隆的景象，华严、法相、天台、真言、律、净土等各宗均获得了某种程度的复兴。

总的说来，传统旧佛教的"改造"，以更倾向于重"复古"的历史主义和轻"思辨"的实践主义为主要特点。也就是说，主张"回归"佛教作为宗教的"原点"，较之于前一个时期重视佛教"学问"的研究，更多强调"信仰"，强调"实践"

多过"思辨"。

（一）律宗的复兴

平安后期的佛教界无视戒律，风气颓废已如前述，其最直接的后果就是导致律学在日本几乎失传。加上进入镰仓时期之后，净土教信仰越发盛行，念佛之法风靡一时，必然导致轻视包括守戒律在内的念佛以外的其他修行。所幸的是，该时期出现了几位有志于复兴戒律的学僧，他们的努力令日本律宗在镰仓时期重新得以复兴。

该时期复兴的律宗分别有兴起于京都的所谓"北京律"和兴于南都奈良的"南京律"。首先值得一提的是最早提倡复兴戒律的实范（？—1144）。他于永久四年（1116）曾住鉴真所建的唐招提寺，眼见"院宇废替，僧众不居，庭庑之间，半为田畴"（《元亨释书》卷十三《实范传》），其荒废破落之景象令他感叹不已，促其兴起复兴戒律之念。自此之后，他致力于修复堂舍，宣讲律学，严格按戒律举行法事等，戒律之学由是再兴。

实范的律学后由弟子觉宪、戒如等人继承。戒如门下再出觉盛、睿尊，使南京律的复兴日渐明显。

觉盛（1193—1249）生于大和国（今奈良），出家入兴福寺，学法相（唯识）、俱舍、律学等，还从高辩学华严宗，后再到奈良两大寺师从戒如学律。于嘉祯二年（1236）九月，与睿尊、圆晴、有严一起在东大寺大佛殿自誓受戒。宽元元年（1243）奉旨住唐招提寺，讲律授戒，时人皆称其为鉴真再生。

睿尊（1201—1290）亦生于大和国（今奈良）。十七岁出家学真言、三论、唯识之学，对当时律学衰微常感痛心。他不仅潜心钻研律学，还将西大寺荒废的佛殿、僧堂修复一新，并以此为据点，大力弘传律学，还多次奉敕读经、祈祷。据传，其祈祷之灵验不仅令其在朝廷、幕府中声威大震，听其说法、从其受戒者也不断增多。律宗因此大振一时。

（二）华严宗的复兴

在镰仓时期同样获得复兴的还有华严宗。活跃于该时期并致力于华严宗复兴的著名僧人有高辨、宗性及其弟子凝然。

明慧上人高辨（1173—1232）为纪州（今和歌山）在田郡人，与亲鸾同年出生于承安三年（1173）。自幼失去双亲，十六岁剃发出家随景雅之徒圣诠研究华严宗，于建仁二年（1202）曾计划赴印度巡礼佛迹，因翌年正月受春日明神托喻而作罢。元久二年（1205）再次计划西渡印度，却因病未能实现。其对释迦佛追慕之情，从其藏于高山寺的《印度行程记》中可以窥出。建永元年（1206）获后鸟羽上皇诏赐拇尾山以作兴隆华严之道场，取《华严经》"日出先照高山"之句，建寺取名高山寺。高辨著有《华严唯心义释》、《菩萨戒仪》、《舍利讲式》等七十余卷，深得朝廷和幕府敬重。从其著作《华严修禅照入解脱门义》二卷可看出其重实践、重持戒更胜于研究学问的主张，充分体现了镰仓时代佛教的特色。其门下有弟子喜海、静海、道澄等，均相继住高山寺致力于兴隆华严之大业。

宗性（1202—1292）自幼出家入东大寺学习华严宗，同时兼学因明、俱舍、法相诸宗，学识广博，精通诸宗教义，常在尊胜院宣讲华严教义。据传其热衷钻研佛教历史，尤擅研究僧传，著书不下千卷。其重"复古"、重史学研究的历史主义倾向由此可见一斑。于建长元年（1249）著《日本高僧传指示抄》一卷，建长三年再著《日本高僧传要文抄》，成为日本古代佛教史研究的重要史料。

宗性的弟子凝然（1240—1321）出生于伊予国（今爱媛县）越智郡，自幼登比睿山受菩萨戒，后随东大寺圆照上人受三聚净戒，从唐招提寺证玄学戒律，从东大寺真言院的圣守和木幡的真空习真言密教，再师从尊胜院宗性学华严、从九品寺的法然弟子长西学净土，另外兼学三论、俱舍、法相诸宗，并兼修禅宗。可以说，其师圆照上人长期倡导的教禅律一致的主张至凝然时终于获得升华。他在专心著述之余，于戒坛院、洛东金山院、久妙寺、唐招提寺、法隆寺、西大寺、般若寺等地讲经，呕心沥血于华严复兴。在圆照上人寂后继承其掌管戒坛院，曾为后宇多上皇授菩萨戒，并获赐"示观国师"号。于元亨元年（1321）八十二岁时圆寂于戒坛院，葬于洛东鹫尾山金山院。

（三）法相宗的复兴

日本法相宗的复兴，据认为是受刺激于镰仓时期兴福寺的重建。[1] 法相宗盛于奈良时代，早期虽有南寺传和北寺传之分，但后来都汇合于获得藤原氏大力支持的中心据点兴福寺，一时势力颇壮。至平安时期以后，由于日渐盛行的天台、真言两宗也多有兼学法相、三论之高僧，法相渐现被淹没于其他宗派之势，加上兴福寺于平安末期治承四年（1180）十二月遭武将平重冲大火焚毁，法相宗更是受重创而日渐衰退，最后仅剩依仗显贵门阀往日之权威徒有僧纲僧位之虚名而已。直至建久五年（1194）兴福寺的重建，加之该时期出现了永超、藏俊、觉宪、贞庆等杰出学僧，法相宗在教学及实践方面均获得一定程度的恢复。

解脱上人贞庆（1155—1213）为少纳言藤原通宪之孙、权右中辨[2] 藤原贞宪之子。于应宝二年（1162）八岁时入兴福寺，十一岁时剃发得度，住兴福寺二十余年，师从别当觉宪习法相、俱舍、律学，曾应诏入宫赴"最胜会"讲解《最胜

---

[1] 参见千叶乘隆、北西弘、高木丰：《佛教史概说》，平乐寺书店1977年版，第139页。
[2] 律令制下直属于太政官的官名，有左右辨官之分。

王经》,因反感于当时"不据法仪,竞尚浮夸"的佛教界及寺院生活,于建久三年(1192)三十八岁时愤而隐居于山城(今京都南部)的笠置寺,并在此创建般若台、十三重塔,后移住大和的海住山寺。曾起草执笔了"龙华会愿文",于元久元年(1204)十月开始举办"龙华会",著《弥勒讲式》,创设"释迦念佛会"等,致力于弘扬弥勒信仰。他反对法然倡导的净土宗,曾起草《兴福寺奏状》对其加以弹劾。著有《法相宗初心略要》、《唯识同学抄》、《愚迷发心集》、《法华开示抄》、《观音讲式》、《弥勒讲式》、《地藏讲式》等,尤其是晚年完成的《明本抄》十三卷,充分显示出贞庆在法相宗教义方面的学识和见解,可见其在弘扬法相教义、复兴法相宗方面功不可没,因此被视为法相宗中兴之祖。

三、天台宗及真言宗的神道

在日本佛教史上,作为佛教与日本固有神道结合的产物,盛行于平安时代中期的"本地垂迹"学说发展至镰仓时代时,形成了天台宗的"山王神道"和真言宗的"两部神道"。

日本天台宗效法中国天台山国清寺奉"周灵王太子乔"为"山王"的做法,将比睿山延历寺的镇守神日吉明神奉为"山王",认为日吉神社所供奉的山王明神本地乃是释迦法身佛,为日本的最高神,并在日吉神社内建造了神宫寺。成书于13世纪前半期的《耀天记》称:"山王是日本无双之灵社,天下第一志名神,为诸神之根本,万社之起因。"另据成书于镰仓时代末期虎关师炼《元亨释书》、显真《山家要略记》、光宗《溪岚拾叶集》等书的有关记述可看出,天台宗山王神道的编造者对山王的解释和发挥尽管有许多牵强附会之处,但毕竟还是达到了为"山王神道"提供一定理论依据之目的,并最终形成一套比较完整的"山王神道"学说。可以说,镰仓时期天台宗山王神道的形成,乃是日本天台宗民族特色的一大体现。[1]

同样在镰仓时期由佛教与神道结合而成的产物,还有真言宗的"两部神道"。因真言宗神道理论的主要特色,是以密教大日如来的金刚界、胎藏界两部理论来解释和论证伊势神宫内宫外宫的统一关系,故名"两部神道"。据成书于镰仓时代后期的《丽气记》的解释,日本皇室的祖先神天照大神乃是大日如来的化身,伊势神宫内宫所奉天照大神之本地为胎藏界大日如来,而外宫所奉丰受大神之本地则为金刚界大日如来,二神其实都是大日如来一身所化。因密教奉大日如来为最高的佛,故据此强调天照大神乃"一切众生父母神",是日本最高的神,而伊势神宫则是日本的最高神社。

两部神道理论为日本诸神设置了"大日如来"这一统一的"本源",无疑给后来其他流派神道的建立带来了启示和影响。后来形成的三轮流神道和御流神道,

---

[1] 参见杨曾文:《日本佛教史》,浙江人民出版社1995年版,第三章第九节。

其在思想上与两部神道基本如出一辙就是最好明证。

四、莲如与真宗的中兴

日本真宗发展至15世纪中叶的室町时期，实际上各大派别都获得了相应的发展。作为真宗信仰中心的本愿寺教团，特别是到莲如任本愿寺法主（第八代）的时代，更是获得了空前的发展，呈现出一派兴盛景象。据传，同尊亲鸾为开山祖的真宗另一大派别佛光寺派，后来其主持竟亲率佛光寺四十二坊门徒全部皈依第八代本愿寺宗主莲如麾下。

本愿寺教团的兴盛，与莲如在宣传真宗教义方面的煞费苦心是分不开的。

莲如（1415—1499）作为本愿寺第七代存如上人的长子出生于京都。名兼寿，幼名布袋丸、幸亭丸。永享三年（1431），从青莲院尊应剃度出家。长禄元年（1457），继任本愿寺第八世，致力于净土教之弘传。宽正六年（1465），大谷本愿寺遭比睿山僧众烧毁，莲如得坚田、金森等门人的协助，前往东国、北国、三河等地避难。文明元年（1469），于三井寺南别所建寺，安置祖像。同十二年，开创山科本愿寺，并致力于该寺的中兴。延德元年（1489），在五男实如继任其职后，退居山科。其后，敦化诸方，并草创大参石山坊舍（后称石山本愿寺）。明应八年（1499）圆寂，世寿八十五。

莲如在传教方面有以下特点：

（1）努力使本愿寺教团固守亲鸾倡导的立场，用通俗的传法、片假名的文章和书信，向各个阶层的广大信徒宣传真宗的"他力信仰"，强调即使是犯下"十恶五逆"的恶人，也能通过确立对弥陀本愿的信心而往生极乐世界，从而赢得了包括从事征战的下层武士，以及以打猎、捕鱼为生的"杀生"者在内的各个阶层的广大信众。

（2）适应当时的社会形势，利用当时取代瓦解的庄园制而兴起的"惣村"[1]自治组织系统，通过吸收"惣村"负责人入教而带动大批村民成为信徒，再通过设立传教"坊主"，举行"讲"等讲经传法交流集会，大力开展传教活动，使教团逐步发展成为势力强大的社会团体。

（3）要求真宗信徒们服从国家法律，遵守地方守护的条令和一般的道德规范，尽可能减少与其他宗派、其他信仰的矛盾和冲突，以免招致不必要的打击报复和中伤诽谤。[2]

---

[1] 在南北朝、室町时代庄园解体后发展起来的村民共同体组织及其运作方式。在议事、决策时，通过召开全民大会议决，然后在共同信奉的神佛前举行特定的拜祭仪式后加以确定、执行。

[2] 以上参考杨曾文所著的《日本佛教史》第四章第三节内容归纳而成，参见杨曾文：《日本佛教史》，浙江人民出版社1995年版，第505—509页。

可以说，莲如在弘传教义方面所作的上述努力，极大地促进了日本真宗的发展，他也因此被奉为日本真宗中兴之祖。

五、战国时期的"一向一揆"

所谓"一向一揆"，指的是日本佛教史上多次发生于室町后期战国时代的"真宗武装斗争"。"一向"即一向宗（净土真宗）。日本净土真宗发展至室町时代后期，门徒的组织化越来越明显，势力越来越强大，以致地方上的守护大名纷纷皈依真宗成为信徒，以图借助真宗的支持，在争夺地盘、谋取利益、扩充实力等方面占据优势。于是，原本主要以农民、商工业者及武士信徒为基础的真宗，加入了这股势力之后，本愿寺教团实际上成为了一个势力强大的武装集团，在历次武装斗争当中都有不俗表现，不断取得胜利。本愿寺教团从莲如（1415—1499）任法主的时代开始，至显如（1543—1592）任法主的时代为止的百余年间，多次在各地发动或参与了武装斗争，直到于天正四年（1576）被织田信长率军围困于石山（在今大阪）本愿寺长达四年，最后在朝廷的斡旋下与织田信长讲和，这才算结束了"一向一揆"此起彼伏的历史。

六、"法华一揆"和"天文法华之乱"

发展至室町时期的日莲宗，尤其是自日像（1269—1342）入京都传教以来，由于有越来越多的包括商人、高利贷者、酿酒业者等在内的普通市民皈依，其中还有不少富商信徒，在经济上获得了有力的支持，势力有了很大的发展，既扩大了日莲宗的传播范围，恢复了不少被焚毁的寺院，又兴建了许多寺院。到天文初年（1532），在京都的大寺院达到二十一座，号称"廿一本山"。由于日莲所倡的教义主张可蓄兵仗用以"护法"，故日莲宗寺院中还备有用以自卫和"折伏"其他信徒改变信仰皈依日莲的武器。该时期京都内的日莲宗各大寺院，均组织有僧俗一体的武装团体，以防备农民起义队伍以及其他宗派的武装侵袭。

天文元年至天文五年（1532—1536），以京都为中心发生了史称"法华一揆"的日莲宗武装斗争。

首先是享禄五年（1532）六月，京都日莲宗面临着来势凶猛地乘胜而来的真宗本愿寺教团的威胁，为保护自己的寺院、信徒的安全和财产，及时联合了武将细川晴元[1]（1514—1563）在京都的军队，高举"妙法莲华经"大旗进行对抗，最后于同年八月二十四日打败了以山科本愿寺为据点的真宗武装，焚毁了本愿寺。

就在同一时期，由于幕府将军和掌握幕府、京都实权的细川晴元均不在京都，担当京都守卫的以日莲宗武装集团为中心的町众，通过寺院和法华信仰组成了拥

---

[1] 室町时代的武将，细川澄元的儿子。

有武装的共同体，阻止农民队伍入京，维持京都治安，同时向幕府"叫板"，强行减免上缴租税以及年贡等，实际上在京都施行了自治。如此"咄咄逼人"之势既让幕府将军足利义晴和细川晴元难以容忍，同时也招致以比睿山延历寺为中心的天台宗教团的嫉恨。

天文五年（1536），延历寺天台山武装僧徒联合了六角定赖的军队及兴福寺根来寺等的僧兵，出兵三万攻入京都，攻陷了日莲宗"廿一本山"，将二十一座寺院尽数焚毁，双方均有大量僧兵死伤，史称"天文法华之乱"。

第五节　近世佛教
（1603—1867）

一、德川幕府的佛教管制

正如前面曾提及的，日本佛教发展至室町时代后期，各大宗派都拥有实力强大的武装力量，不仅宗派之间武装争斗此起彼伏，参与各大名领主之间争权夺利之事亦时有发生，以致成为有志于统领天下的织田信长、丰臣秀吉难以容忍的"绊脚石"。为彻底削弱和制服日益猖獗的佛教各派势力，织田信长、丰臣秀吉除了不惜派重兵围攻各派僧兵武装，降服各派武装"一揆"外，还有意识地采取了各种打击措施。如织田信长在天正七年（1579）于安土城举行的"安土宗论"[1]上，有意偏袒净土宗而判日莲宗辩败，借机打击日莲宗；丰臣秀吉通过颁布《刀狩令》收缴武器，并严禁农民、僧人持有刀、枪等武器，使各大寺院不再可能公开拥有僧兵武装；通过实行检地措施，收回部分寺院领地，从根本上削弱佛教寺院的经济实力，等等。江户（德川）幕府创立以后，德川氏继承了织田、丰臣政权的政策，继续对佛教实行严格的管制。

幕府首先通过为佛教各宗和大寺制定法规的方式，把佛教置于其统治体制内，同时利用佛教来为维护和巩固其统治服务。这首先表现在起用当时佛教界著名僧侣参与幕政，制定各类宗教法规和政策上。可以说，德川时代初期制定和发布的一系列法度条文，就是在参与幕政的临济宗学僧崇传（1569—1633）和天台宗学僧天海（1536—1643）的主持下形成的。幕府当时曾向各大宗派寺院下达了一系列的"法度"，其中既有针对诸宗各大寺的，也有适用于所有寺院的"综合性法度"，对诸宗的职位、座次、住持资格、出家手续，乃至受戒、嗣法、化缘、说法等都做出了明确而详细的规定和限制，还进一步明确了本末关系、寺檀关系、寺院领地等等，从法规制度上彻底加强了对佛教各宗的管制。

---

[1] 由净土宗贞安等人与日莲宗日光等人进行的宗义辩论。

（一）本末制度

　　寺院的本寺与子院、别院、末寺之间的所属关系，早在平安时期就已经形成，但由于没有明确的法制规定，本末组织及上下所属关系模糊不清的现象依然存在。为此，幕府制定并公布了严格的寺院法度，将过去初步形成的本末组织及所属关系以法制化形式加以明确。通过确立各宗的本末所属关系，建立起以本山、本寺为中心，把末寺置于本寺的监督和统辖之下，形成本山管本寺、本寺辖末寺的严密的等级组织体系，以有效地控制和管理佛教各宗。幕府曾于宽永九年（1632）和元禄五年（1692），两度命各宗本山制作详细的"末寺帐"（末寺名簿）上缴，尽管在当时引起了不少由于本末所属关系不清而导致的纷争，但仍然在很大程度上达到了对佛教各宗进行有效管制的目的。

（二）触头制度

　　为有效管理和控制佛教各宗，德川幕府于宽永十二年（1635）在幕府及各藩设立了寺社奉行[1]，并命令各宗在江户的大寺院里设置"触头"[2]，同时在地方上的各藩也设有触头，由各宗在江户的触头将幕府下达的命令直接传达至地方触头，地方触头再传达至所管辖的同宗寺院。触头同时还负责把各寺院要向上呈报的各种文书转呈至寺社奉行或各宗的本山。因本末制度只管上下而不分地域，而触头制度是在地方上的各藩均再设触头，以联络所属宗派寺院，从而更有利于管理和控制。因此，触头制度逐渐比本末制度更受重视。

（三）檀家制度

　　德川幕府在严格控制佛教的同时，为了彻底达到禁止基督教的目的，除了下达禁教令、驱逐传教士之外，还采取了一项强有力的措施，在全国实施"寺请制"[3]，强迫基督教徒改变信仰，并规定必须取得某个佛教寺院出具的身份担保证明方可免遭严惩。日本佛教史称之为"宗门改"。幕府于宽和四年（1664）设置专门负责"宗门改"的职员，翌年在全国范围发布法度书逐步推行，于宽和十一年（1671）开始制作称为"宗旨人别帐"或"宗门改帐"的户籍，注明年龄、性别、所奉信仰宗派及所属"檀那寺"等，由各家主人捺印，再由寺院、僧侣证明，每年或隔年要做一次普查报告。依此所谓"檀家制度"规定，所有居民都必须隶属于佛教

---

　　[1]　专门负责处理有关寺院和神社方面事务、管理神职人员及僧侣的官职，在江户时代曾直属将军。

　　[2]　负责联络寺社奉行与寺院，或本山与末寺之间上传下达的机构。

　　[3]　日本在江户时代实施的一种特殊的管制制度，规定庶民都必须由所属的"檀那寺"出具证明来担保其非基督教徒身份。

各宗的某个寺院，成为该寺的檀那、檀家（施主），定期向其布施钱财物品，同时所有一切丧葬法事、祭祀仪式都由自己所属檀那寺操办。

檀家制度的实施和加强，使德川幕府在有效控制佛教的同时，又达到了镇压基督教，有效控制和管理全国民众的目的。

二、佛学研究和教学的盛行

与前一时期的战乱频仍的时代不同，在德川幕府强有力的中央集权统治下，当时的社会已相对稳定，加上幕府积极倡导和奖励佛学研究，鼓励教学，致使该时期佛教各宗均兴起佛学研究和创办学校（檀林）的风气来。

较早开始创建学校，致力于佛学研究和学僧培养的是日莲宗，宗内各派均兴起研究佛教学问之风气。早在天正初期就已经在京都松崎和下总（今千叶、茨城）饭高开设了一致派檀林[1]，至江户初期又分别在关东和京都共开设了十四所檀林[2]。胜劣派也在上总宫谷等地开办了七所。

该时期受到幕府将军特别优待的净土宗，其位于江户的关东总本山增上寺作为将军祖先祈祷的"菩提所"而备受重视，镇西派增上寺的存应和德川家康一起谋划，将中国赠送的《大藏经》收藏于增上寺，并开设了关东十八所檀林。西山派、名越派也分别设立了相应的学校。

天台宗开设了关东十檀林，并在延历寺设置了学寮。此外，真宗的东西两本院寺、专修寺、佛光寺，真言宗的长谷寺、智积院、金刚峰寺，临济宗的京都和镰仓的五山，曹洞宗的永平寺、总持寺，黄檗宗的万福寺等，均开办有学校。据传在真宗的东本院寺高仓学寮，天宝九年（1838）时有学生多达一千八百四十七人。

由于佛教各宗均竞相开展宗学研究，致力于学僧培养，使该时期各宗学者辈出，佛学研究成果颇丰。由元禄时期的书籍目录可知，当时各宗佛学研究著述多达二千四百零六部，僧传及编年三十五部，另有假名法语[3]一百七十六部、挂轴及画类一百二十七种。[4]值得一提的是，由于活字版印刷术的引进，佛教三种《大藏经》至此时终于在日本得以出版问世。

三、隐元禅师与日本黄檗宗的创立

德川幕府时代初期，在长崎一代聚居了不少因逃避明末战乱而来的中国华侨，他们在当地建造了兴福、福济、崇福等寺，并从中国招请高僧来寺住持。隐元禅

---

[1] 负责联络寺社奉行与寺院，或本山与末寺之间上传下达的机构。
[2] 指佛教寺院里僧侣聚会进行讲经传道的场所，又称谈林。
[3] 对佛教教义、教理所作的浅显讲解。
[4] 参见千叶乘隆、北西弘、高木丰：《佛教史概说》，平乐寺书店1977年版，第207页。

师就是应请于承应三年（1654）携弟子二十余人来到兴福寺的。有学者指出，隐元禅师的到来，驱逐了禅海的寂寞，挽回了临济宗、曹洞宗的颓势。[1]

黄檗宗的开山祖隐元（1592—1673），名隆琦，生于福建省福清县。二十九岁时登黄檗山从鉴源禅师剃发出家，后历访名师参修禅法，于崇祯十年（1637）继承费隐和尚衣钵掌管黄檗山。应长崎兴福寺住持逸然性融等人的恳请，在六十三岁时东渡日本来到长崎，先住兴福寺，后应妙心寺龙溪宗潜之请移住摄津富田的普门寺，又在龙溪的多方奔走下，于万治元年（1658）十一月谒见了将军德川家纲，并在大老[2]酒井忠胜的劝说下决意永住日本，翌年在山城宇治地方获幕府赐授寺地，于是在此开创黄檗山万福寺，于宽文元年（1661）八月建成，宽文三年（1663）正月举行祝国开堂法会，声势盛大，隐元从此于佛教各宗当中名声大振。

隐元因书写禅法要旨上奏后水尾上皇获赏识，获赐佛舍利、黄金等物，并奉旨在黄檗山内建立舍利塔。宽文四年（1664）九月退隐至万福寺内的松隐堂，于延宝元年（1673）八十二岁时圆寂于黄檗山万福寺松隐堂。获赐"大光普照国师"、"佛慈广鉴国师"、"径山首出国师"、"觉性园明国师"等谥号。著有《弘戒法仪》、《语录》和《云涛集》等。他继承了临济宗无准法系的禅法，却又加入了净土念佛思想，以独特的"念佛禅"开创了独立于临济宗、曹洞宗的黄檗宗。

黄檗宗为日本禅宗三派之一。日本佛教发展至江户时代可以说已处于沉寂之时。当时的禅宗界，临济宗没落为贵族趣味的文字禅，而曹洞宗教势亦萎靡不振。隐元及其他黄檗僧侣的渡日，形成了一股刺激力量，并最终成为日本禅宗革新的原动力。

隐元门下有嗣法弟子二十三人。在其之后，木庵性瑫于江户创瑞圣寺，即非如一于丰前（福冈、大分县一带）开福聚寺，门风愈发昌盛。后来，黄檗宗禅僧在法系方面，分为紫云、广寿、龙兴、狮子林、东林、华藏、汉松、万松、直指、海福、佛国等十一派。其中，木庵的紫云派又有万寿下、长松下等十二分派，狮子林派又有七派，佛国派又分三派，汉松派及广寿派各有二分派，故黄檗宗共由三十二派构成。万福寺住持在隐元禅师之后有木庵、惠林、独湛、高泉等中国名僧，直至中期以后始由日僧担任住持。

四、普化宗的形成与"虚无僧"

在德川时代初期形成的佛教新宗派，还有仰唐朝普化禅师为祖的普化宗。该宗实际上是禅宗的支派，于延宝五年（1677）正式获得幕府诏下法度予以公认。

---

[1] 参见村上专精：《日本佛教史纲》，杨曾文译，商务印书馆1981年版，第286页。
[2] 江户幕府中辅佐将军施政的最高官职。

据传该宗乃是由于建长元年（1249）入宋的法灯国师无本觉心（1207—1298）传入日本。其门徒多为半僧半俗的云游民，以头戴编笠、身披袈裟、持刀吹箫、四处云游而广为人知。建长六年（1254）自宋归朝的觉心，在纪州由良创建兴国寺开始弘禅。其在宋朝随护国寺佛眼禅师参禅时曾学会吹箫，归国后将吹箫技艺传授给弟子。门下有弟子寄竹，据传在四处云游途中，在伊势朝熊岳的虚空堂里得托梦作成名曲《雾海箎》、《虚空箎》。[1] 其门下弟子天外明普于京都白川建虚无山明暗寺，成为"虚无宗"之祖。至第五代虚无时，开始规定自己宗派特有的天盖（虚无僧戴的深草笠）、挂络（短袈裟）等服装穿戴。据传该宗僧徒以"虚无空寂"为本宗宗义，故又称为"虚无僧"。庆长十九年（1614），吉野织部在青梅创建铃法寺，与下总的一月寺、京都的明暗寺同作为该宗的弘法道场。

早在镰仓时代末期，已有众多流浪武士皈依此宗，兴盛之象渐现。至德川幕府时期，终获幕府诏下专门法度，允许其作为禅宗一派，以"勇士浪人之隐家，武人修行之宗门"立世。

普化禅宗从此成立。

第六节　近现代佛教
（1868—战后）

随着资本主义经济的快速发展，日本为获取资源、占有市场，以满足进一步发展本国经济的需要，同时也为了能尽快跻身帝国主义国家行列，开始寻求向外扩张，频频发动对外侵略战争。尤其是在1894—1895年的中日甲午战争和1904—1905年的日俄战争之后，随着自信心的增强，对外扩张侵略的野心愈发膨胀，军国主义势力越发嚣张。而该时期的日本佛教，一方面兴起了各种形式的以反思和革新为主的新佛教运动，意欲实现佛教的近代化。而另一方面，为谋求在新时代里有所突破，以复兴刚刚恢复元气不久的佛教，进一步确立自己在近代日本社会中的稳定地位，则积极标榜自己为"护国佛教"，主动向天皇靠拢，在国民当中宣扬"忠君爱国"思想，采取的是迎合国家主义潮流，承认战争的正当性，配合政府教化国民支持和协助对外侵略的姿态。

日俄战争期间，日本佛教各宗积极派遣"从军布教使"，并为出征将士的家属、遗族和伤兵祈祷、祭祀。其出色表现深得天皇赞许。作为该时期佛教界积极投身皇军"圣战"的记录，有明治天皇在战后给真宗西本愿寺法主大谷光瑞的表彰敕语为证。其中写道：在明治三十七八年的日俄战争发生之际，真宗"努力绍述先志，

---

[1] 也有认为该两首名曲为寄竹门下弟子虚无所作的说法。详见村上专精《日本佛教史纲》，杨曾文译，商务印书馆1981年版，第293页。

奖励末门大众勤于奉公，又派遣从军僧侣到出征部队鼓舞士气，不畏辛劳，朕深为嘉许"[1]。

一、明治初期的"神佛分离"与"废佛毁释"

日本进入明治时期之后，彻底结束了幕府统治体制。明治元年（1868）一月，明治天皇颁布《王政复古之大号令》诏书，宣布"诸事依据神武创业之始"，还于同年三月十三日颁布了《神祇官再兴之布告》曰：

此番王政复古，以神武创业为基，诸事一新，恢复祭政一致之制。故先者，再兴神祇官，进而复兴诸般祭奠仪制，布告此旨于五畿七道诸国，恢复往古，停止诸家执奏配下之仪。普天之下，诸神社、神主、祢宣、祝、神部皆附属神祇官，包括官位在内，万端诸事，悉听命是官统属……（《太政官布告》）

重新恢复了由神祇官掌管全国祭祀的所谓"祭政一致"体制。

众所周知，迄今为止的日本神道，长期与佛教融合一体，可以说是依附于佛教而发展起来的。

在奈良时代，人们曾一度认为神也是要借助佛力以获得解脱、搭救的众生之一，因此，日本历史上曾一度出现在神社或附近建立神宫寺，在神前读经、做法事的奇特现象。至平安时期，形成了所谓"本地垂迹"思想，认为佛是神的本体，而神是佛的化身。一时间，称八幡大神为"八幡大菩萨"，在佛寺里建"镇守神社"以供奉镇守寺院的护法善神一类的事例不时出现。镰仓时代形成了天台宗的"山王神道"、真言宗的"两部神道"学说，后来还出现了"神主佛从"、"神本佛迹"思想等等，凡此种种无不表明：至江户时期主张"神儒一致"的儒学者和主张"佛儒二教排斥论"的国学者大张旗鼓地"排佛"以前，日本神道和佛教基本上是融合一体、交织难分的，其历史持续时间绝非短暂。

很显然，明治政府一方面向国民灌输天皇神权万世一系思想，一方面通过强制性的政府行为有意识地"扬神抑佛"，彻底将神道与佛教分离开来。明治初期由政府颁布的一系列政策和法令，切实起到了提升神道在日本至高无上的"国教"地位的作用，使长期以来在幕府强有力的庇护下受到优厚待遇的佛教遭到重创，最终成功达到了"神佛分离"之目的。

明治政府有意识的"神佛分离"举措，对早在幕府末期已露端倪的排佛风潮起到了推波助澜的作用。明治元年（1868）六月，在由国学派平田笃胤（1776—1843）的亲信掌权的隐歧率先开始"废佛毁释"，不仅捣毁其领内的所有佛寺，还强令民众弃佛而信神，并要一一立下"血誓文书"。同年四月，还发生了日吉山王神社神祠官树下茂国率众冲击延历寺，焚烧捣毁殿内佛像、佛经、佛具等物的骇

---

[1] 参见杨曾文：《日本近现代佛教史》，浙江人民出版社1996年版，第70页。

人事件。由于政府对此事件实际上采取的是默许态度,导致了当时的废佛毁释之风愈演愈烈。在平田笃胤的复古神道学说颇为盛行的萨摩藩,于明治二年(1869)三月开始规定从今往后一律实行"神葬祭",六月开始废止中元[1]、盂兰盆会等,至十一月时,领内一千零六十六所寺院尽数遭废,二千九百六十四名僧侣被令还俗,佛寺一派残败之象令人嗟叹。一时间,各地捣毁佛寺事件此起彼伏,寺院中的守护神社纷纷独立,众多寺僧被迫"废寺归农",佛教陷入濒临覆灭之境地。

二、日本佛教的复苏

愈演愈烈的排佛、毁佛运动,使日本佛教遭受毁灭性打击,但同时也惊醒了长期以来不思进取、甘于安逸堕落的日本佛教界。于是,该时期出现了一些反思自省,重新思考并谋求佛教振兴的有识之士。同时,佛教诸宗僧侣也开始进行一定的自我调整,以顺从天皇制政体的姿态向统治政权示好以求生存。明治元年(1868)十二月,由临济宗大隆寺僧韬谷、曹洞宗总持寺奕堂、真言宗高野山明王院增隆、净土宗回向院行诚等诸宗四十余所寺院僧人结成了"诸宗道德会盟",提出八个议题,高唱"王佛一体"、"尊王护国"、"排耶护法",试图通过强调佛教在"护法、护国、防邪",与神道、儒教共同承担国民教化方面的作用,重新谋求佛教的地位,另有联合诸寺僧众共度"法难"之意图。明治二年(1869),净土宗向政府发出了表示愿意为天皇制国家教化民众的"秘密请示";高野山云照和尚向政府献呈主张以儒教、佛教为神道辅翼"治教"的"建白书";福田行诚著《释门新规三策》,主张通过内省,专心兴法以振兴佛教等等。

另外,激烈的废佛毁释也招致了来自下层笃信佛教之信众的强烈反抗。据统计,明治初年因抗议废佛毁释运动而掀起的暴动共有七次,其中有三次影响较大的暴动,由历来持有暴动传统和反抗精神的净土真宗信徒,联合檀家农民共同发起武装"护法"[2]。如明治四年(1871)三河大浜的护法斗争,明治六年(1873)三月万人之众的福井县三郡的护法斗争等,涉及反对废佛的农民暴动或骚乱总人数达三万人以上。[3]

随着来自西方的政治、文化等所谓"文明开化"的冲击,明治政府开始重新考虑佛教的地位和作用。明治三年(1870)八月,政府开始接受真宗西本愿寺的建议,于当年十二月在民部省设立了寺院寮。明治五年(1872)四月,又废除神祇省而立教部省,并发布了"教则三条",任命神官、僧侣为教导职。后再

---

[1] 指阴历七月十五日。三元之一,原为道教信仰的一种风俗,后来与佛教的盂兰盆会混同,庆贺一年中的上半年平安度过并拜祭祖先亡灵。

[2] 参见杨曾文:《日本近现代佛教史》,浙江人民出版社1996年版,第50页。

[3] 参见杨曾文:《日本近现代佛教史》,浙江人民出版社1996年版,第54页。

设大教院，要求教导职以"十一兼题"和"十七兼题"教化国民。佛教从此得以被纳入政府的民众教化体系之中。据统计，在明治九年（1976）的教导职总数七千二百四十七人当中，有三千零四十七人为佛教僧侣。[1]

可以看出，明治政府对佛教政策的调整，使得佛教尽管仍未达到足以抗衡神道之地步，但已经呈现出缓慢复苏并逐渐壮大之势。

三、明治中期的日本佛教

进入明治时代中期，日本于明治二十三年（1889）颁布了《大日本帝国宪法》，以宪法形式确立了天皇在国家中神圣而至高无上的地位，但在宪法第二十八条中规定："日本国臣民在不妨碍安宁秩序及不违背臣民义务的条件下享有信教自由。"由此可知，尽管仍然主张以神道作为国民信仰的主体，国民只能"有条件"地信仰其他宗教，但政府的宗教政策毕竟已经不再只是强调神道的绝对地位，而转变为容许其他宗教存在的"信教自由"。这显然比前一时期的"王政复古"政策和"祭政一致"政策有了较大的进步。

在此之前，由福泽谕吉等思想家唤起的自由民主思潮不断壮大，西方各国确立的信仰自由原则也给日本带来很大影响。当时的启蒙思想团体"明六社"的创立发起人之一森有礼，曾撰《日本宗教自由论》批判政府的宗教政策，并在《大日本帝国宗教宪章草案》当中进一步阐发了宗教信仰自由理想。另一位明六社成员西周，也在《明六杂志》上发表了旨在介绍西方自由民主思想，宣扬宗教信仰自由的《教门论》。明治六年（1873），视察欧洲归来的岛地默雷，基于信教自由的原则，对大教院的神佛合一、政教混同进行了激烈的批判。而实际上在此之前，为谋求废佛毁释后的佛教复兴，是他积极提出要设寺院寮、大教院的。在欧洲的所见所闻，促使他成为了提倡宗教自由、政教分离的积极倡导者。他在明治五年（1872）曾向政府上呈《三条教则批判建白书》，其后也曾多次提出各种上书、建议，并在西本愿寺派的大洲铁然、赤松连城等的支持下，积极推动"神佛分离"运动。

明治六年（1873）十二月，真宗向教部省要求从大教院分离，于明治八年（1875）五月获得批准，并导致大教院解散。明治十年（1977）时教部省遭废止。在赤松连城、渥美契缘等人三番五次的提议下，教导职最终也于明治十七年（1884）遭到废止。同年十月，神佛以外的葬礼仪式也终获认可。至此，信教自由的趋势逐步显现，至明治二十二年（1889）《大日本帝国宪法》颁布时，信教自由正式获得了保证。

明治二十一年（1888）初，居士佛教领袖山冈铁舟（1838—1888）、鸟尾得庵（1847—1905）等人创建了"大日本国教大道社"，并创办《大道丛志》宣传确立神、佛、儒三教为日本国教的主张。明治二十二年（1889），大内青峦（1845—

---

[1] 参见千叶乘隆、北西弘、高木丰：《佛教史概说》，平乐寺书店1977年版，第232页。

1918）倡导"尊皇奉佛大同盟运动"，呼吁让佛教来尊奉天皇，护持国家。由此可见，此时的日本佛教，通过采取"三教一致"的立场，迎合当时"扶翼皇运"的国家主义思潮，在当时社会中所占的地位已日趋稳固。

四、明治末期的日本佛教

在明治时代初期，欧化主义曾一度风行，但进入明治二十年代以后，国粹主义开始有所抬头。此时的日本佛教界，随之出现了尝试以欧美哲学来对佛教作新解释的动向。

（一）佛教革新与教学的兴起

被视为革新派佛教思想家的井上圆了著有《佛教哲学系统论》、《破邪新论》、《真理金针》、《佛教活论》、《僧弊改良论》等著作，多达百数十部，基本构建起从哲学角度去把握佛教的理论基础。

井上圆了（1858—1919），1885年毕业于东京大学哲学科，1887年创立哲学馆，以"护国爱理"为口号，开设了神道、儒、佛三教的课程。其所著《佛教活论》提倡"爱真理"、"护国"，以西方哲学标准和哲学原理来诠释佛教思想，认为佛教的"中道"、"真如"之教与哲学、理学的真理一致。其运用西方哲学原理和方法来研究、诠释佛教的主张和实践，给近代日本佛教带来了很大的影响。

而另一位活跃于该时期的革新派思想家村上专精，以《佛教道德论》、《日本佛教一贯论》、《佛教统一论》等佛教启蒙书问世，并积极从事佛教启蒙方面的活动。村上专精（1851—1979）为真宗大谷派僧侣出身。他通过对佛教历史的研究，在其所著《佛教统一论》、《大乘佛说论批判》等著作中提出了"大乘非佛说论"，给佛教界带来很大的冲击，引起了极大的震动。其本人因此一度被真宗大谷派当局强迫脱离僧籍。受其影响，当时佛教界出现了开展对原始佛典的研究，以求对佛学进行科学、合理的解释的新动向，并涌现出高楠顺次郎、南条文雄、笠原研寿、姊崎正治等一批学者。

除此之外，还有一些"居士佛教"倡导者，如大内青峦、鸟尾得庵、山冈铁舟等。其中大内青峦还组织了"共存同众"，刊行《极四丛谈》，积极从事启蒙活动。

随着明治后期各种文化思潮的出现，日本佛教界兴起了"新佛教运动"，涌现出不少意欲通过改革以打破以往教团的保守性、封闭性，进而确立现代新佛教的学者来。

首先值得一提的是清泽满之及其精神主义运动。清泽满之（1863—1903）认为净土门以外的佛教都是不重实践的"死佛教"，批判佛教对国家政治体制的依附，强调应有坚定的、自由的、充实的内心信仰。于明治三十年（1897）成立"大谷派革新全国同盟会",积极呼吁实行宗务改革。明治三十四年(1901),创办《精神界》杂志,籍此为阵地,宣扬并提倡其精神主义。

明治二十七年(1894),古河勇(1871—？)等人组成"经纬会",并在《佛教》杂志上发表了《进入怀疑时代》的社论,极力主张打破原有的思维定式,对佛教进行全面的自由研究和解释,以建立起适应现实社会发展的"新佛教"。

明治三十二年(1899),新佛教运动成员们结成了"佛教清徒同志会",并创办杂志《新佛教》,明确主张要建立有知识、重感情、现实的、乐天的、活动的、伦理的、能适应新时代发展的新佛教。他们反对国家权力干涉佛教。在日俄战争时,采取不同于主流佛教界的立场,发表厌战言论,理解和同情当时的工农运动和社会主义,无疑可视为明治末期的一支进步力量。

明治末期还有一位值得关注的人物,他就是兴起"无我爱运动"的伊藤证信。伊藤证信(1870—1963)原是真言宗大谷派僧人。明治三十八年(1905)在东京巢鸭村大日堂设"无我苑",创杂志《无我之爱》,宣扬其"夫宇宙真相,无我之爱也"思想,并脱离僧籍,诀别真言大谷派,去实践其不拘泥于特定宗教立场的、自由的信仰运动。

(二)近代佛教与社会活动

随着强调博爱,关注社会慈善、福利公益事业的基督教的逐渐兴起,一方面基于佛教的大慈大悲观念,另一方面,为提升自己在社会、民众中的形象和影响力,与新兴的基督教抗衡,佛教也开始讨论和关注"关心公益、造福社会"的问题。佛教各宗兴办了育儿院、"贫困儿学校",开展了济贫扶老、监狱教诲、保护释放者等慈善事业。如明治十二年(1879)开办的福田会育儿院,明治十九年(1986)开办的千叶感化院等,至明治二十年代时,仅在东京就开办了十几所"贫困儿学校"。

在旧佛教各宗教团积极开展公益、慈善活动的同时,所谓的"新佛教"教徒也开展了相应的社会活动。如要求改善贱民部落社会地位和待遇,批判官权对人权的蹂躏,提倡废娼、禁酒,在对待日俄战争问题上采取厌战态度等。

受明治末期的革新思潮影响,基于佛教的"无我观"和"利他观",在佛教界还形成了反帝国主义、资本主义的"佛教社会主义思想"思潮。其中禅宗出身的内山愚童和著有《我的社会主义》提出反战主张的真宗高木显明还受到"大逆事件"[1]的牵连。该思潮的出现,不啻是当时佛教界关心"国家利益"的一个反映。

此外,日本政府明治初期实施北海道开发时,以东西两本愿寺为中心的真宗以及曹洞宗都给予了积极的配合和关心。日本佛教各宗随着海外移民的增加,积

---

[1] 指明治末期对社会主义者和无政府主义者的镇压事件。明治四十三年(1910),幸德秋水等人被指控图谋暗杀天皇而被捕,十二人被处死刑。

极配合、参与向夏威夷、巴西等海外国家和地区开展传教，并在日本向亚洲各国侵略扩张时，积极配合侵略殖民政策，在这些国家和地区设立布教所，派遣"开教使"，积极展开海外传教活动。这可以说是近代日本佛教的一大动向。

五、大正时期的佛教

日本进入大正时期（1912—1926）后，民主运动高潮，各种社会矛盾激化，加上日本军国主义、法西斯主义的势力和影响越来越大，引起了广大民众的极大不满。大正七年（1918）发生了史称"米骚动"的群众示威和抢米风潮，1924—1925年又兴起了东京大规模的"护宪"民主运动。与此相应，日本佛教界一方面在内部再次出现了主张以本山改革为主的胶团改革动向，另一方面，也发起了争取"僧侣参政权"的活动。

大正二年（1913），真宗教团本愿寺派的有志者组织了真宗同朋会，主张废止法主制、世袭制，改革本山机构，获得了当时言论界的积极响应和支持。正值该时期真宗教团因向海外派遣的传教士规模也日益扩大，同时投资亦屡遭挫折而导致教团经济难以为继，最终导致法立光瑞于大正三年（1914）辞职。大正十四年（1925）东本愿寺法立光演也终因海外投资失败而辞职。

大正三年（1914），佛教学者土屋诠教发表了呼吁制定新宗教法的《宗教改革论》，在佛教界引起了反响和共鸣。翌年，在京都召开了佛教各宗的管长会议，组成了"佛教联合会"，确立了为争取实现僧侣参政权和宗教立法而奋斗的目标，于大正六年（1917）成立"佛教护国团"。大正九年（1920）"大日本佛教青年会"加入并积极推动，至大正十二年（1923）时，有五十八宗管长联署上奏请愿，终于大正十三年（1924）随着普选法的通过，佛教僧侣的参政获得承认。

六、昭和时期的佛教

（一）战争时期的附庸姿态

由于普选法的实施，僧侣的参政权获得了承认。在昭和五年（1930）第二次总选举时，由佛教联合会推选出来的十五名候选人有七名当选。长期以来，佛教界一直争取的宗教立法，几经波折之后，最终于昭和十四年（1939）得以实现。

当时通过的《宗教团体法》，要求一切宗教团体、宗教结社以及负责人必须接受文部大臣和地方长官的监督，以保证各宗教更好地为天皇制国家服务。昭和十五年（1940）九月，日本文部省要求神道、佛教、基督教各派实行合并。十月，成立了"大政翼赞会"。在此形势下，佛教联合会也应要求开始整合各个宗派。经过整合，佛教各宗由原来的天台宗三派、真言宗八派、净土宗西山三派、临济宗十三派、日莲宗三派、法华宗三派、本化正宗二派最终合并为十三宗二十八派。

昭和十六年（1941）七月，由神道、佛教、基督教共同组成的"大日本宗教报国会"成立。于十二月太平洋战争爆发后，召开了"大东亚战争完遂宗教翼赞大会"，立誓要共同积极配合战争的需要，为战争服务。并于翌年十月做出决议，把寺院里的佛具、梵钟等物献出以作军需品。昭和十八年（1943）还组织了财团法人"大日本战时宗教报国化"。

值得注意的是，在该时期的日本佛教，还积极配合政府用佛教思想来开导、劝化监狱里的政治犯、思想犯，促使他们发表"转向"声明，表明自己放弃原有的信仰和主张。

日本佛教教团在战争时期对天皇制国家的政权的附庸姿态，由此可见一斑。

（二）战后的日本佛教

随着昭和二十年（1945）八月的第二次世界大战的结束，日本也要走向"确立言论、宗教及思想自由并尊重基本人权（《波茨坦公告》）"的民主化道路。同年十月，根据《关于废止对政治、信教及人权自由的限制的备忘录》，废除了《宗教团体法》和《治安维持法》，十二月时，又下达了《关于废除政府对国家神道、神社神道的保证、支援、保护、监督和弘布》的"神道指令"，使神道成为普通宗教之一，不再享受"国教"的特殊待遇。

随着《宗教团体法》的废止，《宗教法人令》以及后来于昭和二十六年（1951）颁布的《宗教法人法》的公布实施，各宗教团体更易申请成为宗教法人，并获得免税、财产保全等权益保障。在前一时期整合为十三宗二十八派的佛教各宗，此时又重新分离开来，加上该时期登记成立的新佛团，各宗教团总数多达二百七十个。[1]

战后的传统佛教教团，分布于城市中的寺院，因有不少寺院在战时被毁，战后一时又因得不到信徒的施舍而无力修复，不少寺僧的生活难以为继；分布于农村地区的寺院，则因战后的"农地改革"而导致经济收入急剧降低。加上该时期兴起了许多佛教系、神道系的新兴宗教，被其吸引过去的信徒当中有许多原来是传统佛教的信徒。可以说，整个佛教界基本上都陷入相当困难的境地。

佛教各宗在积极寻求教团运营体制改革的同时，面临着通过适应时代的改革和重建来谋求新的发展和振兴。为了摆脱经济困难，还积极兴办托儿所、幼稚园、旅馆和学校，积极从事或参与教育文化事业。另外，战后的日本佛教各宗各派，虽然在政治态度上不尽一致，但在通过佛教来促进和维护世界和平与发展这一点上，各宗各派均取得了态度上的一致。

日本战败投降后，佛教各宗均响应内阁首相东久迩宫"一亿总忏悔"的号召，为当时支持战争而忏悔，并表达了促进和维护世界和平的意愿。昭和二十七

---

[1] 参见杨曾文：《日本佛教史》，浙江人民出版社1995年版，第615页。

年（1952）佛教联合会在东京召开了第二届世界佛教徒会议，成立了"世界佛教徒联谊会"的日本支部"世界佛教徒日本联盟"。两年后组成"全日本佛教会"。可以说，战后日本佛教界的一系列举动，在促进和维护世界和平当中起到了积极而进步的作用。

七、佛教派系的新兴宗教

（一）近代新兴宗教的产生

在日本，新兴宗教普遍产生于近代以后。从德川时代末期到昭和时代后期，日本经历了由封建社会走向资本主义过渡的时期，还经历了近代天皇制资本主义国家过渡到帝国主义并走向发动侵略战争的时期，以及战败后进行民主化改革进而实现经济高速发展的时期，曾经出现了诸如贫穷、竞争、灾害等各种社会问题。在应对如此复杂多样的社会现实问题方面，传统佛教显得束手无措，而在该时期应运而生的新兴宗教，却能顺应时代和广大民众的要求，从而获得飞速的发展。另一方面，江户幕府宗教政策虽然使当时的日本佛教在经济上和制度上都获得了相应的保证，但同时却导致了其在思想方面陷入僵化，与时代的发展和民众之需求相互脱节的局面。新兴宗教于是应运而生。

近代兴起的新兴宗教，有依据神道与佛教会通理论建立起来的神道系统宗派。如天理教、黑柱教、金光教、大本教等。也有如灵友会、解脱会、创价学会、真如苑等佛教系教团和一些基督教系的新兴宗教，其共同点是所倡导的教义和说教较适应当时广大民众的祈求和感情寄托，为在精神上饥渴而濒临绝望的民众带来理想的精神慰藉。

根据有关专家的研究，日本新兴宗教的内涵特征可以简要归纳为如下三点：第一，日本新兴宗教是根植于社会底层并得到民众拥护的自发性宗教运动；第二，与传统佛教相比较，新兴宗教更适应某一时代民众的思想与精神需求；第三，在一定程度上反映了近现代民众的生活体验和社会意识，同普通民众的现实生活密切相关。也就是说，日本新兴宗教运动的实质是近现代中下层民众思想运动的一种表现形式。[1]

日本新兴宗教团体总数约有两三千个。其中号称有数百万信徒的佛教新兴教团有：创价学会、立正佼成会、灵友会、佛所护念会、真如苑、不动宗。规模保持数十万信徒的主要有：日莲系的妙智会、最上稻荷教、妙道会、本门佛立宗、思亲会；天台宗系的孝道教团和念法真教；真言宗系的解脱会、教团、一切宗；临济宗系的一畑药师教团；真言念佛系的光明念佛身语圣宗和中山身语正宗。[2]

---

[1] 参见杨曾文：《日本近现代佛教史》，浙江人民出版社1996年版，第141页。

[2] 参见杨曾文：《日本佛教史》，浙江人民出版社1995年版，第244页。

（二）日莲教系新兴宗教

1. 创价学会

创价学会全称"日莲正宗创价学会"，为日莲宗系新兴教团，其前身为"创价教育学会"，创始人为其首任会长牧口常三郎（1871—1944），学会以牧口的著作《创价教育学体系》发行日 1930 年 11 月 18 日为创建日。

首任会长牧口常三郎为新泻县人。青年时期长期致力于小学教育，在教育学和地理学研究方面颇有见地。其著作《人生地理学》在出版当时曾引起轰动。昭和三年（1928）皈依日莲正宗，而后创立"创价教育学会"。

创价学会在第二次世界大战期间坚持反战立场，1943 年曾被强行取缔，牧口、户田及其主要干部二十一名遭问罪投狱，学会一度遭受重创。昭和二十年（1945）七月，户田出狱后，为复兴学会而积极奔走。昭和二十一年（1946）三月，学会改名为"创价学会"。昭和二十六年（1951），户田正式就任第二代会长。昭和三十三年（1958）四月病逝后，由池田大作于 1960 年接任第三代会长。至此，创价学会已不局限于从事宗教性活动，而是积极在世界范围开展和参与教育、文化、国际交流与合作等各类有利于促进世界和平、人类幸福的活动。

2. 立正佼成会

该会原称"大日本立正交成会"，以日莲宗教义为主要基础，尊崇《华法经》、《无量义经》、《观菩贤经》三部经。

其创始人为庭野日敬（1906—　）和长沼妙佼（1898—1957）。两人因与灵友会会长小谷喜美有分歧而脱离该会，于 1938 年 3 月 5 日自创"大日本立正交成会"。该会尊重日本佛教传统的回向祖先思想，主张通过法华信仰来祈求神佛的佑护，在致力于推进世界和平运动方面发挥了积极的作用。

3. 灵友会

灵友会正式创立于 1925 年，创始人为久保角太郎、小谷安吉及其妻子小谷喜美。灵友会重视对祖灵的崇拜，以《法华经》为最胜，重唱念经题的修行方法，强调通过内心的忏悔来灭罪。其教义体系具有传统佛教义理和民俗信仰结合的特点。在日本侵华战争期间，灵友会因宣扬"忠君爱国"，迎合天皇制国家政权，并支持军国主义的战争政策而受到保护。战后又及时迎合民众的精神需求，积极开展佛教活动，很快发展成为新兴宗教当中实力较大的教团。

（三）其他教系的新兴宗教教团

1. 真如苑

真如苑是真言宗系的新兴宗教。是以真言密教醍醐派为母体发展而成。其创始人为信奉不动明王的伊藤真乘（1906—1991）和信仰观音菩萨的伊藤友司

（1912—1967）夫妇。他们同是山梨县人。于昭和十年(1935)开始创建宗教结社"立照阁"。昭和十一年（1936）在"寒修行"中获灵能体验，并依"神义"立教。后来在真言宗大本山醍醐寺接受了惠印的金刚、胎藏两部大法灌顶之后，于1938年12月创立"不动明王教会"。根据《宗教团体法》曾被并入真言宗，后来重新分离出来，在1948年改称"真实教会"，1951年改名真如苑。

其所依据的经典由最初的真言密教经典，逐渐过渡为《涅槃经》《法华经》和《般若经》，以信仰"常乐我净"为中心，逐渐偏离了密教的轨迹。所供奉的本尊亦由开始的不动明王变成释迦牟尼涅槃像和十一面观音像，同时还供奉民间稻荷大神、辩天大神。该教最突出的特色就是强调开发人的"灵能"以及灵界的作用。

2. 解脱会

1929年由冈野圣宪立教的真言密教系新兴教团。据传创始人冈野圣宪(1881—1948)因受修验道原始宗教气氛的熏陶，曾拜任醍醐派修验僧山梨县泰裕院住持黑泽光明为师，后又分别从真言行者岛田显真、古神道系教竹巨磨学习真言、神道。1929年12月，依"神启"从菩提寺多闻寺塔中取出梵字本《宝箧印陀罗尼经》，创立了倡导精神解脱团体"大日本神代解脱健康教会"。1931年加入僧籍，并于泰裕院和真言宗醍醐派总本山三宝院两次得度，后改教团名称为"真言宗醍醐派教会解脱分教会"。

该教团主张不固守狭隘的宗派概念，而追求从苦恼和执著中得到解脱，强调报恩忠孝，虔心皈依神佛。1962年改称解脱会，教团会员众多，其传教活动甚至远达海外。

3. 念法真教

念法真教属天台宗系的新宗教。其开祖为因获"灵告"而立教的小仓灵现（1886—1982）。据传小仓灵现曾在梦中得见阿弥陀如来，遵其"复兴信仰、变革世道"之"灵告"，于昭和三年（1928）在大阪椎寺町建立道场，组织了"神佛直灵感应会"。昭和十四年（1939）创建"天台宗金刚教会"，建总本山金刚寺。昭和四十九年（1974）曾受赠天台宗比睿山延历寺大僧正位。

该教既尊《法华经》、《般若经》，同时也皈依《无量寿经》、《观无良寿经》和《阿弥陀经》，奉久远实成阿弥陀如来和"天之御中主大神"为本尊，以追求往生成佛为修行目的，同时强调遵从天台教义修"自行化他"菩萨行。其倡导的教义以及开展的各种有益活动赢得了众多信徒，成为影响较大的新宗教之一。1974年曾经入选全日本佛教会理事教团。

除上述以外，日本近代以后兴起的新兴教团，具备一定规模和影响的还有孝道教团、阿舍宗、妙智会、不动宗、卍教团、最上稻荷教、妙道会、辩天宗等，无一不以其各自不同于传统佛教的独特魅力，在民间赢得了一定数量的信众的拥戴。

第二章 日本佛教宗派

第一节 天台宗

天台宗又称法华宗、天台法华宗、台宗、圆宗、台家，是我国十三宗之一，日本八宗之一。我国天台宗始创于北齐慧文禅师。慧文禅师读《大智度论》，悟龙树菩萨的妙理，创立一心三观法门。慧文的思想，通过慧思传给智𫖮。六朝时，智𫖮栖于天台山，倡立一宗教观，世称"天台大师"，遂以所立宗派称为天台宗，或台教。天台宗的僧徒，被称为台徒；天台宗的道法，称为台道。又因此宗尊崇《法华经》，所以又称法华宗。天台宗以天台大师智𫖮为开祖，以《法华经》教旨为基础。智𫖮以后，湛然对其遗著广为著论、力加阐扬，天台教观影响遐远，其宗义也得以复兴于中唐时期。

日本天台宗以传教大师最澄为始祖，而最早把天台宗章疏带到日本的是鉴真大师。鉴真自743年至753年，十年间六次渡海，矢志不渝，第六次渡海终告成功，止于日本东大寺，成为律学之祖。鉴真在唐依弘景律师出家并受戒，是南山律祖道宣的三传弟子。其所学并非局于律藏，同时也精通天台圆教，并将律仪、戒法与台教相结合。其东渡时携去日本的各种典籍中，天台宗的主要教典全部在内，有号称"天台三大部"的《摩诃止观》、《法华玄义》、《法华文句》以及《四教义》等。鉴真在弘传律学的同时，也畅演天台止观。鉴真弘演台教，激起了日本僧人研习天台教观的兴趣，后来传教大师（最澄）在东大寺得到鉴真和上带来的天台宗的教籍，此后深深皈依三谛一如的妙教，和徒弟义真一起入唐，求取天台宗未曾传到日本的经释典籍，从而正式开创了日本的天台宗。

最澄是近江国（滋贺县）人，传说他是我国后汉孝献帝后裔。于779年十三岁时，投大安寺行表之门出家为僧，二十岁受具足戒于东大寺。后登比睿山，隐于山林。天台教的典籍由鉴真传到日本后，最澄先学唯识章疏，入山之后，专修天台三大部及四教义等。804年最澄随同遣唐使，乘船来华，同行的还有弘法大师空海。最澄等抵明州后，径至天台，从道邃、行满学习天台一乘圆教，又与义真一起从道邃受菩萨大戒，复从禅林寺翛然学牛头禅；又至越州龙兴寺，遇顺晓阿阇梨，与义真同受三昧灌顶。因最澄在唐期间，其所传法门遍及圆、密、禅、戒四宗，故被称为"四种传承"。最澄在唐一年，于805年归国。最澄返回日本后，于比睿山创圆、禅、戒、密四宗一致之旨，这与我国天台宗有所不同。

最澄一行入唐，不仅将天台宗的典籍再次携往日本，立教创宗，改变了日本佛教在当时的局限性，而且开启了日本僧人参礼天台的传统。最澄的弟子圆仁，以及义真的弟子圆珍也先后继最澄之后入唐求法，使天台密教教学得以普遍发展。圆仁留学唐朝前后十年，巡礼五台山，目睹了当时五台山弘传天台宗的盛况，并从志远学得台教。其归国以后，继承最澄法统，广弘天台之教，使日本的天台宗获得迅速发展。所著《入唐求法巡礼行记》，乃为其在唐经历与见闻的实录，具有很高的史料价值。圆珍于853年入唐，858年辞天台山，乘唐商船回国。在此期间，他依良𫖮学天台；又从福州开元寺的般若多罗、长安大兴善寺的智慧轮、青龙寺的法全等，传受密教。特别是法全，授他两部之大法以及抄写的仪轨。归国之时，携回典籍四百余部达一千卷，对中华文化输入日本的贡献不小。

圆珍以后，法系一分为二。圆珍的徒众脱离比睿山，住园城寺（三井寺），称为寺门；比睿山则称为山门。山门至良源时，教学以固有的圆教为宗旨，高徒辈出，宗势大起。良源的弟子源信则鼓吹净土思想，兴起惠心流；其另一弟子觉运则立檀那流，合称为惠檀二流。总计台密系统，到后世共有十三流派。北宋时中日天台宗僧人的相互交往，最著名的为寂昭、绍良、成寻三人。南宋以后，中日之间僧人的往来仍很多，但由于此时天台宗已渐衰微，来华僧人大多数为禅僧，故与天台宗已无甚密切的关系。

第二节 真言宗

"真言宗"有广狭二义。广义的"真言宗"，泛指从印度传入我国及日本的密宗。狭义的"真言宗"，特指流传于日本的密宗，为日本八宗之一。正如传教大师的天台宗不可混同于我国的天台宗一样，也不应把弘法大师的真言宗同流行在印度、中国的密教看作是相同的。密教亦称密宗、秘密教、瑜伽密教、金刚乘、真言乘等。密宗主要以《大日经》、《金刚顶经》为经藏，以《苏婆呼经》为律藏，以《释摩诃衍论》为论藏。相对于显教，此宗派通称"密教"，这是在凸显密宗所诠表的教理最为尊密，认为法身佛大日如来所说的金刚界、胎藏界两部教法是佛内证的境界，深密奥妙，所以称为"密"；又因不得对未灌顶者宣示其法，所以称为"密"。密教的学问与修行，称为"密学"；密教的宗师或修学密教的僧侣，称为"密家"；修行密教的信徒，称为"密众"；密教修学的道场，称为"密场"。

印度密教的思想和实践传入我国，始于三国时代。自2世纪中叶至8世纪中叶的六百年间，汉译佛经中约有一百多部陀罗尼经和咒经。在此期间，印度、西域来华的译师和高僧也多精于咒术和密仪。我国高僧玄奘、义净等也都传译过密法。这种密法后世称为"杂密"。在我国弘传纯粹密教（"纯密"）的奠基者是善无畏和金刚智。但正式形成宗派，并使其发扬光大的则要归功于不空三藏。不空弟子极多，有金阁寺含光，新罗慧超，青龙寺惠果，崇福寺慧朗，保寿寺元皎、觉超，世称"六哲"。而以惠果承其法系，最为著名。惠果曾任代宗、德宗、顺宗三代"国师"，主导了唐朝密教，并更加广泛地向朝野弘传。其弟子有爪哇僧辩弘、日僧空海等。由于后来宫廷中崇信道教，加之晚唐会昌毁佛运动等，使密教的发展受到压抑。接着又有唐末五代之乱，所以密教未能在我国得到持久发展。自宋之后，更无完整的教义体系和统一的教团组织。然而，我国密教经不空弟子惠果传于空海之后，遂使真言密教在日本大盛，并确立了相当完整的思想理论体系，开创了日本真言宗。

其实早在奈良时代密教已经传入日本，到了平安朝初期，有所谓八家的传入，但其中专修密教而且得到正统密诀的归国者却只有弘法大师空海。空海十五岁学《论语》、《孝经》等。后游京都，入大学明经科，学习中国古典文学，尤好佛教。偶读《虚空藏求闻持法》，信佛而作居士。795 年于奈良东大寺受具足戒。804 年与最澄等随遣唐使入唐求法，到长安初住西明寺，遍访各地高僧，从醴泉寺般若与牟尼室利学《华严经》等，又随昙贞学悉昙梵语。翌年于青龙寺东塔院从惠果受胎藏界和金刚界曼荼罗法，并受传法阿阇黎的灌顶，自号"遍照金刚"。806 年空海携带佛典经疏、法物等回国。

根据空海撰《御请来目录》，空海从唐朝带回的新译佛经大部分是不空译的密教经典。空海回国后，先讲大日经疏于久米寺。812 年至高雄山寺，行金胎两部之灌顶，复修天皇圣体安稳及镇护国家之祈祷。816 年于纪伊（今和歌山县）开创高野山，号金刚峰寺。822 年在东大寺建立真言院，此后即以此为密教的基地，故称为东寺密或东密。同年最澄示寂，空海遂集朝野之归敬于一身。823 年得赐东大寺为真言宗道场，模仿我国长安的青龙寺，当时为镇护京城的道场，号为教王护国寺，住密宗沙门五十人，禁止他宗者杂居。824 年空海任东寺之别当，此为东寺长者制度之始。831 年空海五十八岁，因病奏准退居于入定地高野。次年，奏请宫中建立真言道场。835 年他以六十二岁的世寿示寂。灭后二十二年，文德天皇追赠为大僧正；灭后八十六年，醍醐天皇谥号"弘法大师"。

空海门下极盛，而以实惠、杲邻、智泉、真济、真雅、真如法亲王、圆明、泰范、忠延、道雄，古来称为十大弟子。其中真雅僧正的门徒最多，真济以后，宗门不振。继实慧、真绍之后，宗睿与真雅的法脉并立，形成真言宗分派的渊源。宗睿初学天台宗于比睿山，后学密教于实惠及真绍之门。宗睿门下出源仁，源仁之下出益信及圣宝，各自大弘密教，由此而引出东密之分裂为广泽与小野二流。以益信为创祖的广泽流自益信经宇多天皇传宽空，宽空经宽朝传济信，济信门下出宽助而名声极于一代。宽助弟子极众，大别又分出六派，称为"广泽六流"。

以圣宝为创祖的小野流经观贤传淳佑，传元杲，传至仁海，为小野流的极盛期。仁海与广泽流的宽朝，称为东密的两大重镇。仁海之下有成尊，成尊门下出义范、范俊、明算。义范下传胜觉，范俊下传严觉，由此二人各出三流，成为小野六流以后又渐渐产生分派，以致有所谓"野、泽十二派三十六支派"之说。

第三节　净土宗

净土信仰源于古印度，是以"往生西方极乐净土"为目的的宗派。因本宗以称念佛名为主要修行方法，希望藉弥陀本愿的他力，往生于西方极乐净土，所以又称为"念佛宗"。东汉时，支娄迦谶译出《无量清净平等觉经》、《般舟三昧经》等，后来竺法护译出《弥勒菩萨所问经》、《佛说弥勒下生经》，支谦译出《大阿弥陀经》，畺良耶舍译出《观无量寿经》，于是在我国出现净土崇拜。

一般所谓净土，主要是指弥勒净土、弥陀净土。弥勒净土的信仰，以东晋道安大师为最早，他著有《净土论》六卷，倡导往生兜率天的弥勒净土；唐代玄奘与窥基大师，也以弥勒净土为行持依归。但自此以后，由于修者少，弘扬者更少，渐形衰微，代之而起的是弥陀信仰的兴隆，弥陀净土便成为诸佛净土的代表。早期弘扬弥陀净土信仰的，以东晋慧远大师为最，他在庐山结白莲社，与大众共修念佛三昧，以期能往生见佛，是我国结社念佛之始，也是我国净土的主流，故净土宗又称莲宗。北魏宣武帝时，菩提流支译出世亲的《往生论》，昙鸾为之注解，著《往生论注》一书，阐扬净土信仰的本旨以及净土立教的本义。到唐代，道绰、善导等大师继承昙鸾的教旨，主张往生净土就是相应于末法时代的信仰。道绰著有《安乐集》一书，论破诸师的谬解，开示末世众生的要路。善导继道绰之后，完备了净土宗的教义和行仪，把他力往生和称名念佛视为自宗的根本内容。善导撰《观无量寿佛经疏》，楷定古今各家的谬见，确立净土的教义、教相，奠定了净土教义独立系统的基础。善导以后，净土宗继续流传，历代名师辈出。有怀感著《释净土群疑论》，针对各宗对往生净土的质疑，一一阐论。睦州的少康，也大力弘扬称念阿弥陀佛的功德。自昙鸾至少康，被称为净土宗的"震旦五祖"。五代至宋净土宗一直很盛行，它的信仰深入民间，净土常常依附于天台、禅、律诸宗。五代末有杭州永明寺（净慈寺）延寿，倡导禅净兼修，著有《万善同归集》等，发挥净土思想。元明时期，禅净双修的风气更加盛行，中峰明本、天如惟则等人都归心于西方净土；楚山绍琦、云栖祩宏、憨山德清等人，相继倡导禅净合一。

日本平安时代，虽已有净土教的流行，但仍未脱寓宗的地位，直到镰仓初期，源空的出现才使净土宗宣告独立。源空，亦名法然上人，十三岁登比睿山，学天台教。后又游历诸方，参访硕学，颇有才学之誉。1168年以后，隐居比睿山之黑谷，寻觅出离之要道，披阅源信的《往生要集》，又览善导的《观无量寿经疏》，专修念佛。1175年法然四十三岁时，完全撇开他事，开创"一向专修宗"，后人即以之为净土宗的开教之年。1186年睿山座主显真向法然求教关于出离秽土的道理，此后其他诸宗的高僧也先后皈依此教。后白川、高仓、后鸟羽三位天皇以及上西、宜秋、修明三位皇后，都从法然受戒。因法然的新宗受到众人的欢迎，其他各宗多起而反对。睿山一派于1204年集议制止专修念佛之流行；南都方面则以法然轻忽佛戒，好谤他宗，排斥余行的理由，于1205年向朝廷奏请纠弹。1207年朝廷即宣令取缔，并处法然师徒以重刑。1211年法然蒙赦归京都，住于东山大谷，第二年即示寂于此。1244年后深草天皇赐号"通明国师"，1688年东山天皇谥号"圆光大师"。灭后五百年，又由中御门天皇赐号"东渐大师"。

第四节　净土真宗

　　净土真宗是日本佛教二十宗之一，属于净土门，亦称真宗，古代又称一向宗、门徒宗。开祖为日僧亲鸾。以《教行信证》等亲鸾之著述为教义之根本；以《无量寿经》、《观无量寿经》、《阿弥陀经》为所依经典。"净土真宗"的意思本是"净土教理的精髓"，这原不是一个宗派的名称，因亲鸾的意图原本并无意要创立一个新宗派，其目的只是要把印度、中国及日本七位高僧所传授与发展的净土教理之核心显示于众人而已。他从有关净土的经典以及七位高僧的论著中整理了一套有系统、能平等解救众生的教理。这就是净土真宗的起缘。

　　亲鸾俗姓藤原，幼名松若，曾名范宴、绰空、善信等，京都人。九岁依青莲院慈圆出家，精研天台教义。后赴奈良，广究"三论"、法相之学。1201年隐居顶法寺六角堂百日，由道友圣觉引导，到京都吉水（即大谷）谒见净土宗教祖源空，遂服膺念佛易行的净土法门。1203年娶藤原兼实的女儿玉日为妻，首开日本僧侣公开娶妻之先河。1207年因净土宗祖法然的专修念佛宗受到严格的禁止，法然被流放至土佐国（高知县），亲鸾也受牵连，而被流放至越后国（新泻县）。七年后，亲鸾偕妻子移居常陆国（茨城县），建立稻田草庵，在关东农民间弘扬本愿他力信仰。1235年亲鸾返回京都，依然坚信本愿他力之信仰，并努力从事著述活动。1262年示寂，世寿九十。卒后，门人营葬于京都大谷，并建立庙堂；龟山天皇诏赐庙号"久远实成阿弥陀佛本愿寺"。1876年明治天皇赐谥"见真大师"。

　　亲鸾一生著述颇丰，其中所著《教行信证》（全名《显净土真实教行证文类》）影响最大。亲鸾在书中从教、行、信、证四个方面论述净土真宗教义。"教"指经典，认为唯有《无量寿经》才是佛的真实之教，而《阿弥陀经》、《观无量寿经》属"方便之教"；"行"指修行内容，即称念"南无阿弥陀佛"，说称弥陀名号可得大功德，可乘弥陀的"他力"往生净土成佛；"信"指对阿弥陀佛的"本愿"（第十八愿）和佛力的绝对信心，说有此信心并发愿往生西方净土，就可凭借佛力往生净土"证大涅槃"；"证"即修行结果，说具备对弥陀净土及其愿力的绝对信心，死后即可达到不退转的菩萨之位，就可达到"无上涅槃"。亲鸾的净土真宗与源空的净土念佛宗相比，因不重视口称念佛，而以"信心为本"，这更简化了修行的方法，因此更受到广大下层民众的欢迎。亲鸾圣人的门徒众多，较有名气的有真佛、性信、顺信、莲位、显智等人。

亲鸾死后，其弟子于1272年借东山亲鸾么女觉信尼私有地建立御影堂，此即大谷本庙。1277年觉信尼捐献此地，本庙遂为"门徒"所共有。觉信尼将留守职让予其子觉惠，觉惠将留守职传予其子觉如。觉如欲排除逐渐壮大并干涉本庙的教团势力，且欲将大谷本庙当做教团之本山，并将寺号改称为本愿寺。自那以后高田派、三门徒派、诚照寺派、山元派、佛央缍派、木边派、出云路派等诸派亦相继成立。1602年本愿寺分裂成东、西二派。江户中期，为了教团统一宗名的问题，净土真宗与净土宗之间发生纷争。迄1872年大藏省下旨称为"真宗"，宗名问题始告解决。1876年兴正派脱离大教院而独立，总计共分裂成十派，统称"真宗十派"。其中以亲鸾后裔为教主的西本愿寺和东本愿寺派的势力最大。其后，以十派联合组成真宗教团，以便处理共通教务及时局问题等。

第五节 临济宗

临济宗略称济宗，是禅宗五家七宗之一，日本十三宗之一，以唐代临济义玄为宗祖。本宗由希运禅师住持宜丰黄檗寺时宣露端倪。希运幼年在本州黄檗山出家，后来因人启发，到江西去参马祖道一。那时道一已经圆寂，于是往见百丈怀海，得怀海印可。希运后来在洪州高安县鹫峰山建寺弘法，并改其山名为黄檗山，往来的学众很多。842年裴休在钟陵（今江西省进贤县）为廉镇（即观察使），迎请希运上山安置在钟陵龙兴寺，旦夕问道。848年裴休移镇宛陵（安徽省宣城县），又迎请希运至开元寺，常去参问，并记录所说，即为现行的《黄檗希运禅师传心法要》。当时黄檗的门风盛于江南，希运圆寂后被谥"断际禅师"。有《语录》、《传心法要》、《宛陵录》各一卷行世。其法嗣有临济义玄、睦州陈、千顷楚南等十二人，而以义玄最为突出。义玄从希运学法三十三年，之后往镇州（河北正定）滹沱河畔建临济院，广为弘扬希运所倡启的禅宗新法。这种禅宗新法因义玄在临济院举一家宗风而大张天下，后世遂称之为"临济宗"，而黄檗禅寺也因之成为临济宗祖庭。

义玄的弟子，有灌溪志闲、宝寿沼、三圣慧然、兴化存奖等二十余人，门叶极其繁荣。后世临济宗的法系都出于存奖之下，递传南院慧颙、风穴延沼、首山省念、汾阳善昭、石霜楚圆。楚圆下有黄龙慧南、杨岐方会，法席很盛，后分为黄龙、杨岐二派，和原来的五家合称五家七宗。黄龙开宗者为慧南。慧南初学云门，后从临济，住持黄檗后，有法嗣八十三人，其中以祖心、克文、常总三僧最为著名，他们都在黄檗山从慧南参禅。克文在慧南圆寂后，又移洞山开堂，法嗣三十六人，而以德洪（即惠洪）为著。德洪不仅以诗名闻海内，而且精禅学，曾著《临济宗旨》。12世纪末，日僧明庵荣西入宋，谒黄龙七世法孙虚庵怀敞，传黄龙派禅法。

荣西俗姓贺阳，号明庵。备我国（今冈山县）吉备郡人。幼年从父学佛，十四岁在本郡安养寺从静心落发，旋登比睿山受大乘戒。十九岁于比睿山就有辩学天台教义，又到伯耆（今鸟取县）的大山从基好学密教。后又还比睿山精读藏经。1168年入宋，至天台山求法，得天台新章疏三十余部，凡六十卷；归国后，呈天台座主明云。1187年再次来华，登天台山，随侍万年寺之虚庵怀敞，苦励参究，习临济宗黄龙派之禅法。1191年归国，始行禅规，道俗满堂，遂于筑前博多建立圣福寺，此为日本禅寺之创始。1202年将军源赖家于京都创建仁寺，请荣西为开山，遭到南都和北岭诸宗反对，乃作《兴禅护国论》三卷，驳斥诸宗的谤难，名声大振。翌年，建仁寺设立真言院和止观院，作为传播天台、真言、禅三宗的基地。后应将军源实朝之请，至镰仓创寿福寺，初传禅宗于关东。他融合天台、真言、禅三宗，形成日本临济宗。1215年示寂，世寿七十五。世称叶上房、千光祖师。荣西著有《兴禅护国论》、《出家大纲》、《一代经论总释》、《吃茶养生记》等书。荣西平素倡导教禅兼修，其弘法风格且带有强烈的密教倾向。其一生之弘法事业，对日本文化与禅宗发展有深切的影响。荣西被尊为"日本的茶祖"。虽早在奈良朝时期日本已将茶引入，但并不盛行。由于荣西由宋携回茶种，种植于筑前背振山及博多圣福寺，又赠送高辨三粒种子栽植于母尾，不久分植于宇治，为宇治茶园之始，渐渐地使茶更广泛种植。我国宋朝时期禅法已甚流行，而茶具有遣困、消食、快意等功效，故禅林逐渐有吃茶的风气；吃茶的礼仪、行法更成为禅门中重要的一环，于是有"茶禅一味"的说法。荣西将宋朝禅院的茶风引进日本，归国后首度于镰仓寿福寺、博多圣福寺、京都建仁寺等寺院，设立每日修行中吃茶的风习。1211年荣西撰《吃茶养生记》一书，为其晚年最后的著作。1215年荣西献上二月茶，治愈了源实朝将军的热病，自此，茶风更为盛行。

荣西的法嗣有退耕行勇、释圆荣朝、佛树明全等人。荣西禅师的禅宗，还不能完全摆脱以往佛教的习尚，兼传圆、密二教，没有把三宗完全分开；作为纯粹的禅宗进行传布，是从道元禅师开始的。但是由于荣西禅师鼓吹禅风，提高时人研究禅宗的兴趣，促成入宋学禅的风潮。1224年道元禅师入宋求法，归国传曹洞宗法脉，开创越前永平寺；尔后我国南宋灭亡，不满于元朝统治的禅僧，纷纷避难于日本，使得日本禅宗得以迅速发展，在各宗派中取得极大的优势。出自荣朝门下的圆尔辨圆于1235年至1242年入宋学习禅宗。1243年，摄政关白藤原氏的长者九条道家召圆尔入朝，以兴建中的新寺为基础正式迎请圆尔来京都晋山主法，新寺命名为"东福寺"。因此，圆尔把新的东福寺作为天台、真言、禅宗三宗兼的道场。在圆尔及其门下众多弟子的竭力举扬下，临济宗逐渐走向了隆盛。

第六节　曹洞宗

曹洞宗略称洞家，以洞山良价为宗祖。宗名曹洞之由来有两种说法：一为取曹溪六祖慧能及六世孙良价洞山之名，故称为曹洞宗；二为取第二祖曹山本寂，第一祖洞山良价之名。本应称洞曹宗，为了读音方便，次序作颠倒，故称曹洞。一般以后者为真。按《禅林宝训音义》"曹。乃抚州曹山本寂禅师。嗣洞山良价禅师。初离洞山。入曹溪礼祖塔。回吉州之吉水众响山名。遂请开法。师拟曹溪。凡随所居处。立曹为号。洞山之宗。至师最隆。故称曹洞宗也。"曹洞宗虽奉洞山良价为初祖，但使此派禅法盛行于世的是其弟子本寂。

良价俗姓俞，会稽诸暨县（今浙江省绍兴南）人。先从马祖道一弟子五泄灵默披剃，二十一岁受具足戒于嵩山，从云岩昙晟受心印，即传承慧能、青原行思、石头希迁、药山惟俨、云岩昙晟之一脉。昙晟圆寂后，良价离开云岩又先后云游了鄂州、袁州、吉州、宣州、建昌等地。859年良价来到宜丰洞山，当他涉趟洞水时睹影顿悟，因是终止云游，从此驻锡洞山，宣讲他所悟禅宗新法，一时四方徒众纷纷前来学法。良价于869年圆寂，世寿六十三岁，敕谥"悟本大师"之号。良价撰有《宝镜三昧歌》、《玄中吟》、《新丰吟》、《纲要偈》、《五位君臣颂》、《五位显诀》等偈颂以及《瑞州洞山良价禅师语录》等。

良价的法嗣有二十六人，最著名的乃是其弟子本寂。本寂俗姓黄，泉州莆田（今福建莆田）人。少习儒学，十九岁出家，二十五受具足戒。寻参洞山良价，得良价器重，为入室弟子。本寂依良价学法数年，后到曹山（今江西宜黄境内）。本寂于此处广阐玄化，法席隆盛，学者云集。本寂于901年示寂，世寿六十二岁，谥号"元证大师"。撰有《解释洞山五位显诀》，立为曹洞丛林标准，还留下《语录》三卷，并注《寒山子诗》，盛行当世。嗣法弟子有十四人，其中著名的有抚州荷玉匡慧、衡州育王山弘通、抚州曹山慧霞。曹山法系四传之后便断绝。良价另一法嗣道膺一脉绵延趋盛，传到天童正觉时，曹洞宗再度广扬天下。

日本曹洞宗为日本禅宗三派之一，拥有两位宗祖、两处大本山。两宗祖为创立本宗宗旨之道元（高祖，又称开祖），以及开创本宗宗团之莹山绍瑾（太祖）。两大本山即道元所创位于福井县的永平寺；与莹山所创位于横滨市（原建于石川县，1898年移至现址）的总持寺。1223年日僧道元入宋，从昙晟十四代法嗣如净禅师受法。1227年道元回国，住持永平寺，将曹洞宗传入日本，开立日本曹洞宗。道元俗姓源，号希玄，京都人。十四岁就比睿山天台座主公圆出家，于延历寺戒坛院受菩萨戒，遍学天台教义。1214年到建仁寺谒荣西，初闻临济宗风。荣西寂后，师事法兄明全，改信禅宗。1223年与明全入宋，历游天童、阿育王、径山等著名寺院。后回天童寺谒新任住持如净，随侍三年，深受器重，获受嗣书、法衣、顶相以及《宝镜三昧》、《五位显诀》等回国。1233年在深草建兴圣寺，为日本最初的禅堂。1243年，应波多野义重之请，率弟子至越前（今福井县）开创永平寺，后成日本曹洞宗大本山。1247年，应北条时赖将军之请，赴镰仓说法并为其授菩萨戒。道元于1253年示寂，世寿五十四。卒后孝明天皇赐谥"佛性传东国师"，1880年明治天皇又加谥"承阳大师"。日本禅宗中受"大师"称号即由此开始。著有《普劝坐禅仪》、《学道用心集》等，其弟子怀奘、义云编为《正法眼藏》。另有《永平清规》、《永平广录》等。

道元门下以孤云怀奘最为有名。孤云怀奘，初在比睿山出家，后改师事道元，协助道元司理山务寺制。道元寂后，即着手道元著作的校集。其门下出有义介、寂圆、义演、义准等人。义介开创大乘寺，其门又出寒岩义尹、莹山绍瑾等人。1296年以后，本宗莹山绍瑾游化各地三十年，晚年止住能登诸岳寺，改律院为禅刹，名诸岳山总持寺。日本曹洞宗至绍瑾有突破性发展，改革"只管打坐"的禅风，吸收民间流行之祈祷仪式，积极在民间传教。本宗宗风，有别于临济禅"参公案"，而纯粹透过坐禅，以期众生本具之真如佛性显现。

第七节 黄檗宗

黄檗宗名取于福清之黄檗山。789年正干禅师传六祖之法，开创黄檗山万福寺，寺名初为"般若堂"。唐宪宗年间（804—820），自幼出家于此的禅门高僧希运禅师（今福建省福清市人），倡"心即是佛，无心是道"之说，自此黄檗宗风广播于江南。尔后黄檗之道场，与临济之宗风，一齐盛衰，隆于宋，废于元，至明代复兴。1637年隐元禅师任首座，重建寺宇，整顿禅门清规，引来僧众逾千，使万福寺成为我国东南一大禅寺。1654年，六十三岁高龄的隐元应日本佛教界之再三邀请，让席于门人慧门性沛而东渡，弘传黄檗禅法。

黄檗宗为日本禅宗三派之一，隐元为其开祖。日本江户时代，佛教正处于沉寂之时，当时的禅宗界，临济宗没落为贵族趣味的文字禅，曹洞宗教势亦不振。此时，隐元及其他黄檗僧侣渡日，形成一股刺激力量，成为日本禅宗革新的原动力。隐元，俗姓林，名隆琦。1592年出生于福清万安乡灵得里东林村（现属上迳镇）。

十八岁时他加入径江念佛会，开始学习修行佛法的要领。1620年投福清黄檗山万福寺剃度出家，法号"隐元"。隐元出家时，黄檗山万福寺的建筑中只有大雄宝殿、方丈室、藏经阁、择木堂等几座殿堂，昔日的佛教道场毁于倭乱，早已荒废。出家不久，隐元就承担化缘任务，四处奔波。先后参访了浙江嘉兴县的兴善寺、海盐县鹰窝顶的云岫庵、峡石山的碧云寺、秦驻山的积善庵等。隐元在金粟山从师圆悟体验禅学，辩道解疑，道业大进。两年后，隐元大彻源底，豁然开悟。1629年密云圆悟应黄檗山万福寺耆宿信众恳请，许诺住持黄檗并请隐元同往。1630年春，隐元随侍密云圆悟进住黄檗。同年八月，密云圆悟退居金粟山，圆悟法嗣费隐通容应请于1633年住持黄檗。隐元从费隐通容之请任"西堂"，彼此禅机相契。1634年，四十三岁的隐元成为费隐通容最初的法嗣。1637年，隐元接受众请住持黄檗。隐元住持黄檗后，倾心重兴伽蓝，苦心经营，并以千日为期开阅全部藏经，黄檗面貌为之焕然一新，蔚为禅宗一大丛林。七年后，退居福严寺。1646年，年届五十五岁的隐元再登黄檗法席，长达九年。这段时间他致力于建庵修塔，增置田产，倾力教化，或游行诸方，或问道酬、利众化他，黄檗宗风闻名遐迩，其禅风盛于江南。

　　1654年应日本长崎兴福寺逸然的邀请，隐元与独湛相偕至长崎弘扬临济禅。隐元深得后水尾上皇的信任，受赐寺地，于山城（京都府）宇治建黄檗山万福禅寺，开创黄檗宗，弘传宗风。与福建省的黄檗山被称为古黄檗或唐黄檗相对，宇治黄檗山被称为新黄檗或今黄檗。1673年隐元元寂于日本黄檗山万福寺松隐堂，被日本后水尾法皇追封为"大光普照国师"。

　　隐元之后，木庵性瑫于江户创瑞圣寺、即非如一于丰前（福冈、大分县一带）开福聚寺、门风大盛，为日本禅宗界一新风气。后来，黄檗宗禅僧在法系方面，分为紫云、广寿、龙兴、狮子林、东林、华藏、汉松、万松、直指、海福、佛国等十一派。其中，木庵的紫云派又有万寿下、长松下等十二分派，狮子林派又有七派，佛国派又分三派，汉松派及广寿派各有二分派。故黄檗宗共由三十二派构成。万福寺在第五代高泉性激中兴之后即逐渐衰微，历代住持皆是我国渡日之僧，至十四世龙统元栋于1740年4月住持开始，转由日本人住持。1874年黄檗宗曾一度与曹洞、临济二宗合并为临济宗，两年后又告独立。

　　隐元模仿我国黄檗山万福寺而建的宇治万福寺，将明代我国寺院的建筑样式传入日本。隐元的法孙铁眼道光，有志于开板《大藏经》。于京都二条开印经房，依据隐元自明朝带来的方册本《万历大藏经》开始开板事业。经十多年岁月，终于1678年完成开板之业。此黄檗版《大藏经》，俗称《铁眼版大藏经》、《铁眼藏》、《黄檗藏》，系依《万历大藏经》开板而成，广流布于天下。自隐元以来明末僧众渡日，将我国文化传到日本，其中影响最大的就是隐元开创黄檗宗，以及铁眼得到隐元的鼓励开板黄檗版《大藏经》。

第八节 日莲宗

日莲宗又名法华宗、佛立宗、日莲法华宗，日本十三宗之一。该宗以创宗者日莲的名字命名，与我国佛教没有直接关系，为最具日本特色的佛教宗派之一。

日莲俗姓贯名，幼名善日。祖籍远江国（今静冈县）。十二岁时师事清澄山道善，学真言宗学。十六岁出家，号是圣房莲长。后游学镰仓、比睿山、园城寺、奈良、高野山、四天王寺等，探究诸宗要旨后，确信《法华经》及天台智𫖮之教方为佛陀的真实之教。1253年归乡访亲，登清澄山面对旭日，高唱《南无妙法莲华经》十遍，后世遂以此为日莲宗开宗之时。后于清澄山寺大开法席，依《法华经》反对净、禅、密、律诸宗。提出四句格言："念佛进无间地狱，禅宗是天魔，真言宗导致亡国，律宗是国贼。"其所说招致反感，故被斥逐出寺。日莲逃往镰仓，在松叶谷建庵持诵《法华经》。又时常到街头弘法、高唱《法华经》之经题，并于此时改名日莲，日莲宗也于此时创立。1260年，将所著《立正安国论》上之幕府，文中竭力排斥净土宗的念佛、要求禁止诸宗以及应专崇法华信仰。并预言若置之不理，将遭国内叛逆、外国侵逼之难。此举引起念佛者不满，乃聚众烧毁松叶谷的草庵。当局者也以诳言惑众罪，于1261年将他流放至伊豆（今静冈县）。日莲在当地撰成《教机时国抄》。1263年日莲被赦回镰仓。1268年蒙古国书送达，日莲自以为《立正安国论》所言无误，再度致书幕府和诸宗长老，其言颇傲慢不驯。1271年幕府再度逮捕日莲，将其流放至佐渡（今新潟县）。他在此为诸弟子撰《开目抄》、《观心本尊抄》等，阐明宗义，确立法华信仰教理的体系化。三年后日莲被赦回镰仓。不久至甲斐（今山梨县）身延山建草庵，为弘布《法华经》道场，即今莲宗总本山的身延山久远寺。在山九年期间，日莲致力教育弟子及著书立说。1282年迁居武藏本门寺，同年十月示寂，世寿六十一。寂后大正天皇追谥"立正大师"号。著作还有《守护国家论》、《教机时国抄》等。

日莲门下弟子颇多，中以日昭、日朗、日兴、日向、日顶、日持为本弟子，称为"六老僧"；另外，日法、日家等十八位弟子称为"十八中老僧"。日莲殁后，以六老僧为中心，日莲之教传于各地，后形成各种门派。六老僧中，日向长住身延山，日兴反对日向，并在教义方面批判本迹一致说，而主张本迹胜劣，乃另开富士大石寺（日莲正宗的本山）、北山本门寺（本门宗的本山之一，本门宗今合并于日莲宗）。此即日莲宗首次分派，其门流称为兴门派（即今之日莲正宗、日莲本宗）。南北朝时代，日朗的弟子日像于京都建妙显寺，首开关西布道之端绪，教势因此大展。但由于布教态度及对教义解释的不同，分裂对立亦随之而至，如日阵、日隆、日真、日什等皆各立门派。至室町时代，在关东以身延、池上、中山为中心的布教，势力颇盛；在京都，建有二十一本山，教势亦隆盛。1536 年由于比睿山僧徒的袭击，京都日莲教寺院多被破坏（天文法难），教势一度衰颓。后由日助等再兴十六本寺。1579 年又受到织田信长等人的压迫，遂分裂成二派。一派是采取妥协摄受态度的受派；另一派是采取传统折伏态度的不受不施派。德川秀忠时，不受不施派被禁，至 1876 年始解禁。明治以后，在家佛教运动盛行，遂由日莲宗信仰另又形成国柱会、灵友会、立正佼成会、创价学会等新兴宗教团体。

第九节 时 宗

时宗是日本净土宗流派之一，又称游行宗、游行众、时众，由智真（又作一遍）创立。总本山位于神奈川县藤泽市清净光寺（游行寺），本尊是阿弥陀如来，以净土三部经（《无量寿经》、《观无量寿经》、《阿弥陀经》）为所依经典。本宗名称系依据《阿弥陀经》经文"临命终时"而来，盖人生无常，时时刻刻处于生灭之中，故"平生"与"临终"等无差别。为表此意及本宗念佛之旨，遂命名为时宗。

一遍上人，名智真，伊豫（今爱媛县）人。七岁即学佛典，十五岁出家，其后登比睿山学天台。因感与末法时机相应的唯一法门，乃是念佛，遂投圣达门下，取名智真，从 1252 年至 1263 年改学净土教达十二年之久。又结草庵闭门称名者三年，以有证得，出而游行全国，广弘念佛之意趣。随身所带者为本尊弥陀及其正依净土三部经。就其偏重而言，恰与源空、亲鸾，各得其一：源空以《观无量寿经》为中心，亲鸾以《大无量寿经》为中心，智真则以《阿弥陀经》为中心。智真于 1274 年夏，在熊野地方的神社权现宫，斋戒祈祷一百日，而感得一偈："六字名号一遍法，十界依正一遍体，万行离念一遍证，人中上上妙好华。"感得此一所谓神敕偈之后，自觉已悟弥陀之真意，遂又改名为一遍。自开宗以来，智真即携带劝进帐（为劝人念佛而设的登录名簿）和念佛札游行日本，劝人念佛。前后十六年间，足迹遍及日本六十余州，人称"游行上人"。他根据经说"踊跃欢喜"之义，提倡"踊跃念佛"。又以弥陀经中的"临命终时"之句，一遍呼其同修道侣为"时众"，因号其派为时宗。智真殁后，第二世他阿继之，确立宗规，并创建藤泽清净光寺。他在游行各地以后，再回该寺居住，因此被称为"藤泽上人"。此后，时宗宗祖通称为游行上人、藤泽上人。第五世安国时，正式以清净光寺为本山。第七世托阿则著《器朴论》，将时宗宗义做系统化的整理。第十二世尊观法亲王，宗势日益兴盛，号称中兴。

本宗被视为净土教之代表。自镰仓末期至南北朝时代，本宗教势大振，分裂成游行派、一向派、奥谷派等十二流派。至室町时代，本宗因脱离民众阶层、僧尼腐败等原因，宗势日渐衰颓。原为净土教代表的地位，遂由真宗本愿寺教团所取代。游行、赋算、踊跃念佛、与民间神祇的关系密切（以八幡、天神、三岛、诹访为守护神）等为本宗特色。

第十节　融通念佛宗

融通念佛宗是日本十三宗之一，又称融通大念佛宗、大念佛宗，由圣应大师良忍所创。以行十界一念、自他融通之念佛而期求往生净土为宗旨。所依据的经典有《华严经》、《法华经》、净土三部经（《无量寿经》、《观无量寿经》、《阿弥陀经》）、《梵网经》、《融通圆门章》及《融通念佛信解章》等书。其中，以《华严》、《法华》二经最为重要。

良忍俗姓秦，号光静（乘）房，尾张国（今爱知县）知多郡人。1084年随比睿山檀那院良贺出家，修天台教学，后依园城寺禅仁受戒。1093年就仁和寺永意受两部灌顶，任比睿山东塔常行三昧堂堂僧。1094年隐居于大原，随胜林院宽誓、寻宴习声明，遂成一家之学，后人乃以师为天台声明中兴之祖。1109年于大原创建来迎院、净莲华院，以弘扬声明与念佛。1117年，因阿弥陀佛之示现而感悟，遂提倡融通念佛。1124年于宫中举行融通念佛会。1127年之后，巡游四天王寺、观心寺、高野山等处，后住摄津平野修乐寺（大念佛寺）弘扬念佛。1132年示寂，享年六十。1773年，被追谥为"圣应大师"。

融通念佛宗由于良忍上人妙解念佛门义理和颂佛声哀婉绝妙而盛极一时。但本宗的规模大约直到第六代法明上人才形成；而其理论的完成，并使本宗最后得以成立的，可以说是大通尊者融观。因此，这三人被称为本宗的元祖、中兴祖、再兴祖。本宗在寿永年间（1182—1184）因法统中断而衰微，元亨年间（1321—1323）法明良尊继任第七世，戮力传教，中兴宗门。其后至室町、战国时代，又因内生流弊，外受新兴宗派势力的压迫，宗风再度不振。逮江户时代，始由第四十六世大通融观复兴宗势。融观定制规，设学寮，促进宗学的研究，并撰《融通圆门章》及《融通念佛信解章》，以确立宗纲。1874年公布宗名，以大阪住吉的大念佛寺为总本山。

融通念佛宗虽说是他力宗而不是自力宗，然而它是作为从自力宗向他力宗过渡的桥梁而兴起的，这是在我国与印度都未曾见过的新宗教。本宗虽是他力教，但与净土宗、真宗等他力教相较，有显著的不同，主张一人所唱的念佛功德与众人所唱的念佛功德相互融通，而念佛一行亦与一切万行相通，一切功德圆满，乃得往生净土。

第十一节　法相宗

　　法相宗有广狭二义：广义而言，泛指俱舍宗、唯识宗等以分别判决诸法性相为教义要旨之宗派；狭义而言，一般多指唯识宗，或以之为唯识宗之代称，为我国佛教十三宗之一，日本八宗之一。因剖析一切事物（法）的相对真实（相）和绝对真实（性）而得我，为穷明万法性相之宗，故名法相宗。又因强调不许有心外独立之境，亦称唯识宗。由于创始者玄奘及其弟子窥基常住大慈恩寺，故又称慈恩宗。法相宗以唐代玄奘为宗祖。

　　玄奘俗姓陈，名袆。世称唐三藏，意谓其精于经、律、论三藏，熟知所有佛教圣典，是我国杰出的译经家。十三岁出家，二十岁在成都受具足戒。曾游历各地，参访名师。先后从慧休、道深、道岳、法常、僧辩、玄会等学《摄大乘论》、《杂阿毗昙心论》、《成实论》、《俱舍论》、《大般涅槃经》等经论，造诣日深。627年玄奘结侣陈表，请允西行求法。虽然未获唐太宗批准，但玄奘决心已定，乃"冒越宪章，私往天竺"。玄奘在印度游学十七年，回国后先后译出瑜伽学系的"一本十支"各论，并糅译了《成唯识论》，奠定了法相宗的理论基础。

　　玄奘门人很多，参加译业的也大都从他受业。最著名的是神昉、嘉尚、普光、窥基，称"玄门四神足"。继承法系最著名的首推窥基。窥基俗姓尉迟，十七岁得玄奘指导出家，二十五岁参加译场，勤于著述，有"百部疏主"之称。他对玄奘所传的唯识学说尤有领会，糅印度解释唯识十家之说而辑译为《成唯识》一论，即出于他的建议，他所撰《成唯识论述记》，为后世治此学者所奉的圭臬。窥基发扬师说，建立了"慈恩"一宗。其次为普光，于《俱舍》造诣最深，撰《俱舍论记》三十卷，为学者所宗。此外，神昉撰有《十论经抄》三卷、《成唯识论文义记》十卷、《种姓差别集》三卷等。嘉尚参加译事，玄奘临寂之前，特命他具录译经部卷及造像等，玄奘殁后，曾撰《杂集论疏》。

　　日本法相宗以道昭为初传。道昭是河内（大阪府）人，俗姓船连。初入元兴寺出家，以持戒谨严著称。653年，道昭随遣唐使入唐，师事玄奘，研习法相，又从慧满学禅要。齐明660年（一说659）返国，初传法相宗，世称飞鸟传、南寺传。又于元兴寺东南隅建立禅院，安置自唐携回的经论。其后，周游列国，从事凿井架桥等社会福利事业。698年补任大僧都。700年端坐示寂，世寿七十二。法相宗的二传是智通及智达，于658年奉敕入唐，与道昭同学于玄奘门下，又学于窥基座下。智通返日后，于大和国创观音寺，盛弘法相。智通入唐后的四十五年，又有智凤、智鸾、智雄，于704年奉敕入唐，师事中国相宗的三祖朴杨智周，合此三人为法相宗的第三传。法相宗的四传是玄昉。玄昉是大和（奈良县）人，俗姓阿刀，资性渊伟。初从义渊出家，受学唯识。717年偕遣唐使多治比县守，及吉备真备等人入唐。从智周学法相宗义，居留十八年。唐玄宗闻其才学，赐位"三品"，赠紫袈裟。734年玄昉归返日本，携回经疏五千余卷。后以兴福寺为其弘法中心，继一传道昭、二传智通、智达，三传智凤、智鸾、智雄之后为法相宗第四传，又称北寺传，与道昭之南寺传相对。737年任僧正，受赐紫袈裟，此为日本赐紫衣之始，又获准出入内道场。741年，遂遭藤原广嗣弹劾。745年，被流放至筑紫观世音寺（位于现福冈县太宰府市）。翌年示寂于该寺。

纵观法相宗传日经纬，先后共分四次。一二两次，称为南寺传，即元兴寺传，亦称为飞鸟传；三四两次，称为北寺传，即兴福寺传，又称为卸笠传。考察其源头。南寺传是受学于玄奘，北寺传则汲流自智周，故其思想有所出入。但在南北两寺之间，另有一派的相宗传承，即药师寺、东大寺、西大寺。奈良时代的相宗著名学者有很多。行基门下出有法海、行信、胜虞。胜虞门下出有源仁、慈宝、泰演、守印、护命等人。玄昉门下出有慈训、善珠、行贺、常腾等人。除此两人之门，义渊之下的另外高弟所传者，亦出有神睿、玄宾、贤憬、修圆、德一等人。以上各人之中，以护命及善珠二人的著作最多。神睿则与三论宗的道慈，并称为教界的两大人物。护命及德一两人，又是与天台宗最澄论战的两大论敌。总之，法相宗在奈良时代，人才辈出，形成了当时佛教思想的最大主流。

第十二节 华严宗

华严宗又称贤首宗、法界宗、圆明具德宗，为我国十三宗之一，日本八宗之一。本宗依大方广佛《华严经》立法界缘起、事事无碍之妙旨，以唐代杜顺禅师（即法顺）为初祖。因以《华严经》为根本典籍，故名。又因实际创始人法藏号贤首，也称贤首宗。以发挥"法界缘起"的思想为宗旨，又称法界宗。

本宗推戴杜顺为初祖，而实际创始人为法藏。杜顺是唐代雍州万年（陕西西安）人。俗姓杜，讳法顺，号帝心尊者，俗称炖煌菩萨。十八岁出家，投因圣寺僧珍受禅业。后隐居终南山，大张华严教纲，提撕道俗。唐太宗闻其德风，召之入宫，礼遇有加。后游历郡国，劝念阿弥陀佛，又著《五悔文》赞咏净土。640年示寂于南郊义善寺，享年八十四。著有《十门实相观》、《会诸宗别见颂》、《华严法界观门》、《华严五教止观》等，为此宗学说奠定了理论基础。弟子中以智俨名声最著。智俨是天水（甘肃）人，俗姓赵。为华严宗第二祖。号至相大师、云华尊者。十二岁，随杜顺至终南山至相寺，从杜顺弟子达法师受学，日夜精勤。十四岁剃度为沙弥，后依法常听讲摄大乘论。二十岁受具足戒，四处参学，遍听《四分》、《成实》、《十地》、《地持》等经律论。二十七岁撰《华严经搜玄记》，成一宗之规模。因曾住至相寺，世称至相大师；晚年住云华寺，故又称云华尊者。668年示寂，世寿六十七。门下有薄尘、法藏、慧晓、怀齐（又作济）、义湘、道成等人，其中法藏以传承其华严学说并加以发扬光大而最为著名。

法藏是康居国人，至祖父始迁居长安，故以康为姓。为严宗三祖。十七岁入太白山学佛，后从智俨听讲《华严经》，深受智俨赞赏，二十八岁才出家为沙弥。674年奉诏在太原寺讲《华严经》。后诏京师十大德为受具足戒，并赐号"贤首"。从此以后经常参加翻译、讲经、著述。先后参加实叉难陀、义净、菩提流支翻译《华严经》、《大乘入楞伽经》、《金光明最胜王经》、《大宝积经》等，并有《华严经探玄记》、《华严经旨归》、《华严经文义纲目》等著述百余卷。详尽发挥智俨的教规新说，正式创立华严宗。特别对《华严经》的翻译贡献最大；亦于《华严经》研究最深，前后讲说《华严经》三十余次。法藏将智俨所创的教相和观行作了详尽的发挥，成为华严宗的实际创立者，世称贤首国师。弟子以宏观、文超、智光、宗一、慧苑、慧英等最有名。在会昌禁佛中，此宗同受打击。宋初，长水子璿以弘传宗密之学为主；至其弟子净源时，华严宗始得中兴。

日本于722年即已开始书写《新华严经》，而于736年唐代道璿携入华严章疏，始传本宗。道璿是许州（河南）人，俗姓卫。幼年出家，入洛阳大福先寺（太原寺），从定宾受具足戒，兼研律藏；又师事华严寺普寂，禀习禅旨、华严。后还大福先寺，教诲四众。733年日僧荣睿、普照入唐，景仰道璿名誉，力邀其赴日本传戒。翌年，道璿随天竺僧菩提仙那、林邑僧佛哲等东渡，住大安寺西唐院。当时，日本律学尚未完备，道璿乃讲《梵网经》及《四分律行事抄》，剖析幽微，词辩无滞，又传律宗及华严宗等。晚年退居吉野比苏寺。760年示寂，世寿五十九。著有《梵网经疏》三卷。

新罗僧审祥则为日本讲《华严经》之第一人，亦为日本华严宗之初祖。审祥早年出家，曾入唐从贤首法藏学华严。天平年间（729—749）赴日，住奈良大安寺。后经严智推荐，应良辨之请至金钟寺（东大寺法华堂的前身），首次讲述旧译《华严经》。审祥于742年示寂，年寿不详。著有《华严起信观行法门》一卷。日本华严宗第二祖为良辨。良辨是近江（滋贺县）人，一说相模（神奈川县）人。俗姓漆部（一说百济）。少时出家，侍义渊学习法相宗义。后于奈良东山建一小堂，安置自刻的执金刚神，日夜精勤修行。时人称之为金钟行者或金鹫行者。良辨立志弘通华严。740年于金钟寺大开讲筵，邀请新罗僧审祥讲《华严》。后奏请圣武天皇敕建东大寺，成为华严的根本道场。752年任东大寺别当，司寺务，兼掌法务。773年圆寂，享年八十五。良辨之后经实忠、等定、正进，传法至光智时，中兴华严宗，建尊胜院为专修华严之道场，其下分为东大寺系、高山寺系。此二系派出凝然、高辨二师，为镰仓时代两大巨匠，同为复兴华严大德。东大寺于1872年曾一度为净土宗所管辖，至1886年方告独立。

第十三节 律　　宗

律宗为我国十三宗之一，日本八宗之一，因注重研习及传持戒律而得名，实际创始人为唐代道宣。因依据五部律中的《四分律》建宗，也称四分律宗。又因道宣住终南山，又有"南山律宗"或"南山宗"之称。

道宣俗姓钱，原籍丹徒（今属江苏），一说长城（治所在今浙江长兴）。十五岁入长安日严寺依智䫲律师受业，十六岁落发。二十岁在大禅定寺从智首律师受具足戒，并随之学律十年，听其讲《四分律》四十遍，奠定其律学基础。624年从智䫲入居崇义寺，同年往终南山居仿掌谷习定，同时整理他十余年学律心得。626年撰《四分律删繁补阙行事抄》，阐发他律学开宗的见解。后又撰《四分律拾毗尼可尼义抄》、《四分律删补随机羯磨》、《四分律比丘含注戒本》等。667年在终南山麓清宫精舍创立戒坛，依他所制仪规为诸州大德二十余人授具足戒。道宣平生精持戒律，盛名远播西域。唐、宋两代，分别追加谥号"澄照律师"和"法慧大师"。道宣弟子很多，有大慈、文纲、融济及新罗的智仁等数十人。文纲有弘景、崇业、道岸等弟子。弘景门人有一行、鉴真。

律宗传入日本，一般均以唐僧鉴真赴日为始，其实早在之前的善信尼，已经将律宗介绍到日本。善信尼是日本第一位比丘尼，俗名岛。584年从高句丽僧惠便出家，588年前往百济学习戒律。回国后，住樱井寺，并度化众尼众。推古天皇时，也有百济律师入日传法。天武天皇时，有沙门道光，奉敕入唐学习律藏，返日后奉敕作有《四分律抄撰录文》一卷。736年道璿至日，亦携有律宗章疏，并在其驻锡的大安寺，讲《行事抄》，这是戒律思想的显著流布。道璿门下的善俊，也是明律之名匠。不过，以上人物虽有戒律讲学，却尚未能设置戒坛，未能如法如律，以三师七证正式受戒。真正登坛、受具的传戒大法，开始于鉴真渡日。正因如此，鉴真被尊为日本律宗之祖。

鉴真，又称过海大师、唐大和尚。广陵江阳（江苏江都）人，俗姓淳于。早年出家学律及天台，又至长安、洛阳参学，后归扬州，于大明寺讲律传法。733年日僧荣睿、普照等来唐留学，见中国戒律之盛况，遂于742年请鉴真东渡弘传律法。鉴真从742年到753年间，渡海六次，历尽艰辛，双目失明，终于到达当时日本的都城奈良。鉴真在东大寺创设戒坛院，传授戒法。自唐招提寺设戒律研究道场以来，日本律宗即渐兴起；关东药师寺、筑紫观音寺等，亦相继设置戒坛，日本僧尼多在以上三寺受具足戒。鉴真的弟子有法进、法载、如宝等三十余人，以唐招提寺等处为中心以弘宣律宗。平安中期以后渐衰。镰仓时代，俊芿依北京（今之京都）律，觉盛、睿尊等依南都（今之奈良）律，致力于复兴律宗之活动。

江户时代，有真言律宗、天台安乐律、净土律等宗之弘扬，使戒律再兴。明治时代，因受西化运动之影响，而有废佛毁释之举，云照等乃力倡复兴戒律。时至今日，有以唐招提寺为本山之律宗，及以西大寺为本山之律宗等派别。

第十四节　修验道

修验道是日本宗派名，原本起源于对山岳的信仰，深受中国佛教、道教、日本神道、阴阳道所影响。提倡三道鼎立，主张"神僧道一致"的观念。有关此派的著作颇多，其中《修验三十三通记》二卷、《修验修要秘决集》三卷、《修验顿觉速证集》二卷、《役君形生记》二卷、《指南抄》一卷等最受重视，称为修验五重或十卷书。

修验道的修行之法不偏一宗一派而广通诸宗，故以"道"名之。修行者称修验者、验者、客僧、山伏、山卧等。修验道主旨以修持咒法，证得神验为本义，故强调跋涉山林，苦修练行。修验道传说源自古代的役小角。役小角又称役君、役公、役行者、小角仙人、役优婆塞。生卒年不详。自幼颖悟，敬信三宝，又善于咒术。三十二岁时，上葛城山（今奈良县）。于岩窟中安置金铜孔雀明王像，草衣木食、持咒观法三十余年，感得藏王权现、法起菩萨、大峰八大金刚童子等。其后，足迹遍至纪伊（今和歌山县）、摄津的高山大岳。699年因弟子韩国连广足的谗言，以其传布惑世妖言为由，流放伊豆（今静冈县）。701年获赦，时年六十八岁。其后，不知所终。1799年追谥"神变大菩萨"。继役小角之后有泰澄、法道等，均于山野中练行，以采果汲水、拾薪设食奉事佛、菩萨。

奈良时代，在山林修行，具咒验力者即已存在，但为律令所禁。至平安时代，贵族对于山林修行者的咒术灵验颇为尊崇，且以笃信灵山信仰的修验者为登山向导。当时的修验者主要以吉野、熊野为据点。醍醐天皇在位（897—930）时，圣宝登大和诸高峰，于金峰险径，安置金刚藏王像，于吉野山乌栖真言院始行峰受灌顶之仪，又创醍醐三宝院，门下有观贤等，后遂成当山派，徒众称真言山伏。另有增誉建立圣护院，门下有行尊等，遂成本山派，徒众称本山众、天台山伏。到镰仓时代，熊野的修验者以天台宗寺门派的圣护院为本寺，形成本山派，徒众称为本山众或天台山伏。吉野的修验者则根据松尾山、内山永久寺、高野山、三轮山等以大和为中心的三十六诸大寺，形成当山派，徒众称为真言山伏。此外，羽黑山、白山、立山、伯耆（今鸟取县）大山、丰前（今福冈县）彦山等灵山亦有修验者教团的成立。到室町时代，修验道假托7世纪的葛城山修行者役小角为开祖，整理教义、仪礼与组织，并崇拜役小角在金峰山上所感得的金刚藏王权现及其眷属八大金刚童子，以及熊野十二社权现、不动明王等，又以"入峰修行即身成佛"为目的。中世以后，随着修验道的确立，有关入峰修行的密教诠释逐渐产生。1613 年，江户幕府命全国山伏分属圣护、三宝两院，并有仪式、作法等之规定，本山派以圣护院为本所，当山派则以三宝院为本所。其他尚有隶属彦山派、羽黑派、日莲宗、大和药师寺的修验者。1872 年因神佛分离政策，修验道乃被废止。本山派受天台宗寺门派所管辖，当山派归真言宗醍醐派所管辖，羽黑、彦山二派则成为神社。"二战"后，本山修验宗（总本山圣护院）、金峰山修验本宗（总本山金峰山寺）、真言宗醍醐派（总本山三宝院）、修验道（总本山五流尊泷院）等修验教团纷纷独立，并展开活动。

第十五节　南都六宗

南都六宗指日本奈良时代（710—784）兴起的宗派总称。南都指奈良时代的京城所在地平城京（即奈良），又作古京。古京是后世史家为便利，以古京平城京与新京平安京，两相对称而立。六宗指三论、成实、法相、俱舍、华严、律六宗。此六宗为区别于平安时代在京都（即平安京，又称为新京或北京）兴起的天台、真宗两宗，故称南都六宗，或称古京六宗、南京六宗。718 年律令政府太政官颁诏佛纲：加强僧尼制，表彰教学研究，整顿充实诸寺学团。诏令中初次出现了"五宗"的之说。早在"养老布告"以前，官大寺及各大寺中新旧佛教思想"混居"，已经出现了以特定的经或论为研究对象，被称为"宗"，"众"的萌芽。当时僧侣常以哲学的方法，研究各宗教义，而且大多一人兼学二宗以上，因此一寺中各宗僧侣杂陈的情形屡见不鲜。在此种情形下的宗派，与其说是信仰集团，不如说是研究集团。其中，学习各宗教义的团体，称为学众，置"学头"一职为其指导者。六宗中法相、华严、律宗已在上文有所介绍，此处主要对三论、成实、俱舍三宗进行介绍。

三论宗，又作空宗、无相宗、中观宗、无相大乘宗、无得正观宗、嘉祥宗、提婆宗、般若宗、破相宗，我国十三宗之一。此宗学说以《中论》、《百论》、《十二门论》三部论为依据，所以称为三论宗。本宗学统以文殊菩萨为高祖，马鸣为次祖，龙树为三祖。六祖鸠摩罗什时，传入我国。此宗传入我国，其派有二：姚秦·弘始年间（399—415）由鸠摩罗什传来者，称为古三论；日照三藏于唐高宗仪凤年间（676—678）传入之清辩、智光二论师之系统，则称新三论。其中，鸠摩罗什译有《大品般若经》三十卷、《大智度论》百卷、《中论》四卷、《十二门论》一卷等，奠定我国三论宗之基础。鸠摩罗什门下，号称桃李三千。而以慧观、道生、僧睿等多弘法江南，僧肇、昙影、道融等则宣教关中，遂形成三论宗南北二学派。

日本的三论宗，最初是由高句丽沙门惠观，于 625 年传入。此人曾来我国，亲近嘉祥寺的吉藏大师,学习三论宗。后奉高句丽王之命,派到日本,住元兴寺盛弘三论。于646年奉敕在宫中讲三论。并创建井上寺于后河内。门下俊才颇多,著名者有福亮、慧轮、慧师、智藏、僧旻等人。惠观门下的福亮,祖籍我国江南。他学三论,兼通法相,又到我国研究三论奥义。返日之后,住元兴寺,任僧正。645年被选为僧官的十师之一。此后,智藏与道慈,也入唐学三论。智藏于天智天皇时代(662—671)入唐,依吉藏大师学。持统天皇之世(687—696)返日,住法隆寺,宣讲三论,为三论宗的第二传。道慈是智藏的弟子,于701年入唐,通学六宗,但以三论的根柢而师事吉藏之法孙元康。718年返日住大安寺,为三论宗第三传。智藏门下尚有智光及礼光二人,颇崇西方净土,同住元兴寺。道慈之后,尚有善议、安澄、勒操等次第相传。智光之后,则有灵睿及药宝、愿晓等,灯灯互传。前者称为大安寺流,后者称为元兴寺流。从大体上说,奈良时代以前,是以三论宗为佛教义学的主流。进入奈良时代,则为法相宗的全盛时期。至奈良末叶,三论宗已非常衰微。

成实宗是依据鸠摩罗什所译印度诃梨跋摩的《成实论》而立的学派。又作成论家、成实学派,为中国十三宗之一。412年鸠摩罗什翻译《成实论》后,其门人僧睿首先讲述之,昙影继而将此论整理分章,研究著疏者渐多。鸠摩罗什门下对于《成实论》的造诣最深的,除昙影、僧睿以外,还有南朝宋时的僧导和北魏的僧嵩。僧导是鸠摩罗什门下最善于《成实论》者,他从关中到南方寿春(今安徽寿县),广为发扬,形成了南方寿春系的成实师系统,以昙济、道猛、智欣、法宠、慧勇、宝亮为代表。僧嵩则从关中到北方彭城(今江苏徐州),形成了北方彭城系的成实师系统,以僧渊、昙度、慧球、慧次、僧柔为代表。由于两系的弘扬,分别受到南、北朝王室的护持,弘传范围遍及全国各地,世人遂称弘讲者为成实师。梁代,成实宗的南北二系会集于南京,大兴本宗,人才辈出,僧柔、慧次的传人开善寺智藏、庄严寺僧旻、光宅寺法云,被誉为梁代三大法师,受到朝廷的护持。隋唐以后,本宗受到三论诸师的破斥,加之唯识学的兴起,该学派逐渐消失。

成实宗在日本未尝独立成派,而是附属于三论宗下的。《成实论》是随着三论宗教义的传入而传入日本的,天武天皇时代(673—685),百济沙门道藏,著有《成实论疏》十六卷。凝然之时(1239—1321),尚见到此书。在日本史上,专门学成实的人,数量非常少,往往是由三论学者附带研究的。因此成实宗后来也随三论研究的衰亡而告终。

俱舍宗是我国十三宗之一,亦称俱舍学,以研习、弘传《俱舍论》而得名。其学者称俱舍师。弘传分新、旧两个阶段。原来在南朝的宋、齐、梁三代,研究小乘萨婆多部(一说"一切有部")的毗昙学相当隆盛,陈真谛译出《俱舍释论》,

弟子慧恺等加以弘传，特别是慧恺的私淑弟子道岳，初习《杂阿毗昙心论》，后弘俱舍，遂由毗昙学转入俱舍学，此为弘传的第一阶段。唐玄奘重译《俱舍论》，其弟子多半从事研习，于是俱舍学又从旧论转到新论。这是弘传的第二阶段。新旧《俱舍论》译出后，只是师资相承做学术上的研究，并未成立一般所谓宗派。

日本传入此宗始于 658 年，智通、智达等来唐留学，回国后兼传《俱舍论》，不久即受玄昉等的邀请于兴福寺等刹盛行此学。一般日本习此宗者多附属于法相宗而兼学之，同时其他宗派也有传习俱舍甚至建立专宗传承的。因此俱舍宗比成实宗情况稍好，例如护命及明诠，都是俱舍学者，尤其护命，他承新罗的智平之说，主张"有为法体不生灭"之义，而与其他各人所主张的"有为法体生灭"之说相异。俱舍虽为法相的寓宗，但它却被视为佛教的基础学问，故学习的人亦较多。古来以东大寺为俱舍宗的根本道场。

第十六节　新兴宗教

新兴宗教是一个宗教学上的分类用语，指近代（约 19 世纪末期以后）所创立的宗教派别。日本新兴宗教，概指 19 世纪中叶至 20 世纪后半叶，即德川幕府末期至二战后创建发展起来的教团，可基本梳理为佛教、神道教基督教以及独立于三教之外的"诸教"四大体系。日本新兴宗教也称新宗教。因前者在日本社会应用习惯上逐渐演变成具有贬抑、轻蔑意味的用语，遭到新兴教派的反对。1981 年起，日本的文化界和大众传媒就对新兴宗教改用价值中立的新宗教。在我国，新兴宗教和新宗教的称谓均无褒贬之意，故仍按习惯使用新兴宗教这个名称。

日本新兴宗教始于 19 世纪中叶，是农民、商人、手工业者自发性的宗教组织。它的主要思想基础是江户时代的"灵神"、"活神"等民间信仰。一些民间宗教活动者利用当时这种宗教意识，借助"神灵附体"的手法来神化自己，并用巫术治病为媒介，吸引、结集信徒，成立新的教派。幕末创建的新兴宗教主要有天理教、金光教、丸山教、黑住教、楔教、神理教、如来教、莲门教、本门佛立宗等，其中多数属于神道教系。进入 20 世纪后，灵友会、创价学会等活跃在日本社会中的超大型新兴宗教团体相继出现，基本奠定了今天新兴宗教的格局。但是，作为民众宗教运动的新兴宗教并未得到日本政府的承认，在国家神道的宗教体制下，新兴宗教被视为"低级宗教"、"类似宗教"、"邪教"而遭到残酷镇压，很多教派领导人被捕，教派活动被勒令停止，组织被解散。"二战"后，日本新兴宗教迅猛发展，其主要原因可以认为是五六十年代经济高速增长导致生存竞争激化，引起大众价值观念、道德观念的深刻变化。而新兴宗教以祈求治病、生意兴隆、财源亨通、家庭和睦等现世利益，描绘出一幅"无病、无贫、无争"的理想世界

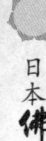

蓝图，吸引了无数群众纷纷加入。进入八九十年代，在全球范围的新兴宗教热潮影响下，日本新兴宗教发展势头更为迅猛，大小教团迭出，组织、仪规迥异。

在众多新宗教中，佛教系统教团以其庞大的实体组织、雄厚的经济实力和对社会意识广泛深入的影响，构成了当代日本新兴宗教的主体。佛教系新兴宗教指信仰内容主要来自佛教教义，同时杂糅祖先崇拜、神灵崇拜及各种巫术等内容的新兴宗教教团。佛教系统教团中规模最大，影响最广的是日莲宗系教团。此系新兴宗教以《法华经》和日莲教法作为主要信条，同时糅合祖先崇拜、万物有灵等原始信仰，属于法华至上的佛教思想体系。创价学会、立正佼成会、灵友会等超大教团均出自这一法脉。此外还有天台宗系教团、真言宗系教团、净土宗系教团、法相宗系教团等。

新兴宗教主要特点是：首先，大都神化本教派的创始者，常以某些佛教教义为主，大量掺杂祖先崇拜、原始信仰、泛神论观念，形成独特的教义理念。教祖也往往借助"神灵附体"来神化自己，以巫术治病为媒介，赢得信徒的崇拜。其次，为吸引广大民众的加入，教典大都简而不繁，通俗易懂，内容多来自为神道、佛教、基督教、儒学和民间信仰，在借鉴的基础上加以发挥形成独特的教义理念。再次，新兴宗教的入世性很强，注重现实利益和社会问题。以下对日莲宗系新兴宗教派灵友会、创价学会、立正佼成会三大教团进行简单介绍。

灵友会由日莲宗信徒久保角太郎创立。久保角太郎自幼受国柱会纯正日莲主义与法华行者西田俊藏"佛所护念"教法之影响甚深，1919年与户次贞雄等人创立"灵之友会"，但是还没有得到发展即宣告中断。后又于1925年与其兄小谷安吉、嫂小谷喜美创立"大日本灵友会"。其后教团迅速发展，第二次世界大战前后，自该会分出之新兴教团颇多，如"日本敬神崇祖自修团"、"孝道教团"、"立正佼成会"、"博爱同志会"等。该会主要教旨在于结合法华信仰与祖先供养。所谓"灵友"，意谓联结自己之灵与第三界之万灵，将法华经之信仰与祭祖之习俗相结合，并谓体现佛智之"菩萨之法"即教人供养祖先；供养祖先之灵，亦即供养三界万灵，使"神、佛、灵"三者合一，藉虔诚之信仰，三者相互感应而产生灵验，只要自己的心灵虔诚，即能与神、佛相通，而得到保佑。

创价学会全称"日莲正宗创价学会"，1930年由牧口常三郎与户田城圣创立于东京，原名"创价教育学会"，会员以小学教员为主。由于牧口与户田都是日莲正宗的信徒，因此，该会乃演成附属于日莲正宗的在家信徒团体。其教义除依循日莲正宗的教义外，还以牧口《价值论》与户田《生命论》为依据，主张生活之目的乃追求幸福，而幸福必须以获得利、善、美之价值而实现，教育之目的即在培养创造利、善、美之人才，谓信仰日莲宗乃创造与获得价值之方法与途径。1943年，牧口与户田因拒绝参拜天照大神与接受神符而被禁，1945年，户田被释，使该会再度复兴,并改名为"创价学会"。1952 年,从日莲正宗附属的在家信徒团体正式向政府申请成为独立的日莲宗系新兴宗教团体。此后迅速发展,又陆续建立公明政治联盟,组织公明会。1964 年,发展成公明党,六年后复宣布与公明党政教分离。目前信徒约八九百万人,以一般民众为基本成员。发行刊物有《大白莲华》、《圣教新闻》、《圣教画报》(圣教ゲラフ)等。

立正佼成会于 1938 年由长沼妙佼和庭野日敬脱离灵友会而创立,始称"立正交成会",乃取"立于正法,与人交往,成就佛果"之意。1960 年为纪念长沼妙佼,遂改今名。本会以《法华经》为基本教义,而以"久远实成释尊"为本尊。立正佼成会在第二次世界大战后,发展快速。到 1950 年代,教势几可与灵友会相比肩。在发展的过程中,该会融合了种种民间信仰、灵友会的祖先崇拜与忏悔灭罪的法华信仰,以及庭野的宗教理念,而形成一套独特的综合性教义。目前,其信徒人数比灵友会还多,是仅次于创价学会的大教团。

第三章　日本佛教史上重要人物

圣德太子（574—622）　日本飞鸟时代的政治家，推古天皇的摄政皇太子，推古朝改革推行者。本名为厩户皇子。其父亲是用明天皇，母亲是钦明天皇的女儿、穴穗部间人公主。大和时代豪族政治斗争，用明二年苏我马子灭物部氏，崇峻五年崇峻天皇遭暗杀，苏我氏外孙女丰御食炊屋姬即位为推古天皇，由厩户皇子以皇太子之位辅政。圣德太子辅政后即大力进行改革，即大化改新。后推行新政，制定"冠位十二阶"、颁布《十七条宪法》，确立以天皇为中心的中央集权制，借以抑制豪强。派遣隋使小野妹子及其他留学生来中国，建立邦交，吸收先进文明制度。致力于振兴佛教，建法隆寺、四天王寺，为《妙法莲华经》、《胜鬘经》、《维摩经》三经作注，书名《三经义疏》，被尊为日本佛教始祖。采用历法，编纂《国记》、《天皇记》等史书，业绩颇多。圣德太子是旧款日币一万元上的人像。

惠慈（？—？）　生卒年不详。7世纪初的高句丽僧人。推古天皇三年（959）五月归化日本，与同年来日的百济僧惠聪一起弘传佛教，并称为三宝栋梁。据《三国佛法传通缘起》记载，惠慈乃三轮宗学者，但同时精通成实宗。圣德太子曾师从其学习经论。法兴寺竣工后苏我善德任寺司时，惠慈和惠聪曾居住该寺。据传太子撰三经义疏时常有问惑于惠慈而不得解的时候，而当太子得梦中金人现身解惑后时常再转告给惠慈，两人交往甚密。回本国后听闻太子辞世时深感悲切，亲自讲经为其祈祷冥福，并于翌年追随其后而去。另外据传其返回本国时，曾携太子所作三经义疏至高句丽流布。

旻（？—653）　7世纪的入唐学问僧。据传曾与高向玄理、南渊请安等人随遣隋使小野妹子入隋留学于隋唐，通《周易》等，并深受中国祥瑞思想影响，于舒明天皇四年（623）归国后被任命为国博士，深得天皇信服。据传在其卧病时孝德天皇曾亲临僧房探望，并在其没后命画工狛竖部子麻吕等为其制作菩萨像安置于川原寺（山田寺）。

役小角（？—？）　生卒年不详。日本修验道的开祖。又称役君、役公、役行者、小角仙人、役优婆塞。生卒年不详。自幼颖悟，敬信三宝，又善于咒术。三十二岁时，上葛城山（今奈良县）。于岩窟中安置金铜孔雀明王像，草衣木食、持咒观法三十余年，感得藏王权现、法起菩萨、大峰八大金刚童子等。其后，足迹遍至纪伊（今和歌山县）、摄津的高山大岳。699年因弟子韩国连广足的逸言，以其传布惑世妖言为由，流放伊豆（今静冈县）。701年获赦，时年六十八岁。其后，不知所终。1799 年追谥"神变大菩萨"。

定惠（643—666） 史上著名人物中臣镰足之子。出家前俗名称中臣真人。653 年（白雉四年）与法相宗第一传道昭一起，随遣唐使入唐。住位于长安怀德坊的慧日道场，师事神泰法师。据传在唐随师四处游学十余年，精通内经外典，并学到了唐朝佛教的最新成果，于 665 年 9 月经朝鲜半岛的百济回国，传俱舍于多武峰，同年 12 月没于大原（今奈良县高市郡明日香村小原）。

泰澄（？—？） 生卒年不详。加贺白山的开创者。据《泰澄和尚传》记载，其于白凤十一年（682）六月十一日出生于越前国麻生津（今福井市）。自幼崇敬三宝，十四岁时登上越知山，感念十一面观音而苦练修行。大宝二年（702）获文武天皇敕命成为镇护国家的法师。养老元年（712）三十六岁时登加贺白山，感见妙理大菩萨。四十一岁时因祈祷元正天皇病愈有功而获赐"神融禅师"号。天平九年（737）因作法平息了当年天花的大流行而获授大和尚位。八十六岁圆寂，被称为"越之大德"。

景戒（？—？） 生卒年不详。平城右京药师寺法相宗僧。因著有日本最初的佛教故事集《日本灵异记》而闻名。由于正史和僧传都没有关于景戒的记载，故其身世只能凭借《日本灵异记》下卷第三十八的自传性记事加以推测。据推测其出生地可能是纪伊国名草郡。因其在《灵异记》序文中标注有"诺乐右京药师寺沙门景戒录"字样，且从其字里行间流露出对私度僧的诸多关注，故推测其为药师寺法相宗的私度僧。延历十四年（759）十二月曾任僧位五阶第四位的传灯住位僧。其所编《日本灵异记》是日本最早的佛教故事集，成为后来的佛教故事集的重要取材源。

广智（？—？） 生卒年不详。平安时代前期的天台宗僧。曾住下野国小野寺，师事武藏国的鉴真弟子道忠。据传空海曾于弘仁三年（812）派人前往请求其抄写经书，可知其乃学德兼优的高僧。曾被称为广智菩萨。后慕最澄高风而投入其门下受两部灌顶，并登比睿山修习天台教学。后获敕任镇国师，为天台宗在东国的弘传立下汗马功劳。

胜道（735—817） 奈良时代末期僧侣。日光开山祖。生于下野国芳贺郡。俗姓若田氏。少年时期投入佛门，于天平宝字五年（761）在下野国药师寺戒坛从如意僧都得度受戒。立志登上日光的补陀落山顶，于神护景云元年（767）四月上旬开始登山，困于半山腰二十一日未能遂愿而下山。后于十五年后的延历元年（782）三月，修行七日后再度登山而终达顶峰。延历三年再度登顶后于山麓中禅寺湖畔开创神宫寺。后于下野国都贺郡的城山创建华严宗寺院。大同二年（807）因在补陀落山上行法祈雨有功而获授传灯法师位。弘仁五年（814）应空海之请作"沙门胜道历山水莹玄珠碑并序"。弘仁八年圆寂。胜道还作为轮王寺、四本龙寺、中禅寺的奠基者而广受尊崇。

玄宾（？—818） 平安时代初期的法相宗高僧。被尊为法相宗六祖之一。河内国人。俗姓弓削氏。师从兴福寺宣教研习唯识法相之教理，成为法相宗学问屈指可数的著名学僧。曾一度因厌倦佛教界积弊而隐居于伯耆国会见郡。延历二十四年（805）三月曾奉敕上京为桓武天皇祈愿病体康复，获赐度者。翌年四月获任大僧都，曾辞退归隐伯耆，于大同四年四月再奉嵯峨天皇招请上京为平城上皇祈祷。因深得天皇信赖而常获天皇赐物慰劳。据传其寂后嵯峨天皇曾悲痛不已，作七言律诗《哭宾和尚》以追悼。

义真（781—833） 平安时代前期天台宗僧侣。初代天台座主。天应元年（781）生于相模国。俗姓丸子连。最初入兴福寺学法相宗，后师事最澄。因通中文而获准于延历二十三年（804）七月作为翻译僧随同最澄入唐求法，十二月在台州龙福寺与最澄同时从道遂受圆顿戒。归国后力助最澄确立并兴隆日本天台宗。弘仁十三年（822）最澄寂后，义真正式统帅天台宗。当先师梦寐以求的大乘戒坛终于获敕设立后，于弘仁十四年（823）成为传戒师，在延历寺一乘止观院首次开授圆顿大戒。著有《天台法华宗义集》。五十三岁时圆寂于修禅院。

玄睿（？—840） 平安时代初期西大寺三轮宗学僧。天长三年（826）九月任权律师，翌年五月任律师。作为"天长敕撰六本宗书"之一，代表三论宗于天长七年（830）奉淳和天皇敕命撰述《大乘三论大义抄》三卷而名声大振。该书旁征博引，阐明三论宗的教理和立场，力驳法相、华严、天台等诸宗，显示出其博览经书、学问高深的学僧风范。

义渊（？—728） 奈良时代前期法相僧。大和人。俗姓市往氏，父母情况不详，自幼被天智天皇收养，后奉旨出家，师从元兴寺智凤学佛。在吉野开创龙门寺弘传法相宗。后开冈寺，获圣武天皇赐姓冈连。由于其德行高深，门下高徒名僧辈出，受到天智、天武、持统、文武、元明、元正、圣武七朝天皇的敬重。著名高徒有行基、玄昉、良辨等。奈良时期的法相宗自他以后获得了发扬光大。

行基（668—749） 奈良时代日本法相宗僧。河内国（后为和泉国，即今之大阪）大鸟郡人。俗姓高志，为百济王后裔。年十五出家，师事慧基、道昭、义渊等人。习学法相、唯识宗义。二十四岁从德光受戒。其后周游列国，或劝观法，或唱净业，相从之道俗信徒数以千计。曾率领耆弟子从事甚多社会工作。除建立四十九座寺院、设置布施屋之外，也铺桥造路、开渠筑堤以便利民众。时人盛赞其义行，皆以"行基菩萨"称之。天平五年（733），圣武天皇尊崇行基之盛德，乃执弟子之礼，且与皇后、皇太后同礼之为戒师。天平十五年，诏建立东大寺卢舍那佛，师率徒劝化庶众共襄盛举。天平十七年正月任大僧正。此为日本大僧正任命之嚆矢。天平咸宝元年（749）二月，于右京菅原寺东南院示寂，享年八十二。

实惠（786—847）　平安时代前期真言宗僧。空海的高徒。俗性佐伯氏。出生于赞歧国。初时从大安寺泰基学法相，后师事空海，于弘仁元年（810）受两部灌顶，成为空海最初的登坛弟子。弘仁三年（812）任高雄山寺三纲寺主，弘仁七年（816）力助空海开创高野山。天长四年（827）创建河内国桧尾观心寺。承和三年（836）继承空海成为东寺长者。承和十年十一月在东寺创设灌顶院。后将空海创设的综艺种智院出卖购得丹波国山大山庄，并以此经营东寺传法会，为真言宗教团的确立和教学的振兴贡献良多。

光定（779—858）　平安时代前期天台宗僧侣。伊予国风早郡人。自幼丧失双亲，出京师拜最澄为师，后师从义真研修《摩诃止观》。弘仁元年（810）在宫中金光明会获敕得度。弘仁三年在东大寺受戒，同年在高雄山寺从空海受密教灌顶。其德学兼优，曾与奈良兴福寺义延辩论宗义，并为开设延历寺大乘戒坛多方奔走，不仅深得最澄器重，还深受嵯峨天皇宠爱。齐衡元年（854）四月三日任延历寺别当。天安二年（858）八月十日圆寂。著有《传述一心戒文》。

道慈（？—744）　日本奈良时代僧人。大和添下郡人。俗姓额田。少年出家在法隆寺学三论法。大宝二年（702）入唐，游学十六年。期间入选唐宫廷百人高僧。养老二年（718）回国，天平元年任律师，指导大安寺移建平城京。常作诗，作品收入《怀风藻》，又著《愚志》（现不存），评论当时僧尼之事，批判佛教界。

道昭（629—700）　日本佛教法相宗的创始者。俗姓船连，河内人。白雉四年（653）入唐谒玄奘三藏，三藏加意教诲。告曰：经论文博，劳多功少，我有禅宗，汝可承此法传于东土。昭喜修习，早得悟解。又指令见相州隆化寺慧满禅师。满委曲开示，且付以楞伽经。业成，辞三藏，三藏以佛舍利经论及相宗之章疏付之。天智元年（661）昭归，盛弘相宗，日本始闻唯识之旨。后于元兴寺建禅院，寿七十二寂。遗命荼毗，日本火葬自昭始。

智凤（？—？）　生卒年不详，奈良时代的新罗的僧侣。大宝三年（703）随智鸾、智雄入唐。以窥基的法孙，法相第三祖濮阳大师智周为师，学习法相宗。相传他定居在奈良法兴寺，弘扬法相宗，在日本是法相宗的第三发扬人。庆云三年（706）藤原不比等人复兴了纳摩会，那个时候他在那里从事讲师的职务。

最澄（767—822）　平安时代僧人。日本天台宗创始人。又称睿山大师、根本大师、山家大师、澄上人等。俗姓三津首。近江（今滋贺县）人。十四岁出家，于南都东大寺受具足戒，入比睿山修习，作发愿文。研习佛教各宗经论，尤重一乘思想。延历二十三年（804）与空海入唐，从天台九祖湛然门人道邃、行满受天台教义，又在天台山受牛头禅法，后从顺晓受持灌顶密法。延历二十四年（805）归国，创日本天台宗，于高雄寺传密法。倡"圆密一致"、"四宗（圆教、密教、禅、戒）合一"。逝后追谥"传教大师"。著有《法华秀句》、《守护国界论》、《内证佛法血脉谱》等。

空海（774—835） 平安时代前期的真言宗僧。日本真言宗创始人。俗姓佐伯，幼名真鱼。赞岐国（今香川县）人。十五岁学《论语》、《孝经》等。后游京都，入大学明经科，学习中国古典文学，尤好佛教。偶读《虚空藏求闻持法》，信佛而作居士。延历十四年（795）于奈良东大寺受具足戒。延历二十三年（804）与最澄等随遣唐使入唐求法，到长安初住西明寺。大同元年（806）携带佛典经疏、法物等回国，撰《请来目录》。初住京都高雄山寺，从事传法灌顶。弘仁七年（816）于纪伊（今和歌山县）开创高野山，号金刚峰寺。弘仁十四年（823）诏赐京都东寺为密教永久根本道场。"东密"名称即由此而来。曾兼任东大寺别当，统辖一寺僧职，补大僧正位。921年醍醐天皇赐谥"弘法大师"。著有《辩显密二教论》、《秘藏宝钥》、《十住心论》、《付法传》、《即身成佛义》等。

德一（？—？） 生卒年不详。平安初期的法相宗学僧。据传为藤原仲麻吕之子，但并无确证。曾经师从兴福寺的修圆学法相。曾住东大寺，后弃都而去移住东国，在常陆国筑波山开中禅寺，又在陆奥国会津创建慧日寺。因厌恶僧侣奢侈生活而身体力行粗食布衣，专心致力于教化民众，因而备受尊崇，被称为德一菩萨。弘仁六年（815）曾被空海邀请抄写密教经典，而其反以对真言宗提出十一条疑问的"真言宗未决文"寄送空海以求解答。自弘仁八年（817）开始著《佛性抄》、《中边义镜》、《慧日羽足》等对天台宗教学进行批判，与最澄之间展开了持续多年的"三一权实争论"。

玄昉（？—746） 奈良时代的日本法相宗僧。大和（奈良县）人，俗姓阿刀。资性渊伟。初从义渊出家，受学唯识。养老元年（717）偕遣唐使多治比县守，及吉备真备等人入唐，随智周学习法相教义。在唐十八年，其才学深受玄宗钦服。获赐紫袈裟。天平六年（734）返日。携回经论五千余卷与佛像。住兴福寺。天平九年，蒙天皇敕赐紫袈裟（此为日本赐紫衣之始），又获准出入内道场。此后，荣宠日盛，行为乖张，稍背沙门本旨，渐为时人所恶。天平十三年，遂遭藤原广嗣弹劾。天平十七年，被流放至筑紫观世音寺（位于现福冈县太宰府市）。翌年示寂于该寺，年寿不详。师为日本法相宗之第四传。相对于道昭之南寺传，乃称作北寺传。弟子有慈训、善珠等。

良辩（689—774） 奈良时代华严宗派僧人。东大寺的创建者。史称金钟行者。据说二岁时被鹰叼走，扔于奈良春日神社的杉树下，在义渊的养育下长大，并跟随他学习法相唯识。天平五年（733），建立法华堂，塑立卢舍那佛像，成立金钟寺。天平十二年（740）在金钟寺招揽了新罗僧人，番祥为讲师，开始讲说《华严经》。天平十四年（742）金钟寺成为大和国分寺。天平十八年（746），金钟寺改建为东大寺。与橘诸兄，行基等人一起尽力，成为初代别当。天平胜宝三年（751），成为少僧都。天平胜宝八年（756），与鉴真一起为大僧都。天平宝字四年（760）八月，为严肃整治佛教界，与慈训，法进一起上奏改变僧阶。宝龟四年（773），成为僧正。十一月二十四日卒。

鉴真（687—763） 唐代僧。又称过海大师、唐大和尚。乃日本律宗之始祖。广陵江阳（江苏江都）人，俗姓淳于。早岁出家学律及天台，又至长安、洛阳参学，后归扬州，于大明寺讲律传法。天平五年（733），日僧荣睿、普照等来唐留学，见中国戒律之盛况，遂于天平十四年（742）请师东渡弘传律法。师深感日本乃佛法兴隆有缘之国，遂决心赴日弘布戒律，时请随往之弟子有祥彦、道兴、道航等二十一人。然五次东渡，皆因国人不舍高僧东游，又遭受海贼、暴风等而未能成行，其间颠沛长达十一年之久。后虽双目失明，却不稍减其赴日之志。天平胜宝五年（753），日本遣唐使藤原清河等人复请师东渡，是为第六次起航，时与师同往者有法进、昙静、思托等十一人，师年六十六。日本天皇遣使慰问，并诏赐"传灯大法师"之号。遂依道宣之戒坛图经，于东大寺毗卢遮那佛前营建戒坛，师亲为君民上下传授菩萨戒，又为日僧重授戒法，此为日本登坛受戒之嚆矢。其后，于大佛殿之西创立戒坛院，又于院北建构唐禅院，盛化四众。天平胜宝七年（755），师受赐新田部之邸，乃建寺为结界之道场。次年，师受任夏大僧都，未久，任大僧正，然师以教务繁杂之由请辞。天平宝字符年（757），敕赐"大和尚"之号，并赐予备前国水田一百町，乃于上园地启建伽蓝。寺成，敕赐"唐律招提"之额。不久，诏筑戒坛，并敕天下入此学律受戒，乃成为授戒传律之根本道场。此外，师复奏请于下野药师寺、筑紫观世音寺启建戒坛，由是，律法大兴。天平宝字七年，师面西结跏趺坐示寂，世寿七十六。师携往日本之大量佛教经像、药物、艺术品等，对发展日本医学、雕塑、美术、建筑皆有相当贡献。

道镜（700—772） 奈良时期法相宗的僧人。出身于物部氏的弓削氏。俗姓弓削连，又名弓削道镜。年轻的时候拜法相宗的高僧义渊为师，跟良辨学习梵文。又在大和国（奈良县）的葛城山学得密教中的宿曜密。在内道场担任看病禅师一职，天平宝字五年（761），因治好了孝谦天皇（女帝，称德天皇）的病受到重视。藤原仲麻吕之乱后，天平宝字七年（763）被任命为少僧都，天平神护元年（765）任太政大臣禅师，第二年任法王，其间在佛教理念的基础上推行了一系列政策。曾窥视皇位，但因受阻于和气清麻吕等人而未果。宝龟元年（770）称德天皇死后，被贬为下野药师寺别当。宝龟三年四月七日（772）去世。

善珠（723—797） 奈良时代至平安时代前期僧人。俗姓阿刀，生于大和国。秋筱寺的创始人。从师于玄昉通晓法相因明。延历十二年（793），任比叡山文殊堂堂达。延历十三年（794），任延历寺根本中堂落庆的导师。延历十五年（796），奉桓武天皇之命，任故物部古麻吕的法华经导师。延历十六年（797），为皇太子安殿亲王（后为平城天皇）身体康复祈愿有功，被委任为僧正。同年卒，七十五岁。是奈良佛教历史上屈指可数的著述家，留有《唯识义灯增明记》、《唯识分量决》等二十多部著作。

圆仁（793—864） 日本天台宗僧人。延历寺第三世座主。俗始壬生氏。下野（今栃木县）人。十五岁入比睿山师事最澄。十余年间笃修苦行。承和五年（838）入唐求法，值唐武宗灭佛，携佛教典籍五百五十九卷归国。于比睿山弘密教及天台教法，倡净土法门。卒后，追谥为"慈觉大师"。其撰述的《入唐求法巡礼记》具有重要史料价值，另著有《金刚顶经疏》、《苏悉地经略疏》、《显扬大戒论》等。

圆珍（814—891） 平安时代前期天台宗僧。为日本延历寺第五代座主，天台宗寺门派开祖。赞岐（香川县）人，俗姓和气。系空海之侄孙，十五岁登比睿山，师事义真，二十岁得道受戒，其后住山十二年，任内供奉十禅师之一。日本仁寿三年（853）来华，居五年，受学于天台、密教、悉昙等宗诸师，携经疏一千卷返日本。五十五岁奉敕任延历寺座主。针对圆仁之"理同事别"，乃发扬"圆劣密胜"之思想，其流派称为台密系统智证大师之流派。著有《法华集论记》、《授决集》、《观普贤经记》、《大日经指归》、《诸家教相同异》等，另有《传教大师略传》、《行历抄》、《山王院在唐记》等，收录于《智证大师全集四册（大日本佛教全书）》。相传圆珍擅长佛画、雕刻佛像，尤以不动明王像著称于世，为密教艺术之杰作。宽平三年示寂，世寿七十八。醍醐天皇延长五年（927）敕谥"智证大师"。

圣宝（832—909） 平安时代前期真言宗僧侣。醍醐寺的开山。当山派修验道之祖。十六岁入东大寺投入空海实弟真雅门下，后游学南都，从愿晓、圆宗学三论，从平仁学法相，再师从玄荣学习华严。贞观十一年（869）在兴福寺维摩会辩论席上力辩他宗高僧而名声大振。贞观十三年（871）从真雅受无量寿法。贞观十八年（876）创建醍醐寺。真雅寂后，又师从其弟子真然受两部大法，于元庆八年（884）从东大寺源仁受传法灌顶。五十六岁时获阿阇梨位，继真雅之后成为贞观寺座主。后历任东寺长者、东寺别当、东大寺东南院主、东大寺别当、七大寺检校等要职。于延喜九年（909）七月六日圆寂。宝永四年（1707）获东山天皇追敕理源大师称号。

真济（800—860） 平安前期真言宗僧侣。世又称高雄僧正、纪僧正。俗姓纪氏。左京人。自幼出家学习大乘，并通晓外传。其德才深得空海赏识，于天长元年（824）获授两部大法，二十五岁即成为继实惠之后的日本第三传法阿阇梨。承和三年（836）曾作为真言宗请益僧，与真然一同入唐未遂，其后闭门于高雄山十二年致力修行。承和七年正月成为内供奉十禅师。同年十二月接替实惠任神护寺别当。承和十年（843）任权律师，十四年任律师，仁寿元年（852）任少僧都，同三年十月任权大僧都。齐衡三年（856）十月获任僧正，因其申请将僧正位让与先师空海而辞退不受，后文德天皇感其诚意而追赐空海为大僧正，而授其僧正位。贞观二年（860）圆寂。编有空海诗文集《性灵集》。

常晓（？—865）　日本真言宗僧。幼性俊利，弘仁六年（815）于东大寺受具足戒，后从空海习密教。承和三年（836）奉敕来唐，以遇风未果，五年再行。未久，入栖霞寺大悲持念院，就灌顶阿阇梨文璨受金刚界大法，又习太元帅密法。三年后返国，奉上请回国之经书目录，仁明天皇颇尊之。贞观六年（863）出任权律师，八年示寂，世寿不详。为来唐五家之一、八家之一。著有《尊胜佛顶次第》、《入唐根本大师记》等。

圆行（800—853）　日本真言宗僧。为日本入唐八家之一。京都人。先于元兴寺习学，后从空海学密教。承和五年（838）来唐，至青龙寺义真处，受金刚、胎藏二部大法，翌年携显密经论章疏等，凡六十九部一百三十三卷、佛舍利三千余颗、佛像曼荼罗样十二种，及诸种道具归返日本，创立灵岩寺、大山寺，并任天王寺别当。仁寿二年示寂，世寿五十四。著有《金刚界记》、《五大虚空藏法》等书行世。

宗睿（809—884）　日本真言宗僧。京都人。早年从学于比睿山义真、圆珍，后随禅林寺之真绍学密教。日本贞观四年（860，一说贞观三年），随同真如亲王来华（唐朝），参谒汴州玄庆阿阇梨，受持金刚界灌顶。未久，访诣天台山。于游学期间，历参诸真言师家，受嘱密法奥旨。归返日本后，成为当时入唐八家之一，颇受清和天皇之尊信，所携回之经书、法器等纳入东寺经藏。其后补任东寺长者。日本元庆八年示寂，世寿七十六。世称后入唐僧正，因师于空海以后来华，又曾任禅林寺僧正、圆觉寺僧正等职。著有《胎藏界念诵次第》、《后入唐传》等。

安然（841—？）　平安时代前期天台宗学僧，台密之集大成者。近江（滋贺县）人。相传与最澄同族。幼投比睿山的圆仁出家，习显密宗教义，十九岁受菩萨大戒，圆仁示寂后，师事元庆寺遍昭，受真言密教三部大法。贞观十九年（877），欲与齐诠、玄昭、观溪等人入唐求法，但因故未果。元庆六年（882），重依遍昭，禀胎藏界法。八年，任元庆寺传法大阿阇梨，密号福集金刚、真如金刚，时年四十四。后于比睿山建五大院而居，从事研究与著述。宽平年间（889—898）示寂，世称五大院先德、五大院阿阇梨、五大院和尚、阿觉大师、秘密大师。师深究台密的事相、教相，以及悉昙、声明和圆顿戒，并继承圆仁教学，立十门教判，宣扬山家教旨，创四十一门范畴，以明一大圆教的奥义。平生著作甚多，有《教时问答》、《菩提心义略问答抄》、《普通授菩萨戒仪广释》、《悉昙藏》、《胎金苏对受记》、《八家秘录》等百余部。

真然（804？—891） 日本真言宗僧。空海之甥。早年随侍空海，并受其密教。又受真雅之两部灌顶，其后修法于阿波大龙寺。曾受付嘱掌管金刚峰寺，后任至东寺长者。宽平三年示寂，世寿八十八（一说"八十"）。

宽朝（916—998） 日本真言密教广泽流之祖。世称遍照寺僧正、广泽御房。宇多法皇之孙。十一岁从法皇出家。天历二年（948），从仁和寺宽空受传法灌顶。康保四年（967），继宽空之后，任仁和寺别当。其后，历任东大寺、西寺别当与东寺长者等职。宽和元年（985）圆融上皇出家受戒之时，师任戒和尚。翌年，补大僧正（此为东大寺大僧正之初例）。永祚元年（989），于嵯峨广泽池畔创建遍照寺，作为密教道场。师善于声明，尝为《理趣经》撰谱，为东密声明中兴之祖。长德四年示寂，世寿八十三。著有《结缘灌顶次第》、《金刚界次第》等。其门流称为广泽流。后，其门下又衍出六流，而与小野六流合称野泽十二流。

空也（903—972） 日本平安中期念佛僧。又作弘也。身世、籍贯均不详。一说是醍醐天皇的皇子，或说是常康亲王之子。二十余岁时在尾张国（爱知县）国分寺出家，自称空也。先后参访诸国，造路筑桥、开凿水源、火葬弃尸，为一广行众善的高僧。天庆元年（938）师入京都，唱念弥陀圣号，以劝化民众。因而被称为"阿弥陀圣"或"市圣"。天历二年（948）登比睿山，从天台座主延昌受戒，法名光胜。天历五年广募净款，造一丈高的十一面观音像和六尺梵天、帝释、四天王像。同年疫病流行，故发愿为死者书写金泥《大般若经》一部，费时十三年，于应和三年（963）八月完成。并在贺茂川之西建立西光寺（即今六波罗蜜寺）供养此经。天禄三年九月在东山西光寺入寂，年七十。

良源（912—985） 平安时代天台宗僧。比睿山中兴之祖。俗姓木津。近江国（滋贺县）浅井郡岳本乡人。延长元年（923）师事理仙。六年，拜尊意登坛受戒。不久，从喜庆、满贺、相应、觉慧、云晴等，究显密二教。承平七年（937），师参加南都维摩会。于会中驳倒南京（奈良）俊才义昭。天庆年间（938—946），就觉慧受三部大法及诸尊瑜伽护摩秘法。天历三年（949）受传法灌顶。四年任东宫护持僧。应和三年（963）八月，于应和宗论会中，因驳倒东大寺法藏而闻名于世。其后历任内供奉十禅师、权律师、天台座主、大僧正等职。师于天台座主任内，曾重建因火灾而烧毁的堂塔，并力图振兴教学，因此被尊为睿山中兴之祖。永观三年，于口念阿弥陀佛，心观实相中示寂，享年七十四。全身塔于横川艮岑。宽和三年（987）追谥"慈惠大师"。世称元三大师、御庙大师、角大师、降魔大师。门下颇多，其中，源信、觉运、寻禅、觉超四人，时称四哲。著有《极乐净土九品往生义》一卷、《止观微旨掌中谱》一卷、《名别义通私记》一卷等。此外，在天台宗里，尊称师与江户初期的天海僧正（慈眼大师）为"两大师"。

庆滋保胤（？—1002） 日本平安时代中期的文人。本性贺茂。曾师事文章博士菅原文时，文笔出众。曾出任大内记。宽和二年（986）出家，法名称一时、寂心、心觉。又被称为内记入道。因诗才极高，曾作为洛阳三诗人之一而名噪一时。年轻时开始信奉净土信仰，以至四十岁后出家为僧。编有日本最早的往生传《日本往生极乐记》。据传寂于京都东山如意轮寺。

源信（942—1017） 日本平安时代中期天台宗僧侣。大和（奈良县）人，俗姓卜部，父为卜部正亲。幼年失怙，遵父遗命出家，登比睿山，师事良源。得度受戒后，隐栖于横川惠心院，专心著述。世称惠心僧都、横川僧都。天元元年（987），著《因明论疏四相违略注释》三卷，后托宋人杨仁绍将此书赠与慈恩寺弘道门下。宽和元年（985），完成《往生要集》一书。翌年，托宋人周文德携《往生要集》与良源《观音赞》以赠天台山国清寺。正历年间（990—994），创立灵山院，安置横川华台院丈六弥陀三尊。长保五年（1003），书天台宗疑问二十七条，嘱其弟子寂照入宋时，请宋僧四明知礼解疑；知礼颇赞叹其造诣之深，曾作答释寄还。后被补为"内供奉"十禅师之一，亦被尊为日本净土真宗第六祖。宽仁元年示寂，世寿七十六。师才华洋溢，著述颇多，除上列者外，另有《大乘对俱舍抄》、《观心略要集》、《一乘要决》等书，总计七十余部一百五十卷。其门流称为惠心流，主张从果向因的本觉法门，对后世净土信仰影响颇巨。又，相传日本净土艺术典籍之中，有师所作"弥陀来迎图"等作品。

皇庆（977—1049） 平安时代中期天台宗高僧。谷流之祖。赠中纳言橘广相之孙。七岁登比睿山师事法兴院静真研习密教。后遍游诸国，在伊予国修习普贤延命法，又在九州从景云受东密大法。长保五年（1003）曾计划与寂照一起入宋求法未果，后至丹波国桑田郡池上（八木町）结庵隐居。后于长元六年（1033）成为阿阇梨。长历二年（1038）任天台座主。寂于比睿山东塔南谷井房。

奝然（938—1016） 俗姓秦。其生于京都，幼入东大寺从观理习三论宗，又从石山寺元呆习真言密教。永观元年（983），为弘佛法，在克服了诸僧的反对和老母的支持下，奝然请得东大寺的入宋牒，率领弟子成算、祚壹、嘉因等四五人乘宋商陈仁爽、徐仁满之船入宋求法。八月十八日抵临海，于龙兴寺（台州开元寺）求学天台宗。九月九日上天台山国清寺巡礼，继入东京谒宋太宗。太宗召见奝然，赐紫衣，馆于太平兴国寺。又求诣五台山，复归东京，游历洛阳、龙门诸圣迹。雍熙二年（985，日本宽和元年）六月二十七日，回到临海龙兴寺（台州开元寺）。雍熙三年（986，日本宽和二年）六月，奝然搭乘台州商人郑仁德之舶回到了日本。奝然求学临海龙兴寺（台州开元寺）时，龙兴寺已改"开元"之名。此时距日本天台宗创始人传教大师最澄于龙兴寺西厢"极乐净土院"坦受圆教菩萨戒也有一百八十年的时间了。但奝然仍把它作为求学的起始和回归之地，可见临海龙兴寺在日本天台宗和奝然心目中之神圣。奝然在临海开元寺一住就是一年时间，回国时，带去了大量的经书和物品，其中最著名的，就是现存于日本京都五台山嵯峨清凉寺之释迦瑞像。瑞像的雕刻是在临海龙兴寺（台州开元寺）完成的。据《鉴端造立记》和《入瑞像五脏具记舍物表》，瑞像的雕刻时间是雍熙二年（985，日本宽和元年）七月二十一日至八月十八日，并且工匠张延皎、张延袭兄弟的名字明确书写于像背装藏洞的木盖板背后。此外，瑞像台座上还阴刻有"唐国台州开元寺（龙兴寺）僧保宁"十字。

寂照（962—1034） 平安时代中期的日本天台宗僧。又作寂昭。京都人，俗名大江定基、三河圣。敕号圆通大师（宋真宗敕赐）。世称文章博士。痛失爱妻后出家为僧。师事寂心（庆滋保胤）。随源信学台教，随仁海学密教，其后游巡诸国。未久，获准入宋，于长保五年（1003）渡海来宋，参谒真宗，蒙赐紫衣。又至天台山参访礼拜，且呈上源信所托付之天台宗疑问二十七条。后欲归返日本，为宋朝僧界所挽留。仁宗景佑元年示寂于杭州，世寿七十三。寂照学通内外，持律严正，道俗归仰，相传有飞钵受斋、文殊灵感等之应验。

成寻（1011—1081） 平安时代中期的入宋僧。七岁出家，先在京都岩仓大云寺师事文庆，学习金胎两部大法、护摩法等，后再从悟圆、行圆、明尊等受台密之秘法。长久二年（1041）就任大云寺别当，后成为延历寺总持院阿阇梨，并作为关白藤原赖通的护持僧，与平等院交往甚密。先后创建如宝院、宝塔院等。于延久四年（1072）入宋巡礼天台山、五台山等诸寺圣迹，并谒见宋神宗，奉旨修行祈雨秘法而获赐善慧大师号。天丰四年（1081）十月六日圆寂于汴京开宝寺。著有《观心论注》、《法华经注》、《法华实相观注》、《观经抄》等，其中尤以旅行记《参天台五台山记》八卷备受世人关注。

永观（1033—1111） 平安时代后期南都三论宗的净土教僧。曾任禅林寺第七代住持。禅林寺中兴之祖。禅林寺中"永观堂"名称即由此而来。据传其八岁即从山崎开成寺上人受不动明王咒。长久四年（1043）十一岁时师事曾任东大寺别当的禅林寺深观，翌年出家在东大寺受具足戒。受戒后随有庆、显真学习三论教义，同时兼修法相教学。十四岁即担任方广竖立义。十八随后开始皈依净土教，每日念佛一万遍。三十二岁时担任法成寺竖义，于康平五年（1062）隐居于山城光明寺。后来为在民间弘布净土教，于延久四年（1072）返回禅林寺，在寺内建东南院，专修念佛，开"往生讲"。承历三年（1079）四十七岁时撰《往生讲式》一卷。康和元年获任权律师，因厌恶名利而辞退不受。后再获任东大寺别当。七十一岁时再撰《往生拾因》一卷，阐明念佛往生之要旨，大力宣扬净土念佛。于天永二年（1111）圆寂。

良忍（1073—1132） 平安时代后期天台宗僧人。日本融通念佛宗之祖。俗姓秦。号光静（乘）房。尾张国（爱知县）知多郡人。应德元年（1084），随比睿山檀那院良贺出家，修天台教学；三年，依园城寺禅仁受戒。宽治七年（1093）就仁和寺永意受两部灌顶，任比睿山东塔常行三昧堂堂僧。嘉保元年（1094）隐居于大原，随胜林院宽誓、寻宴习声明，遂成一家之学，后人乃以师为天台声明中兴之祖。天仁二年（1109），于大原创建来迎院、净莲华院，以弘扬声明与念佛。永久五年（1117）五月，因阿弥陀佛之示现而感悟，遂提倡融通念佛。天治元年（1124），于宫中举行融通念佛会。大治二年（1127）之后，巡游四天王寺、观心寺、高野山等处，后住摄津平野修乐寺（大念佛寺）弘扬念佛。天承二年二月示寂，享年六十。安永二年（1773）十月，被追谥为"圣应大师"。

觉猷（1053—1140） 平安时代后期天台宗高僧，擅长绘画。俗称鸟羽僧正。生于天喜元年（1053），父亲是宇治大纳言源隆国。自幼出家在圆城寺修习天台密教，长期住该寺法轮院致力于密教图像的集成并培育画师。历任四天王寺别当、法成寺别当、圆城寺长吏等大寺院要职。长承三年（1134）任大僧正。保延四年（1138）任第四十七代天台座主。因深得鸟羽上皇皈依，曾住鸟羽离宫的证金刚院，故世称鸟羽僧正。保元六年八十八岁时圆寂。其特有的绘画风格世称"鸟羽画"。同时还被奉为日本讽刺漫画之祖。

觉鑁（1095—1143） 平安时代后期真言宗僧侣。新义真言宗的开山祖。生于肥前国藤津庄。天永元年（1110）十六岁时拜仁和寺成就院宽助为师出家。二十岁时登高野山师从定尊、教寻。保安二年（1121）从宽助受广泽流传法灌顶。后在高野山开创传法院，并兼任金刚峰寺座主。因遭高野山徒反对而避至根来山丰福寺。后在根来山创建圆明寺、神宫寺，成为鸟羽法皇的御愿寺。康治二年（1143）十二月十二日寂于圆明寺，葬于根来山。获赐兴教大师号。

皇圆（？—？） 生卒年不祥。平安时代后期天台宗僧侣。关白藤原道兼玄孙。父亲是三河权守藤原重兼。其弃显赫家世而出家，登比睿山师事皇觉学显密二教，再从成圆学习密教。后住延历寺东塔西谷功德院，开讲天台教义，故又被称为功德院阿阇犁。据传当年法然在比睿山戒坛院受戒之后，曾随皇圆学习天台教义，钻研天台三大部。编纂有汉字编年体的佛教史书《扶桑略记》留世。

觉阿（1143—？） 平安时代后期、镰仓时代初期天台宗僧侣。俗性藤原氏。是被中国《五灯会元》收录的唯一日本僧人。也是早于能忍、荣西将临济禅传入日本者。他十四岁得度，入比睿山延历寺学习田台教学。听闻当时中国宋朝盛行禅宗，于是在承安元年（1177）二十九岁时与法弟金庆相伴同入宋朝，慕杭州灵隐寺佛海禅师高名而从其修禅，终于获得印可。为弘传禅法而回国，再上比睿山。据说当时高仓天皇曾招入宋归来的觉阿到宫中问禅，觉阿仅以吹笛作答，因其禅旨未被天皇所理解而告终。世有传存觉阿名义的《谈义日记》一卷，但著者是否真是觉阿尚无确证。

文觉（1139—1203）　平安后期、镰仓初期的真言宗宗僧。俗名远藤盛远。原本是摄津国渡边党武士。据传因恋慕同僚的妻子袈裟御前并误杀而不得已出家为僧。承安三年（1173）四月二十九日，因复兴日渐荒废的神护寺心切而向后白河天皇要求资助过于强硬，招致不满而被流放伊豆国。正好在流放地与源赖朝邂逅并深交，据说参与谋划并促成了源赖朝起兵讨伐平家之战。其后在源赖朝和后白河法皇的大力庇护下，重新修复了以神护寺为首包括东寺、西四、四天王寺等各地与空海有关的各大寺院。正治元年（1199）源赖朝死后，文觉渐遭嫉恨而重被流放佐渡、对马，在发配途中客死镇西。其遗骨由弟子们葬于神护寺背后的山顶上。身后有弟子上觉、明惠。

　　重源（1121—1206）　镰仓时代前期的日本净土宗僧。俗姓纪。十三岁时入真言宗醍醐寺出家学密教，后师事净土宗开祖法然，入念佛门。仁安二年（1167）四十七岁时入宋，次年与荣西等一同返日。东大寺遭火灾焚毁后，重源向前来视察的后白河法皇的使者建议重建东大寺，获赞同并获推举任东大寺劝进职。其后为东大寺重建呕心沥血、多方奔波，又于醍醐寺结无常念佛社，劝化念佛。于建永元年（1206）寂于东大寺，享年八十六岁。

　　源空（1133—1212）　为日本净土宗开祖。又称法然上人、黑谷上人。美作（冈山县）人。九岁出家，十五岁登比睿山，师事皇圆、睿空。习天台教义，并广读佛经，阅读一切经凡五遍，仍未得出离之道，后因读善导之观经疏而开悟。依源信之《往生要集》而决意开创新宗，遂于东山吉水树立净土法门，专修念佛行法。上自朝廷、公卿，下至武士、庶民等各阶层皆皈依之，道俗称名念佛之声不绝。然为当时保守教徒所非议，后因"后鸟羽"上皇之宫女松虫、铃虫于鹿谷念佛道场出家为导火线，引起南都北岭之提诉而终止其念佛道场，造成二僧被斩之局面，源空则以七十五高龄流放赞岐，同年获准入住摄津（大阪府）胜尾寺，假居四年，弘布净土，教化道俗，至建历元年（1211）始获释归京。建历二年（1212）正月二十五日于东山大谷示寂，世寿八十。著有《选择本愿念佛集》、《黑谷上人语灯录》等，收于《法然上人全集》。

　　荣西（1141—1215）　日本临济宗开祖。备中（冈山县）吉备津人，俗姓贺阳。字明庵，号叶上房。十一岁，师事安养寺静心。十四岁登比睿山剃度出家，并受具足戒。其后，从千命、有辩、基好等人研习天台、密教诸学。仁安三年（1168）入宋，巡礼天台山、阿育王山、庐山等地。后，携三十余部天台章疏回国，进呈天台座主明云，并致力于研究密教，开创台密叶上流。文治三年（1187），再度入宋，随侍天台山万年寺虚庵怀敞，传承临济禅法脉，四年后返国。建久六年（1195），于筑前（福冈县）博德创建圣福寺（此为日本禅刹创建之始），鼓吹禅风。其后，由于受到延历寺徒众的压迫，乃东下镰仓，谒幕府将军。以得镰仓幕府的崇信而

第三章　日本佛教史上重要人物

建立寿福寺，并于京都创建建仁寺，作为台、密、禅三宗兼学的道场。其后，就任东大寺大劝进、僧正等职，并奉敕监督东大寺、法胜寺的修筑工程。建保三年，示寂于镰仓寿福寺，世寿七十五。世称千光国师。师著有《兴禅护国论》、《出家大纲》、《一代经论总释》、《吃茶养生记》等书。平素倡导教禅兼修，其弘法风格且带有强烈的密教倾向。其一生之弘法事业，对日本文化与禅宗发展有深切的影响。法嗣有退耕行勇、释圆荣朝、佛树明全等人。

慈圆（1155—1225）　镰仓时代前期天台宗僧。谥号"慈镇和尚"。又称无动寺法印、吉水僧正。父亲是关白藤原忠通，母亲是藤原仲光之女加贺。自幼失去双亲。十一岁时如延历寺青莲院。仁安二年（1167）从天台座主明云受戒出家，取法名道快。治承二年（1178）任法性寺座主。后来历任三昧院、法兴院、常寿院、极乐院的检校或别当。寿永元年（1182）任不动寺检校，被称为不动寺法印。建久三年（1192）三十八岁时成为天台座主。后作为权僧正获任后鸟羽天皇的护持僧，凭借为朝廷公卿祈祷而兴隆佛法。建仁三年（1203）获任大僧正。著有日本通史书《愚管抄》留世。

亲鸾（1173—1262）　镰仓时代僧侣。日本净土真宗开祖。京都人，俗姓藤原。幼丧父母，遂入青莲院慈圆门下剃发。出家后数易其名，计有范宴、绰空、善信、愚秃亲鸾。后游学于比睿山、南都，研习诸宗，然未能满足。建仁元年（1201）二十九岁，访法然于吉水，始达宿志，而致力于念佛他力门。因法然之念佛遭受排斥，师徒皆获罪。后亲鸾获准归京，遂至信浓（长野县）、下野（ 枥木县）、常陆（茨城县）等地说法教化，皈依者甚众。元仁元年（1224），于常陆之稻田草庵著《教行信证》六卷，成为日后真宗之根本圣典。后遂以此年为开宗立派之纪元。六十岁返京途中，于近江（滋贺县）木部创建锦织寺。抵达京都后，辗转于冈崎、吉水、五条西洞院各寺，致力于教化、著述。弘长二年示寂，世寿九十。弟子于鸟边野茶毗之，葬于大谷。敕谥"见真大师"。又师入于法然门下后，获法然许可，而娶妻惠信尼，是为真宗带妻制之起源。其子女善鸾（义绝）与觉信尼均著称于世。门下有真佛、性信、唯圆等。所著除《教行信证》外，另有《净土文类聚抄》、《愚秃抄》、《入出二门偈颂》、《一念多念文意》、《唯信抄文意》等，及其他赞类甚多，其绘卷传记有《亲鸾圣人绘传》等多幅。

觉禅（1143—?）　平安时代末期、镰仓时代初期的日本真言宗僧。又称金胎房、小纳言阿阇梨。师事醍醐寺胜贤、劝修寺兴然，尤其受好编纂图像集的兴然影响，十九岁时开始收集资料，遍查劝修寺、醍醐寺、观音寺等寺院以及六条内里、白河房等贵族邸宅内坛所的图像资料，著成小野流图像集《觉禅抄》留世。没年不祥。

贞庆（1155—1213）　日本镰仓时代前期法相宗派僧人。生于京都，号解脱房，谥号"解脱上人",也被称为"笠置寺上人"。祖父是少纳言藤原通宪(信西),父亲为权右中辨藤原贞宪。于应宝二年(1162)八岁时入兴福寺,十一岁时剃发得度,住兴福寺二十余年,师从别当觉宪习法相、俱舍、律学,曾应诏入宫赴"最胜会"讲解《最胜王经》,因反感于当时"不据法仪,竞尚浮夸"的佛教界及寺院生活,于建久三年(1192)三十八岁时愤而隐居于山城(今京都南部)的笠置寺,并在此创建般若台、十三重塔,后移住大和的海住山寺。曾起草执笔了"龙华会愿文",于元久元年(1204)十月开始举办"龙华会",著《弥勒讲式》,创设"释迦念佛会"等,致力于弘扬弥勒信仰。他反对法然倡导的净土宗,曾起草《兴福寺奏状》对其加以弹劾。著有《法相宗初心略要》、《唯识同学抄》、《愚迷发心集》、《法华开示抄》、《观音讲式》、《弥勒讲式》、《地藏讲式》等,尤其是晚年完成的《明本抄》十三卷,充分显示出贞庆在法相宗教义方面的学识和见解,可见其在弘扬法相教义、复兴法相宗方面功不可没,因此被视为法相宗中兴之祖。

明遍(1142—1224)　平安时代后期至镰仓时代前期的僧侣。其父为藤原通宪(信西)。号空阿弥陀佛。平治元年(1159),其十八岁那年因遭遇平治之乱而被流放到越后国。被赦后于东大寺习三论宗。五十岁后出家入高野山的寺院修行,开创莲花三昧院。于法然门下修行念佛这一皈依佛门时期不详。其著作《往生论五念门略作法》现已不存于世。

辩长(1162—1238)　镰仓时代前期的净土宗僧侣。净土宗第二代。镇西流之祖。又被称为镇西上人、筑紫上人、善导寺上人。生于筑前国远郡。仁安三年(1168)随菩提寺妙法出家,后在筑紫观世音寺登坛受戒,先后师从白岩寺唯心、明星寺常寂、比睿山证真等学习天台奥义。后追随法然房源空受传净土念佛学问,回筑紫后在高良山麓的安养寺修千日如法念佛,从此名声远播。后于九州宣扬念佛,开创善导寺,并致力于确立净土宗正统宗法。历仁元年(1238)七十七岁时圆寂,门下有杰出高徒良忠、圣满、宗圆。著作有《净土宗要集》、《念佛名义集》、《彻选择本愿念佛集》等。

俊芿(1166—1227)　镰仓时代前期兼学律、天台、禅三宗的学僧。为京都泉涌寺的开山祖。号不可弃,肥后国饱田郡味木庄人。十八岁剃发出家,翌年于大宰府观世音寺受具足戒,曾游学南北二京,痛感戒律之必要,后归乡于筒岳建正法寺传戒律。正治元年(1192)三十四岁时,携弟子安秀、长贺由博多入宋访天台山、径山,从径山蒙庵元总学习禅法,再从四明山景福寺如庵了宏不分昼夜苦修戒律三年,后再随北峰宗印修学习天台教理。在宋滞留十三年,除苦修律、禅、天台三宗外,还钻研净土教,并精于悉昙、书法,于建历元年(1211)携大量佛教典籍经书归国。

证空（1177—1247） 镰仓时代前期僧侣。法然房源空之高徒，净土宗西山义派祖。师事法然学习净土教义。后受传圆顿戒，再从日野的愿莲学习天台宗，又从政春修习台密。法然寂后移居西山善峰寺北尾的往生院，以此为中心讲解善导的著述《观无量寿经疏》等。宽喜元年（1243）参访奈良当麻寺，得见《观经曼陀罗》而激动不已，从此致力于弘扬其要义。宽元元年（1243）奉后嵯峨天皇敕命创建欢喜心院，经常入宫讲解西山义，并为人授圆顿戒。宝治元年（1247）年寂于白河遣迎院。

昙照（？—？） 生卒年不详，两次留学中国。第一次入宋，开创了戒光寺。第二次入宋，开创了东林院（现于泉涌寺门前东林镇周边）。成了戒律复兴的先驱人物。安贞二年（1228）入宋归来后，创建了八条大宫。

高辨（1173—1232） 镰仓时代日本华严宗中兴之祖。号明惠，纪伊国（和歌山县）在田郡人。文治四年（1188），出家于高雄山神护寺，复于东大寺戒坛院受具足戒。先后跟随诸师学密教、华严教理，并立志复兴华严。曾因不满东大寺的学阀之争，而隐居于纪伊国汤浅的白上峰，一心钻研显密之学。高辨素有巡礼释迦遗迹的愿望，但屡遭挫折，终未能如愿。然其仰慕释迦的心志却日益强烈，在此心态下，曾著述《舍利讲式》、《涅槃讲式》、《十六罗汉讲式》、《如来遗迹讲式》等四座讲式。建永元年（1206），得后鸟羽上皇敕赐栂尾山，以之为兴隆华严宗之地。以《华严经》有"日出先照高山"之语，故定寺名为"高山寺"。建历二年（1212）著《摧邪轮》一书，驳斥源空的《选择本愿念佛集》。其人品如光风霁月，严持戒律，因而极受公卿贵族的崇敬，镰仓幕府北条泰时也常前往礼敬。宽喜四年正月，端坐面对弥勒菩萨像，口中称念南无弥勒菩萨圣号，于佛号声中入寂。年六十。葬于施无寺。

道元（1200—1253） 镰仓时代初期禅僧。日本曹洞宗创始人。俗姓源，号希玄，京都人。内大臣久我通亲之子。十四岁就比睿山天台座主公圆出家，于延历寺戒坛院受菩萨戒，遍学天台教义。建保二年（1214）到建仁寺谒荣西，初闻临济宗风。荣西寂后，师事法兄明全，改信禅宗。贞应二年（1223）与明全到中国，历游天童、阿育王、径山等著名寺院。后回天童寺谒新任住持如净（曹洞宗第十三代祖）。随侍三年，师资相契，受曹洞宗禅法、法衣以及《宝镜三昧》、《五位显法》等回国。天福元年（1233）在深草建兴圣寺，为日本最初的禅堂。宽元元年（1243），应波多野义重之请，率弟子至越前（今福井县）开创永平寺，后成日本曹洞宗大本山。宝治元年（1247），应北条时赖将军之请，赴镰仓说法并为其授菩萨戒。他的会禅要诀是"只管打坐"。后人称其禅风为"默照禅"。卒后孝明天皇赐谥"佛性传东国师"。明治十三年（1880）明治天皇又加溢承阳大师。日本禅宗中受"大师"称号即由此开始。著有《普劝坐禅仪》、《学道用心集》等，其弟子怀奘、义云编为《正法眼藏》九十五卷。另有《永平清规》、《永平广录》等。

睿尊（1200—1253） 镰仓时代中期僧侣。真言律宗的开祖。出生于大和郡山市。十七岁出家，于高野山、醍醐山学习真言宗。后再师事贞庆的弟子戒如学戒律。嘉祯元年（1235）住西大寺，翌年在东大寺与同门觉盛一起自誓受戒。其后长年专注于复兴戒律，并为振兴西大寺多方奔波。因其不仅自己严守戒律，还不分男女贵贱为人授戒，巡历摄津、河内、播磨诸国，四处奔走劝化持戒、禁断杀生等，在民间威望越来越高，成为后嵯峨、龟山、后深草三位上皇的戒师。后因在文永、弘安危机之际祈祷攘夷有功，于弘安七年（1284）获任四天王寺别当。正应三年（1290）八月二十五日九十岁时寂于西大寺。获赐兴正菩萨号。

高峰显日（1241—1316） 镰仓时代后期的五山禅僧。据传是后嵯峨天皇皇子。出生于城西的离宫。康元元年（1256）投入东福寺圆尔门下。后参随、侍奉兀庵普宁于建长寺。于下野郡那须开创云严寺并任该寺开山。后得以师事无学祖元于建长寺，继嗣其法统后不久返回云严寺。正安元年（1299）一山一宁住建长寺时又再前往参访，由是名声远播，与大宰府横岳的南蒲绍明同被称为天下之二甘露门。正和五年（1316）圆寂，获敕佛国禅师、应供广济国师号。

日莲（1222—1282） 镰仓时代僧人。日本日莲宗的创始人。俗姓贯名，幼名善日。祖籍远江国（今静冈县），生于安房国（今千叶县）小凑。幼年于本县清澄山寺从道善落发，名莲长，后改名日莲。初学真言宗，后游镰仓，偶逢延历寺尊海，结伴登比睿山，从诸学匠习天台教义十余年。又巡游大和（今奈良）、纪伊（今和歌山）等地寺院，结识了禅宗名僧辩圆、道元等。认为"末法"时代，唯有《妙法莲华经》是诸经中最胜之经，是与时机相应之法。建长五年（1253）归乡访亲，登清澄山面对旭日，高唱《南无妙法莲华经》十遍，后世遂以此日为日莲宗开宗之日。旋于清澄山寺大开法席，依《法华经》反对净、禅、密、律诸宗。提出四句格言："念佛进无间地狱，禅宗是天魔，真言宗导致亡国，律宗是国贼。"引起各宗的反对，为其师道善和邑主东条景信所怒逐；遂逃往镰仓结草庵，日夜诵读《法华经》，并时到街头高唱《法华经》题目，赞其功德，向来往男女传教。文应元年（1260），将所著《立正安国论》上之幕府，以立正为因，安国为果，立正就是信仰《法华经》。要求禁止净、禅诸宗，专奉法华信仰，大触北条时赖之怒，以诳惑罪发配到伊豆（在今静冈）之东。两年后被赦回镰仓，仍骂诸宗如故。后又被幕府逮捕，发配佐渡（在今新）。他在此为诸弟子撰《开目抄》、《观心本尊抄》等，阐明宗义，采取阐述"摄受门"的态度。三年后被赦回镰仓。不久至甲斐（今山梨）身延山建草庵，为弘布《法华经》道场，即今莲宗总本山的身延山久远寺。寂后大正天皇追谥"立正大师号"。著作还有《守护国家论》、《教机时国抄》等。

荣朝（1165—1247） 永万元年（1165）生于上野国那波郡，自幼皈依佛门，进入日本临济宗的创始人荣西门下，后在德川义李的邀请下于上野的世良田建长乐寺。此之前于安中建华莲寺，宝治元年（1247）于长乐寺圆寂。其为镰仓时期的佛教家，属临济宗派。曾任武藏慈光寺的住持。

退耕行勇（1163—1241） 镰仓时代前期临济宗的僧人。俗姓四条氏，名行勇。道号退耕。又号庄严房。出身地一说是在山城国，也有说是在相模国。开始时学习密教，是镰仓鹤冈八幡宫作的供僧，担任镰仓永福寺和大慈寺的别当。接受源赖朝·北条政子夫妇的皈依，政子出家、剃度时担当戒师。正治二年（1200）荣西到镰仓时，在寿福寺参禅，随入荣西门下。建永元年（1206）在东大寺任大劝进一职。同时，源赖朝也多次去寿福寺拜访行勇。承久元年（1219）在高野山上建立了金刚三昧院，作为禅密兼修的道场。北条泰时请行勇为镰仓东胜寺开山，足利氏请行勇为净妙寺开山。

圣觉（1167—1235） 镰仓时代前期、中期僧侣。法然房源空弟子。因住洛北里坊安居院，故又被称为安居院法印。初时师事比睿山东塔北谷竹林房的静严法印，受传天台宗惠心、檀那两流。不久投入法然房源空门下，为其倡导的净土念佛所倾倒，弃天台而转信念佛并成为源空高徒。著有阐明他力念佛要义、宣扬念佛往生的《唯信抄》。

明全（1184—1225） 镰仓时代前期临济宗派的僧侣。号佛树房。先拜延历寺的杉井房明融为师，后投于荣西门下继续求法。贞应二年（1223）与道元、高照、廓然一同入宋，拜于景福寺妙云门下，后又拜于荣西曾求法的太白山景德寺无际了派门下。太白山求法的三年期间，因病于了然院圆寂。道元在作为明全弟子的九年时间里，习得天台的教义、黄龙派的禅法和戒律，带其师明全的遗骨回国后著《舍利相传记》，书中记载了明全的戒律思想，现收存于永平寺。

宗性（1202—1278） 镰仓时代中期日本华严宗东大寺学僧。于建保二年（1214）十三岁时进入东大寺，研习华严等诸宗之学，曾任尊胜院之学头、维摩会之讲师等职。其后因见重于后嵯峨天皇，任东大寺别当之职。著作颇多，现存者有二百三十种，四百五十一卷。其有关华严、俱舍之书则集为僧传资料《日本高僧传要文抄》等。门下有凝然、公晓等人。

凝然（1240—1321） 镰仓时代的东大寺华严宗学僧。伊予（爱媛县）人，俗姓藤原。字示观。十八岁从东大寺戒坛院圆照出家，二十岁受具足戒。其后，依证玄、净因、圣守、宗性诸师综习律抄、台密、华严、唯识等八宗之学，兼通孔老百家之说。建治三年（1227），继住戒坛院，提倡华严与律二宗；又与西大寺睿尊合力再兴律宗。德治二年（1307），为后宇多法皇授圆顿大戒，并奉诏于宫中讲说《华严五教章》。正和二年（1313），移住唐招提寺。五年后，返回戒坛院。元亨元年示寂，世寿八十二。师一生颇致力于兴建律院，所建共计有十八所。又于讲说经义之外，并戮力于著述。一生著作等身，有关佛学方面，较著名者有《八宗纲要》、《内典尘露章》、《三国佛法传通缘起》等若干部（台湾版之《大藏经补编》收录上列三部）。此外，另有日本国史、神道、音乐等方面的著作，总计有一百六十余部一千二百余卷。

兰溪道隆（1213—1278） 镰仓时代渡日的南宋临济宗杨岐派僧。日本临济宗大觉派之祖。西蜀涪江（四川涪陵）人，俗姓冉。字兰溪。年十三，于成都大慈寺出家，遍游讲席。后赴浙江，谒见无准师范、痴绝道冲、北涧居简等，问禅不契。未久，礼谒阳山之无明慧性，大有所悟，于是寄寓天童山。时日本佛教虽盛，然未闻禅法，师乃立志渡海弘扬禅旨。淳祐六年（1246）至日本九州岛岛，初寓筑前圆觉寺，后移居上洛泉涌寺来迎院，既而挂锡镰仓寿福寺大歇了心之席下。北条时赖闻其道誉，延居常乐寺，军务之暇，问道归仰。建长五年（1253），北条氏创建建长兴国禅寺，请师为开山第一世。居止十三年，法道大兴。不久奉敕迁至京都建仁寺，嵯峨上皇屡召入宫问禅要。后归镰仓，再住建长寺。弘安元年七月示寂，世寿六十六。谥号"大觉禅师"。乃日本赐禅师号之始例。有《语录》三卷（圆显智光、觉慧圆范、了禅从琛、无弘德韶等编）行世。其门流称大觉派，或称建长寺门徒，为日本禅宗二十四流之一。

圆尔（1202—1280） 镰仓时代中、后期的日本临济宗僧。初名辨圆。骏河（静冈县）人，俗姓平。于奈良、京都学各宗教义与儒学，又于镰仓寿福寺退耕行勇处参禅。嘉祯元年（1235），即南宋理宗端平二年至宋，师事径山无准师范，六年后受其心印于仁治二年（1241）回国。于博多开创承天寺，并于九州岛诸寺说法，道俗皈依者甚众。其后又至京都开创东福寺，并出入于宫中、公卿之间讲禅，致力于弘传临济禅。后历住东福寺、寿福寺、建仁寺等名刹。弘安三年示寂，世寿七十九。敕谥"圣一国师"，为日本最早受敕国师之号者。门下有东山湛照、无关普门、无住道晓（一圆）等，称东福寺派，又称圣一派。

孤云怀奘（1199—1280） 镰仓时代日本曹洞宗僧。京都人，俗姓藤原。号孤云。早年出家于比睿山横川，师从圆能法印。后修学止观、俱舍、三论等南都教学，再从证空钻研净土教奥义。其后从道元参学，遂皈依禅宗；由于长期随从，故能究极奥义。后协助道元创立永平寺，且继任该寺第二世住持，弘安三年示寂，世寿八十三。著有《正法眼藏随闻记》等。

一遍（1239—1289） 镰仓时代中期僧人。日本时宗之开祖。幼名松寿丸。据传出生于松山市道后的宝严寺。自幼丧母，在父亲劝说下入天台宗继教寺出家，后随法然孙弟子圣达学净土宗西山义。于熊野参学时，更名为一遍。此后为救度众生而宣扬空也上人之念佛法门于民间，足迹遍及全国，时人称之为游行上人、舍圣。道俗信众跟随者甚众。住生涯寺时，曾于濑户内海布教。日本正应二年，于兵库和田岬观音堂示寂，享年五十一。谥号"圆照大师"，著有《语录》及《播州问答集》。传记则有多种版本之《一遍上人绘传》。

南浦绍明（1235—1308）　镰仓时代临济宗大应派禅僧。骏河国（静冈县）安倍郡人，俗姓藤原氏。初师事镰仓建长寺兰溪道隆，后渡海入宋，随侍杭州虚堂智愚，且承嗣其法。归日本后，先后居于太宰府崇福寺、京都万寿寺、镰仓建长寺。主张纯禅之说，开创临济宗兴隆之基。后由宗峰妙超继嗣其法。延庆元年示寂，世寿七十四，法腊六十。敕谥号"圆通大应国师"、"大应国师"。著有《大应国师语录》三卷。（参考资料：《大应国师塔铭》、《镰仓五山记》。）

宗峰妙超（1282—1337）　镰仓、南北朝初期的日本临济宗禅僧。大德寺开山。播磨（兵库县）人，俗姓纪。号宗峰。十一岁出家，未久入高峰显日门下。嘉元三年（1305）后，参学于南浦绍明，后得印可而嗣其法。赤松圆心慕其德行，遂于紫野（京都府上京区）创建大德寺，请师为开山。花园天皇皈依之，敕号兴禅大灯国师。亦甚得后醍醐天皇之尊信，敕号高照正灯国师。建武中兴时，受封为无双禅苑宸翰，推为五山第一。曾受请住于万福寺，晚年归返大德寺。延元二年示寂，年五十六，法腊三十四，谥号"大慈云匡真国师"。著有《夜话记》、《大灯国师语录》、《碧岩集下语》等。今大德寺藏有其顶相（禅宗高僧之影像）。

清拙正澄（1274—1339）　镰仓时代后期从元朝渡日的临济宗僧。生于福州连江。十五岁跟随报恩寺月溪绍圆出家，后参杭州净慈寺愚极智慧并嗣法。应日本檀信招请携弟子永镇出海渡日后，先应北条高时之请住建长寺。元德元年（1329）再移住净智寺、圆觉寺。首次在日本主持举行祭奠《百丈清规》创立者百仗怀海的"百仗忌"。其不仅依《百丈清规》致力于肃正日本禅规，还制定了符合日本风俗民情的禅林规矩《大鉴清规》。后由其弟子贞宗发展成为"小笠原礼法"。历应二年（1339）正月十七日在举行"百仗忌"的当日圆寂。获敕谥号"大鉴禅师"。其门派称为大鉴门派。

莹山绍瑾（1268—1325）　镰仓时代后期禅僧。日本曹洞宗太祖。总持寺开山。出生于越前国（福井县）扳井郡，俗姓藤原。法名绍瑾。十三岁礼永平寺第二世孤云怀奘出家，怀奘示寂后又至大乘寺师事彻通义介。十八岁起游历诸方，参谒寂圆、宝觉、慧晓诸师，并于比睿山学习天台宗教法。正应二年（1289），复至大乘寺随侍义介，嗣其法，于北陆大张宗风。将能登（石川县）之诸岳寺改成禅院，寺名诸岳山总持寺，任开山始祖；后奉命奏答后醍醐天皇之十种疑问，致使天皇皈依，敕颁"总持寺"寺额而为官寺，与永平寺并称曹洞宗之根本道场。师以更改宗祖道元之宗风，使之趋于大众化，故被尊为曹洞宗中兴之祖。正中二年，于永光寺示寂，世寿五十八，法腊四十六。敕谥"佛慈禅师"、"常济大师"。

著作有《语录》、《莹山清规》、《坐禅用心记》、《传光录》等。嗣法弟子有素哲、智洪、绍硕、至简、源照尼、祖忍尼、慧球。

一山一宁（1247—1317） 宋代临济宗杨岐派僧。台州（浙江临海县）人，俗姓胡。号一山。长入佛门，研习天台、律宗之教旨。元成宗大德三年（1299），赐金襕之僧伽梨及"妙慈弘济"之号，敕使东航，劝化日本，镰仓幕府疑为游侦，加以禁锢，犹昼夜禅诵，悠然乐道。未几解禁，先后住持建长、圆觉、南禅等诸寺，渐受后宇多天皇及公卿贵族之信任，慕德来访者甚多。师又精通朱子学，与弟子雪村友梅同为日本五山文学之先河。其法派称一山派，为日本禅宗二十四派之一。日本文保元年示寂，享年七十一。赐号"一山国师"。著有《一山国师语录》二卷行世。

雪村友梅（1290—1347） 镰仓时代末期、南北朝时期的临济宗禅僧。生于越后国白鸟。自幼出镰仓侍奉建长寺的一山一宁，后于比睿山戒坛院受戒，入京都建仁寺。德治二年（1307）十八岁时渡海赴元朝留学。元德元年（1329）乘商船回到博多。后返回镰仓。翌年成为建长寺玉云庵塔主。贞和元年（1345）被朝廷任命为建仁寺住持，并举行盛大入山仪式，雪村友梅由是名声大振。著有《岷峨集》等，作为五山诗僧成就斐然。

虎关师炼（1278—1346） 镰仓时代后期的五山禅僧。京都人，俗姓藤原。法名师炼。幼时颖悟而好读书，时人称文殊童子。十岁，在比睿山出家，并受具足戒。其后，历参南禅寺之规庵祖圆、圆觉寺之桃溪德悟、建仁寺之无隐圆范，及镰仓之一山一宁、建长寺之约翁德俭等诸师，并继承祖圆之法，不仅研究宗乘，亦通内外之学。正和二年（1313）住于嵯峨，正和三年、文保元年（1317），相继为白河济北庵与伊势本觉庵之开山祖。嘉历元年（1326），初于三圣寺弘法，后移住东福寺、南禅寺等地。正平元年示寂于海藏院，世寿六十九。师擅长诗文，文才直追唐宋八大家。著有《元亨释书》三十卷、《济北集》二十卷、《佛语心论》十八卷、《虎关十禅支和尚录》三卷、《禅余或问》二卷、《禅戒规》一卷等。世称海藏和尚，敕号"虎关国师"、"本觉国师"。门人有性海灵见、龙泉令淬、日田利涉、回塘重渊等。

梦窗疏石（1275—1351） 镰仓、南北朝时期的日本临济宗僧。伊势人，俗姓源。字梦窗。为宇多天皇后裔。九岁，投平盐山寺空阿之室，学内外典籍。正应五年（1292）出家，从戒坛院凝然受戒，并巡游诸国，修学显密二教。后悟佛法本非义学，乃参禅于镰仓诸寺，师事一山一宁、高峰显日诸师，受显日印可。正中二年（1325），应后醍醐天皇之召请，住于京都南禅寺、镰仓圆觉寺，大扬禅风。北条氏灭亡后，为避乱移住京都，受足利尊氏之尊信，协力建造安国寺利生塔。为追悼后醍醐天皇，创建天龙寺，为开山第一世，对促进派遣天龙船至我国贸易，居功厥伟。贞和二年（1346），弟子无极志玄继天龙寺法席，师退隐云居庵。观应二年九月示寂，世寿七十七。嗣法弟子五十余人，其中以无极志玄、春屋妙葩、龙湫周泽、义堂周信、古剑妙快、观中中谛等人最为著名。其法系形成梦窗派（一称嵯峨门派），并缔造五山文学之最盛时期。又其法系并非单纯之禅风，尚带有密教色彩。此外，师对造园之指导亦发挥其卓越才能，尤以西芳寺、天龙寺、永保寺（美浓）、吸江寺（高知）、瑞泉寺（镰仓）、惠林寺（甲斐）等最享盛名。著作有《梦中问答集》三卷、《临川寺家训》、《语录》三卷。生前敕赐"梦窗"、"正觉"、"心宗"等国师号，后世并追赠"普济"、"玄猷"、"佛统"、"大圆"等国师号，亦称"七朝帝师"。

智光（？—？） 生卒年不详，日本三论宗僧。河内国人，俗姓锄田。从智藏学三论，兼修净土。曾命画工绘出其所感见之净土图相，世称智光曼荼罗。于元龟年间（1570—1573）圆寂。生卒年与世寿均不详。凝然以师为日本净土六祖之初祖。

关山慧玄（1277—1360） 镰仓时代后期、南北朝时期的临济宗高僧。临济宗大本山妙心寺开山。妙心寺派之祖。生于信浓国。自幼出家，入镰仓建长寺师事南浦绍明。后再师事京都大德寺宗峰妙超。元德二年（1330）获宗峰印可，曾向后醍醐天皇讲法，后隐居于美浓国伊深。延元二年（1337）花园上皇欲将离宫改成禅苑，请宗峰妙超推举寺院开山并为寺院命名，宗峰于是命名为正法山妙心寺，并推举关山慧玄为妙心寺开山。关山其后一度隐居于远州，后于正平六年（1751）再住妙心寺，专心修禅并倡导淡泊之禅风。延文五年（1360）十二月十二日，招法嗣授翁宗弼于"风水泉"井边面授遗戒后，身倚大树淡然圆寂。

无学祖元（1226—1286） 镰仓时代渡日的宋代临济宗杨岐派僧。日本禅宗佛光派之祖。明州庆元府（浙江）鄞县人，俗姓许。字子元，别号无学。年十二随父游山寺，翌年从杭州净慈寺北涧居简剃发受戒。留住五年，乃辞往径山，参谒无准师范，刻志参究五年。无准示寂后，历参灵隐寺石溪心月、育王山偃溪广闻、虚堂智愚，后归乡居止二年。一日，登井楼挹水，牵动辘轳，遂廓然开悟。咸淳五年（1269）十月主台州真如寺。德佑元年（1275）元兵来寇，乃避乱至温州能仁寺。景炎二年（1277）归四明，至天童山访环溪惟一，居第一座。祥兴二年（1279），日本北条时宗派遣德诠、宗英二师乞师渡日。日本弘安二年（1279）秋至镰仓，住建长寺。其后时宗于镰仓创圆觉寺，请其为开山第一祖。九年九月书写遗嘱，书毕溘然而寂，世寿六十一。敕谥"佛光禅师"、"圆满常照国师"。有《语录》若干卷。

兀庵普宁（1197—1276） 南宋临济宗杨岐派僧。日本临济宗兀庵派之祖。兀庵，又作兀庵。西蜀（四川成都）人。自幼出家，初习唯识，后南游，遍访禅林诸老。登四明阿育王山，依止无准师范，体证玄旨，师范特书"兀庵"二字赠之，因以为号。于当时，与祖智、妙伦、了慧等三人共称师范门下之四哲。其后，迁移杭州灵隐山、四明天童山，为第一座。出世后，弘法于象山灵岩寺。理宗景定元年（1260，一说景定二年，或开庆元年）东渡日本，寓止博德圣福寺。未久，至京都，受到当时幕府北条时赖之器重，延请住持镰仓建长寺，缁素风从。时赖逝后未久，师即于咸淳元年（1265，一说景定四年）渡海返宋，住于婺州双林寺。晚年移住温州江心龙翔寺。端宗景炎元年示寂，年寿八十。谥号"宗觉禅师"。遗有《语录》三卷行世。其门流称兀庵派，或宗觉门徒，为日本禅宗二十四派之一。

大日能忍（？—？）　又名大日房能忍。生卒年不详，是平安时代到镰仓时代初期的禅宗僧侣，同时也是达摩宗的开祖。关于此人历史上没有明确的记录，他的行迹向来像谜一样，有很多说法。出身于筑前博德（现在的福冈县福冈市），据说死后谥号为"深法禅师"。能忍是比叡山的学僧，深信禅宗，在摄津水田（现在的大阪府吹田市）建立三宝寺，开设禅道场。能忍门下聚集了许多与天台宗主流的学僧们对立的宗派，被称为"达摩宗"。现在通常所说的"日本达摩宗"在"达摩宗"前加了"日本"两字，这是近代以后的研究者们所使用的，并不是能忍在世时的称呼。能忍的禅法没有一定的体统，跟以往的禅宗都不相同，让世人难以接受，遭到世人的责备，甚至诽谤。当时，能忍已经小有名气。后来建立了一些寺院并且在一些地方发起了运动。期间也遭到一些人的反对。关于能忍的去世，也有很多说法，根据近年的研究，一般认为能忍是因病或是因事故而死。

无本觉心（1207—1298）　镰仓时代日本临济宗法灯派之祖。信浓（长野县）人，俗姓常澄。号无本、心地。十九岁出家，二十九岁至东大寺，登坛受具足戒。其后，从退耕行勇、藏叟朗誉诸僧参禅。建长元年（1249）春，随商船入宋，历参痴绝道冲、荆叟珏诸僧，后嗣护国寺无门慧开之法。建长六年返日，住高野山金刚三昧院。其后，应愿性之请，创建西方寺（后称兴国寺）。弘安四年（1281），奉敕住京都胜林寺，并至宫中说法。后，龟山上皇改皇居为禅刹，请师居之，师固辞不受。弘安八年，应请任北山妙光寺开山祖。永仁六年示寂，世寿九十二。敕谥"法灯禅师"、"法灯圆明国师"。师为禅密兼修者，多以公案接化学人。著作有《法灯国师坐禅仪》、《由良开山法灯国师法语》等书。

大休正念（1215—1289）　南宋临济宗僧。温州（浙江永嘉）人。石溪心月之法嗣。咸淳五年（1269），随兰溪道隆至日本。应北条时宗之请，历住禅兴寺、建长寺、寿福寺、圆觉寺等名刹。正应二年圆寂，享年七十五。谥号"佛源禅师"。其流派称大休派（又作佛源门徒），为日本禅宗二十四流之一。遗著有《大休和尚语录》六卷。

春屋妙葩（1311—1388）　镰仓时代、南北朝时代的五山禅僧。号不经子。

甲斐（山梨县）人。早年随梦窗疏石参禅，研究宗意。历住等持寺、天龙寺、南禅寺，后任僧录司。日本临济宗创业当时，协助梦窗甚力，对于五山文学之发展贡献颇大。日本元中五年（或嘉庆二）入寂，享年七十八。敕号"普明国师"、"智觉普明国师"。著有《语录》七卷。

义堂周信（1325—1388） 南北朝时代的五山文学僧。道号义堂，别号空华道人。土佐国（高知县）长冈人。俗姓平。出家后，受业于义净。后登比睿山而于彼处受戒。十七岁，侍奉梦窗疏石于临川寺，任汤药侍者。梦窗示寂后，投归建仁寺，列于龙山德见门下。延文四年（1359）八月，足利基氏招请梦窗的十位高足，师亦名列其中而入住圆觉寺。贞治五年（1366），驻锡善福寺；应安四年（1371），应上杉氏之请而任报恩寺之开山祖师。康历元年（1379），复应将军足利义满之请而住持京都建仁寺，义满并躬自参加师之晋山仪式，且听其讲经说法。至德三年（1386），奉敕住持南禅寺。时，义满且奏请置南禅寺于五山（寺）之上。京都、镰仓五山之位次因而获得确定。不久，辞退南禅寺住持之职，而于山内营建慈氏院以备退隐。旋即前往有马温泉疗养。自知不久人世，遂请人预制佛龛，嘉庆二年（1388）四月四日示寂，年六十四。葬于慈氏院。师之著作有《语录》、《空华集》、《空华日用工夫集》。并于贞和年间选录宋元二代的禅林偈颂而成《贞和类聚祖苑联芳集》十卷。其翰墨辞藻，颇受入元僧石室善玖、龙山德见、中岩圆月等人之影响。楚石梵琦对其诗作极为叹服，曾误认为中国僧人之作，并将其与绝海中津并列为五山文学之双璧。

绝海中津（1336—1405） 室町时代前期的日本临济宗僧。京都五山文学僧。别号蕉坚道人。敕谥"佛智广照国师"、"净印翊圣国师"。土佐（高知县）人。早年从学于梦窗疏石，并任其近侍。历住建仁寺、建长寺。明代时，曾渡海来我国，与文人宋景濂、诗僧全室交游，名声播国诗坛。返日后，因受足利义满之信任海，而住持相国寺、等持寺，并任鹿苑院主及僧录司之职，兼司外交文书之起草。其诗才与义堂周信之学才，并称为五山文学之双璧。应永十二年示寂，世寿七十。著有《蕉坚稿》二卷及《绝海和尚语录》二卷等。

中岩圆月（1300—1375） 镰仓末期、南北朝时期的日本临济宗杨岐派学僧。镰仓人。号中正子，敕谥"佛种慧济禅师"。十三岁出家，显密兼修，而归于禅宗。元时，渡海来我国，初参访德辉禅师，后转至临济宗。返日后，历住万寿、建仁、崇福等诸名刹，为当时朱子学之第一人。以崇尚新注，识见卓绝，著称于世。又擅诗文。著有《语录》二卷、《东海一呕集》、《东海余滴》。永和元年示寂，享年七十六岁。其法流称中严派，为日本禅宗二十四流之一。

满济（1378—1435） 室町时代前期的真言宗僧。父亲是权大纳言今小路师冬。投入醍醐寺报恩院隆源大僧正门下得度，于应永二年（1935）成为三宝院门主、第七十四代醍醐寺座主。曾任东寺一长者、四天王寺别当，深得将军足利义满的宠爱，与将军家交往甚密。后成为将军家的护持僧，并作为政治顾问参与幕政。永享六年（1434）将醍醐寺座主之职让与其门弟义贤，隐退居于法身院。八十五岁圆寂。其《满济准后日记》作为室町时代前期的重要史料具有很高价值。

一休宗纯（1394—1481）　室町时代中期的临济宗禅僧。道号一休。另号称狂云子。后小松天皇的皇子。应永元年（1394）生于京都。六岁即作为侍童跟随山城安国寺住持象外集鉴左右。十三岁时在建仁寺随灵泉院慕哲龙攀学作诗。十六岁师从清叟师仁学习经录、外典，同时随隐居在西金寺的谦翁宗为参禅。后再参祥瑞庵的华叟宗昙，获授一休道号并获印可。永享十二年成为大德寺如意庵塔主，主持了先师华叟宗昙的十三回忌法事后，入让羽山创建尸陀寺。后成为京都大德寺住持。八十八岁时圆寂于酬恩庵。著有《狂云集》。

莲如（1415—1499）　室町时代日本净土真宗僧。作为本愿寺第七代存如上人的长子出生于京都。名兼寿，幼名布袋丸、幸亭丸。永享三年（1431），从青莲院尊应剃度出家。长禄元年（1457），继任本愿寺第八世，致力于净土教之弘传。宽正六年（1465），大谷本愿寺遭比睿山僧众烧毁，莲如得坚田、金森等门人的协助，前往东国、北国、三河等地避难。文明元年（1469），于三井寺南别所建寺，安置祖像。同十二年，开创山科本愿寺，并致力于该寺的中兴。延德元年（1489），在五男实如继任其职后，退居山科。其后，敦化诸方，并草创大参石山坊舍（后称石山本愿寺）。明应八年圆寂，世寿八十五。获敕谥号"信证院"。明治十五年（1882），再获敕谥"慧灯大师"。著有《御文》、《正信偈大意》、《真宗领解文》等书。

横川景三（1429—1493）　室町时代后期的临济宗梦窗派禅僧。播磨人。据传十三岁时那年的三月，于空谷的法嗣昙仲道芳的三十三回忌时，在昙仲开创的东山养源院拜其顶相行礼，因与"三"字因缘极深而取名景三。师从龙渊本珠、瑞溪周凤、春溪洪曹受外学。又随云章一庆学《敕修百丈清规》。瑞溪寂后再师事希世灵彦。曾住相国寺、南禅寺。六十五岁时寂于相国寺常德院。作为五山文学的代表，著有汉诗文集《东游集》、《京华集》而出名。

显如（1543—1592）　本愿寺第十一代住持。讳光佐。第十代住持证如的儿子。其母为庭田重直之女。其妻（里方）为三条公赖的三女儿如春尼。其子有教如、显尊、准如。弘治三年（1557）四月十七日，显如履行了父亲与细川晴元的婚姻协定，娶了细川晴元的养女（左大臣三条功赖之女，武田信玄正室的妹妹）。虽是政治婚姻，但夫妻俩人感情甚好。在显如当权时，本愿寺教团一方面凭借其父以来发展起来的由门徒掌管一向宗寺院，另一方面通过与幕府、朝廷的姻亲关系，以经济、军事要地石山本愿寺为据点，形成了畿内的领主权利，迎来了本愿寺的最盛时期。永禄十一年（1568）因受拥护上京的织田信长的压迫，元龟元年（1570）本愿寺与织田氏族进入对抗状态，称为石山之战。近十年的对抗最终以显如接受信长提出的条件而和解。其寺院迁至纪伊国鹭森别院，宣告了本愿寺家的没落。据说这场战役使天下的统一推迟了十年。天正十三年（1585）丰臣秀吉迁居到以石山本愿寺的寺内町为基础建造的大坂城。天正十九年（1591）因秀吉授予寺地，于京都再建本愿寺。文禄元年（1592）显如逝世后，三儿子准如代替与显如意见相左的长子教如，成为第十二代住持。庆长七年（1602），长子教如凭借支持他的势力独立后建立东本愿寺。因此，本愿寺分裂为准如的西本愿寺与教如的东本愿寺。

隐元（1592—1673）　明清之际禅宗僧人。日本佛教黄檗宗祖。俗姓林，名隆琦。福建福清人。28岁出家。明泰昌元年（1620），从福清黄檗山鉴源禅师剃度出家后，周游各地，历访名师。首至海口镇瑞峰寺所道享讲《楞严经》。在绍兴显圣寺听湛然讲《涅盘经》，不久至海盐金杰山广慧寺参谒当时名僧密云圆悟。崇祯三年（1630），随密云至黄檗山。崇祯六年，密云弟子通容继任黄檗山住持，隐元遂嗣其法。崇祯十年，受请继黄檗法席，住持七载，多所兴建。又历住浙江崇德福严寺及福建长乐龙泉寺。后回黄檗山开设法度，从其受学者甚多。清顺治十一年（1654，日本承应三年）应日本长崎兴福寺住持逸然等之请，率弟子十余人东渡传法。同年七月到达长崎，当地兴福、福济、崇福三唐寺，竞相延请说法，日本知名禅僧也常来问道。日本承应四年（1655），应日僧龙溪之请，到达摄津（今大阪）普门寺。日本万治元年（1658）在江户（今东京）谒见将军德川家纲，备受礼遇。越年为幕僚留在京都，择定大和山（今京都宇治）建寺，日本宽文元年（1661）建成，名黄檗山万福寺。后即以此寺为基地传禅，形成黄檗宗。日本宽文四年（1664）让法席与门下木庵性，退居于山内之松隐堂。日本延宝元年（1673）日本后水尾上皇特授大光普照国师之号。著作有《隐地禅师语录》、《普照国师厂广录》、《云涛集》、《弘戒法仪》等，并订有《黄檗清规》十章。

卍元师蛮（1626—1710）　江户时代前期临济宗妙心寺派僧。相模国人。俗姓熊泽氏。十八岁出家，从妙心寺默水龙器嗣法。其后游历诸国参访名僧，并有志于编集僧侣传记，为收集资料耗时三十余年。延宝七年（1679）住美浓加纳的盛德寺，除了致力于该寺的复兴外，还呕心沥血于僧传资料的收集，终于元禄十五年（1792）编成《本朝高僧传》七十五卷。宝永七年八十五岁时寂于加纳的盛德寺。

隆光（1649—1724）　江户时代中期的新义真言宗僧。出生于大和国添下郡二条村。万治元年（1658）入唐招提寺修行。宽文元年（1661）移入真言宗新义派本山长谷寺。贞享三年（1686）任将军家祈祷寺知足院住持，深得五代将军德川纲吉皈依，作为将军的护持僧经常为其祈祷，并利用此有利背景复兴寺院等，在兴隆佛教方面作出不小贡献。元禄八年（1695）获任大僧正，为真言宗新义派第一位僧正。并使新义派作为一派宗团获得公认。享保九年（1724）六月七日圆寂于大和超升寺。享年七十六岁。有《隆光僧正日记》留世。

白隐慧鹤（1685—1768） 江户时代中期临济宗妙心寺派僧。日本临济宗中兴之祖。出生于骏河国骏东郡原(静冈县沼津市)。十五岁出家，历参各方名师修行。后得信浓国（长野县）饭山的正受老人道镜慧端的严厉指导方才最后得悟并嗣法。其后继续历访各方宗师并勤于修行。后复兴临济宗，被后世临济宗十四派均尊为中兴之祖。明和五年（1768）圆寂于松荫寺。获敕谥"神机独妙禅师"。后再被追敕"正宗国师"号。

第四章　日本古今著名寺院

安国寺　中世时期，室町幕府足利尊氏、足利直义兄弟为誇示足利政权之权威，于历应元年（1338）开始，在全国各地分别建造一寺一塔，此即有名的"安国寺"和"利生塔"。历经十年至贞和年间（1345—1350）时，各地（66国）建造的安国寺和利生塔均陆续竣工，其中多数为将原有的临济宗五山派禅刹指定而成。时至今日，仍有不少安国寺留存下来，其多数建造于各国水上或路上之交通要塞。

安详寺　位于京都市山科区御陵平林町，属高野山真言宗派。开创于嘉祥元年（848）。据传由文德天皇之母亲藤原顺子发愿所建，以入唐僧惠运（798—869）为开山祖，以作为藤原家族的镇护寺。根据惠运于贞观九年（867）作成的《安详寺伽蓝缘起资财帐》所记，安详寺在平安时期与醍醐寺一样，由山上伽蓝（上寺）和山下伽蓝（下寺）组成，现只有下寺存于山科区洛东高校西侧。

宝严寺　（1）位于滋贺县东浅井郡琵琶町。坐落在琵琶湖北部的竹生岛上。在日本关西三十三处观音灵地中排行三十。是关西三十三处观音灵地中唯一一所坐落在岛上的寺院。

（2）位于爱媛县松山市道后汤月町。作为日本时宗开一遍上人的诞生地而闻名于世。据传创建于天智天皇四年（665），后于正应五年（1292）年重建时由天台宗改为时宗。寺内安置有一遍上人立像。

本能寺　日本本门法华宗五大本山之一。位于京都市中京区寺町。山号卵木山。应永二十二年（1415），日隆创建于五条坊门。初号本应寺。后因宗门之争而遭破坏。永享五年（1433），得如意王丸捐赠寺地，乃移建于六角大宫，改称本能寺。天文五年（1536），堂舍为比睿山徒众所烧毁；十四年，日承复兴重建。天正十年（1582），织田信长滞留于该寺，明智光秀来袭，致堂舍全毁，世称"本能寺之变"。此为日本政治史上一件大事。天正十七年，由于丰臣秀吉的"京都区划方针"的影响，遂移至现址重建。其后，于天明八年（1788）、元治元年（1864）二度遭回禄之灾，逐渐衰落。此寺另有惠升院、莲承院、定性院等七所子院。

本法寺　为本阿弥家的菩提寺。据说本法寺的庭院是本阿弥光悦创作的唯一庭院。国家指定名胜景区。该寺虽处市内却不是很有名，因此寺内鲜有人参拜。春天寺院中遍布的樱花树，到了秋天，树叶的颜色不同于春天的华丽，使人倍感寂寥。

本隆寺　位于京都府京都市上京区，法华宗真门流的总本山。山号慧光山。长享二年（1488）日真于四条大宫建造本隆寺。天文五年（1536）因天文法华之乱而被焚毁，日真到堺避难。天文十一年（1542）日真被召许回京，在京都重建该寺。天文十二年（1584）按照丰臣秀吉的命令，该寺迁移到现在所在地。天明八年（1788）由于天明大火灾，寺院的一部分被烧毁。

本莲寺 位于冈山县濑户内市牛窗町的佛教寺院。山号经王山。宗派为日莲宗。起源自南北朝时代（1347）京都妙显寺主持，大觉大僧正建造的法华堂（现本堂）。现在的本堂是明应元年（1492）重建的。

本门寺 （1）日本日莲宗大本山。位于东京都大田区池上。山号长荣山。建长年间（1249—1256），池上宗仲皈依日莲，并于其领地创建一寺。文永十一年（1274），开堂之日，日莲命名为法门寺。弘安五年（1282），日莲示寂于此寺。文保元年（1317），日朗继住此寺，大建堂舍，成为日朗门流的中山寺院。其后，深受德川氏的尊崇，获家康捐赠寺领。秀忠并于庆长十三年（1608）建立五重塔。此寺曾数度毁于火灾，又曾遭受战灾，然均能重建再兴。寺中之重要文化财除五重塔外，另有镰仓时代所雕刻的木造日莲上人坐像、日莲亲笔之"兄弟抄"。此外，寺境西北之真骨堂，内供日莲上人遗骨。客殿之西，日莲上人荼毗处，建有多宝塔。日朗、日轮等人的墓也在本寺内。

（2）日本本门宗七本山有二。①位于静冈县富士宫市北山。山号多宝富士山。又称北山本门寺。系日莲的弟子日兴于永仁元年（1293）所创建。日兴离开身延山后，建立大石寺。又得石河能忠的外护而创建本寺。并于该寺设立"重须谈所"，作为教育徒众的场所。其后，与大石寺等合称兴门派。至宗三十二年（1899）独立，称为本门宗。寺中藏有日莲、日兴等人的笔迹与遗物。②位于静冈县富士郡芝川町西山。山号富士山。又称西山本门寺。建武元年（1334），北山本门寺二世日代因《方便品》读或不读的论净，而被摈出寺门。康永二年（1343），得大内安清的外护，建立此寺。

本妙寺 位于熊本县熊本市熊本城西北的日莲宗六条门派的九州总本山。山号发星山。本尊为十界曼荼罗。以净池庙而闻名，庙内供奉着日莲宗信徒，肥后熊本藩的第一代藩主加藤清正。

本应寺 为誓誉高僧在天正十四年创建。建于山门两侧的仁王像被盐田町定为文化遗产。

比苏山寺 位于奈良吉野山（现在的世尊寺）的比苏山寺，是由日莲宗的开山祖师日莲圣人高徒日兴上人创建的。是佐渡宗门最初的道场。根据寺里的史料记载，遵循顺德上皇的遗诏，在田方村（现田野地区一带）建佛堂供奉一位名叫远藤藤四郎盛国的人（日增上人开基二祖）。文永八年（1271）即日莲圣人被发配道佐渡之时，远藤藤四郎盛国作为随从一起上岛，期间受到日兴上人的教化，皈依佛门。文永十年（1273）创建了"令法久住山大觉世尊寺"。之后，开基三祖日久上人于弘安七年（1284）将道场由田方村迁至国府川畔，曾以"国府道场"名噪一方。此后经过了大约三百年，天正十年（1582），第十五代日健上人将寺院迁至奈良吉野山，延续至今。

禅林寺 位于日本京都市左京区永观堂町，为日本净土宗西山禅林寺派之总本山。山号圣众来迎山，旧号无量寿院，通称永观堂。齐衡二年（855），由空海弟子真绍所建，为镇护国家之道场。后为敕愿寺，受赐号禅林寺。承历年中（1077—1080），永观至寺专修念佛，为本寺中兴之祖，后皈依净土宗。明应六年（1497），敕令增建祖师堂、书院、镇守堂等。本寺以枫叶著称，并藏有山越阿弥陀图、来迎图（二种），以及传为张思恭所绘之释迦十大弟子像、佛涅槃图、十六罗汉像、十界图等佛画以及波涛图十二幅；另藏有当麻曼荼罗缘起一卷、融通念佛缘起二卷等净土美术品。

长乐寺 位于京都市东山区圆山公园内。该寺据传奉桓武天皇敕命，以传教大师最澄为开山创建于延历二十四年（805），创立之初曾作为比睿山延历寺别院，属天台宗。后因镰仓初期天台名僧隆宽律师离开比睿山改投法然门下后住于该寺而改为净土宗。至室町初期又让与当时一代名僧国阿上人，于是成为时宗寺院。

长学寺 位于群马县富冈市上高尾的崇台山麓。正式名称为祝融山神泉院长学寺。据传最初由弓削道镜奉敕开设戒坛院，在巡游关东诸国时请药师如来于此。后由高尾山神护寺真济在此创建一堂，当时号称祝融山高尾寺。镰仓时代妙惠禅尼于建久四年（1193）赴信州善光寺途中路经此地悼念兄弟，改寺号为长学寺。后由藤原氏于应安二年（1369）招请曹洞宗高祖道远禅师的法孙通海良义为开山第一世。

长谷寺 （1）日本真言宗丰山派总本山。位于奈良县樱井市初濑，又称泊濑寺、初濑寺、丰山寺、长谷山寺。号丰山神乐院。系由本长谷寺与后长谷寺合并所成。关于其缘起，相传天武天皇（673—685年在位）时，道明奉敕于现寺境内西冈建三重塔、释迦堂，名为长谷寺。元正天皇（715—723年在位）时，德道为安置十一面观音像，而于东冈建立伽蓝。为与道明所建有所区别，遂称道明所建为本长谷寺，称德道所建为后长谷寺。初，长谷寺原属东大寺末寺。正历年间（990—995）改属兴福寺，盛行观音信仰。其后，迭遭回禄之灾，亦屡有重修。永禄、天正年间（1558—1592）遭兵乱而逐渐衰微。其间，丰臣秀吉攻毁根来寺，能化专誉尝至此寺避难。后得丰臣秀长的外护，遂再兴此寺，成为新义真言宗的根本道场。后来，又得德川家历代将军的护持，寺运隆盛。寺中所藏铜板法华相图，被列为国宝。其制作年代有多种说法，如朱鸟元年（686）、文武二年（698）、和同二年（709）等。此外，另存有佛像、佛画、古写经、金鼓等文物。又，本尊十一面观音立像颇有灵验，日本各地亦建有与本寺同名的寺刹百余所。

（2）位于神奈川县镰仓市长谷。属净土宗，俗称长谷观音，号海光山慈照院。相对于大和（奈良）长谷寺，又称新长谷寺。关于其创建，依寺传所载，养老五年（721。一说神龟六年，729）德道作二尊观音像，一尊安置于大和长谷寺，另一尊则投于海，任其漂流，天平八年（736）流至相模国三浦郡长井村，圣武天皇闻悉此事，敕令于此创建一寺，延请德道为开山祖。其后，足利尊氏、义满等尝加以修造，亦得北条氏、德川氏之护持。后成为镰仓光明寺的末寺。

慈照寺 位于京都府京都市左京区，为临济宗相国寺派寺院。由室町幕府八代将军足利义政创立，开山祖为梦窗疏石。详细参看银阁寺。

崇福寺 （1）位于日本福冈市字千代。属临济宗大德寺派，山号横岳山。仁治元年（1240），由湛慧在大宰府横岳创建。翌年，圆尔辨圆自宋归日，受湛慧迎请开堂说法。其师无准师范亲书"万年崇福寺"之扁额，挂于寺门上。宽元元年（1243），成为官寺，后嵯峨天皇敕赐"西都法窟"之额。文永九年（1272），南浦绍明从兴福寺迁住本寺，其后三十三年，任本寺住持，大兴禅法。后因领主大友宗麟捐赠寺领，寺中殿堂更加完备，寺门大为繁荣。天正十四年（1586），遭兵火而化为焦土。庆长五年（1600），领主黑田长政筑城福冈，大德寺之春屋宗园欲中兴本寺，遂于现址重建伽蓝，费时数年始完成方丈、三门、佛殿、开山堂、僧堂、书院、钟楼及内、外门等建筑。

（2）位于日本长崎市锻冶屋町。属黄檗宗，山号圣寿山。宽永六年（1629，一说宽永九年），由明僧超然创建，其后成为福州人的菩提寺，故世称福州寺。又因总门仿唐风涂丹色，故俗称赤门。承应三年（1654），明朝僧人隐元隆琦到日本，于翌年入住本寺。明历三年（1657），隐元之弟子即非如一至日本，亦入住本寺，且大造堂舍，成为中兴第一世。万治三年（1660），千呆性侒来住，继第二世之席，大振禅风。天和二年（1682），国内闹饥荒，本寺铸造巨锅，施粥数万人。后与东明山兴福寺、分紫山福济寺并称三福寺。现有大殿、钟鼓楼、第一峰门、护法堂、三门等。境内有明人苑道所刻的十八罗汉像。

传法院 日本新义真言宗之大本山，通称根来寺。位于和歌山县那贺郡岩出町。大治五年（1130），觉鑁于高野山建传法院，后并受敕兼任金刚峰寺座主，由此而引起金刚峰寺徒众之不快，而渐与传法院之徒众产生冲突，觉鑁遂于弘安九年（1286），将传法院移至现址，独立成新义派，学僧云集，兴盛一时。

大安寺 位于奈良市，为真言宗寺院，南都七大寺之一。据传其起源于圣德太子创建的熊凝寺，后随着寺院的迁移，曾分别改称为百济大寺、高市大寺、大官大寺，迁都平城京后改称大安寺。作为南都七大寺之一的大安寺也被人称为南大寺，曾占据着从左京六条四坊到七条四坊的广大地域，其特有的大安寺式的大伽蓝也曾夸耀当时，一度成为和西方的药师寺遥相呼应的镇国之寺。寺内供奉着

"大安寺样式"的奈良时代的木造十一面观音立像、木造四天王立像、木造不空羂索观木造杨柳观音立像（全部为重要文化遗产）等九品天平佛。大安流为日本三论宗之一派，以道慈律师为初祖。道慈先受法于三论宗智藏，于大宝元年（701）入唐，从吉藏之法孙元康学三论。养老二年（718）回国，奉敕建造大安寺，宣扬三论宗。其门人有善议、庆俊。善议夙从道慈禀习三论，其后入唐深探法义，不久回国，住于大安寺弘扬三论宗，时人称为法将。庆俊也住在大安寺，著有《一乘佛性究竟论记》六卷。善议之弟子有安澄、勤操。安澄精通三论及密教，著有《中观论疏记》二十卷。勤操擅长三论，弘仁四年（813），曾于紫宸殿宗论中大挫法相宗。安澄门下有实敏、玄睿二人，皆住西大寺。玄睿著有《三论大义抄》四卷。此后，大安寺流也传布于真言律宗之西大寺中。

大乘寺 位于石川县金泽市，是曹洞宗的寺院，号东香山，别名菖树林。建有僧堂。江户时代在这里创建了僧侣修行的规矩，被称为"规矩大乘"。此寺现在的住持是驹泽女子大学前任校长东隆真。弘长三年（1263）富监家尚邀请真言宗的澄海到野野市（现在的石川郡野野市）创建该寺，弘安六年（1283）请曹洞宗的彻通义介为开山。乾元元年（1302）莹山绍瑾在此任住持。应长元年（1311）恭翁运良住持该寺，历应元年（1338）明峰素哲住持该寺。历应三年，本寺成为足利尊氏的祈愿所。室町时代后期，该寺因战争而被烧毁。前田利家将其迁移到木新保，使其复兴。江户时代初期，成为加贺潘家老本多家的菩提寺，现在迁移到金泽市本多街。宽文十一年（1671）月舟宗胡、延宝八年（1680）万山道白、元禄九年（1696）明州珠心相继住持该寺。元禄十年，该寺迁至现在所在地。宽延三年（1750）逆水洞流住持该寺，后来，一入觉心住持该寺。明治时代，因废佛毁释运动，该寺也日渐衰退。昭和五十年代，板桥兴宗住持该寺。平成十三年（2001）东隆真住持该寺。

大德寺 日本临济宗大德寺派大本山，位于京都市北区紫野町，山号龙宝山。元应元年（1319；一说正中元年，1324；或说正和四年，1315），宗峰妙超（大灯国师）在此建大德庵而居，后寺地逐渐扩大。嘉历元年（1326），成为敕愿寺。元弘三年（1333），后醍醐天皇敕赐"本朝无双禅林"之号，并以之为宗峰一门相承的禅院，他门不得混入。后被列为五山之一，颇受皇室重视。宗峰之后，彻翁义亨继之任第一世住持。义亨制定"大德寺法度"，致力于奠定寺院经营及教团组织的基础。后因足利尊氏拥护与宗峰一派对立的梦窗疏石派，该寺退出五山之列，寺势渐衰。永享三年（1431）放弃十刹的寺格，成为在野的禅寺。后来屡遭火灾，由养叟宗颐及一休宗纯再兴，尤其一休以获豪商援助而得加以重建，并致力阐扬禅风，奠立了大德寺禅文化发展的基础。其后，养叟门下住持建立了许多塔头，至宽文年间（1661—1672）成为巨刹。明治维新后，寺领丧失而趋衰微，明治九年（1876）独立为大德寺派（日本禅宗二十四流之一大应派的一支）。现今，寺内有总门、敕使门、山门、佛殿、方丈、玄关、唐门、钟楼、经藏等，以及孤蓬庵、真珠庵、大仙院等塔头。其中，方丈、玄关、唐门皆被列为国宝，敕使门、山门、佛殿、法堂等均为特别保护建筑物，而各院另保藏有许多室町中期到安土桃山时代的画，以及中国南宋的五百罗汉八十二幅、墨迹、佛画等，贵重的文化财颇多。寺境内有名的庭园、茶室甚多，织田信长、信忠等著名人氏的坟墓、塔碑亦不在少数。

大觉寺 日本真言宗大觉寺派大本山，位于京都市右京区嵯峨大泽町，山号嵯峨山。又称嵯峨御所、大觉寺门迹。该寺原为嵯峨天皇的离宫，时号嵯峨院；贞观十八年（876），淳和天皇的皇后正子内亲王改之为寺，号大觉寺，以淳和天皇的第二子恒寂法亲王为开山。天元年间（978—983）以后，该寺隶属于兴福寺一乘院。文永五年（1268）十月，后嵯峨上皇落发为僧，入住该寺。其后，龟山上皇、后宇多法皇、后二条天皇、后醍醐天皇等相继入寺住持，世称此皇统为南朝大觉寺统（而后深草、伏见天皇的皇统被称为北朝持明院统）。就中，后宇多法皇于元亨元年（1321）营造诸堂，大兴寺门，被视为中兴开山，人称大觉寺法皇。元中九年（即明德三年，1392），南北朝在此议和。应仁之乱时，曾被烧毁，至桃山、江户时代始复兴。明治三十三年（1900），独立为古义真言宗大觉寺派。目前遗留之寺内殿宇，皆非原始建筑物，皆为后代所重建者，然其中之宸殿等殿宇，仍留下宫殿建筑的传统，正觉殿则为议和的遗迹，此二殿皆被列为国宝。寺东之大泽池为嵯峨天皇时代林泉的一部分，系模仿中国之洞庭湖所造。

大念佛寺 日本融通念佛宗总本山，位于大阪市东住吉区平野上町，号大源山诸佛护念院，又称龟钟寺。于大治二年（1127）由鸟羽上皇发愿，由该宗开祖良忍上人奠基创建。本尊是十一尊天得如来。在第六世良镇时，遭火焚毁。元亨元年（1321），法明良尊继任第七世，重建堂舍，宣扬宗风，被称为中兴上人。正庆元年（1332）又遭火灾。元和元年（1615），又因大阪之役而烧毁，至第四十三世舜空时，得德川氏的外护，于宽文七年（1667）重建，并合并大原的南坊，而成为总本山。元禄九年（1696）被敕定为一宗的檀林。明治二十五年（1892）、三十一年又次遭遇火劫，昭和十三年（1938）再建本堂。本寺所保存的寺宝中，《融通念佛缘起》被视为日本最初绘卷物版本，且为日本重要文化财之一；有据传为菅原道真手笔的纸本墨书《毛诗郑笺》残一卷，被列为国宝。

大石寺 日本日莲正宗本山，位于静冈县富士宫市上条，山号大日莲华山。正应二年（1289，一说正应三年），日莲的弟子日兴应南条时光之请来此地，将富士山比拟为本门戒坛而创建本寺，弘扬大法，其法流称为兴门或富士门流。后因今川、武田、德川三氏的护持，兴建堂塔，寺门繁荣。明治九年（1876），成为兴门派八本山之一。明治三十二年，兴门派改称本门宗；翌年，本寺脱离其他七本山，独立为富士派，又于明治四十五年改称日莲正宗。二次世界大战后，牧口常三郎与户田城圣创立的"创价学会"与该宗结合，常在本寺举行宗教活动，并于昭和四十七年（1972）建立正本堂。其间，学会与日莲正宗有密切、融洽的关系。然自1990年起，创价学会领导人池田大作与日莲正宗法主阿部日显发生冲突，阿部日显取消池田大作之"总讲头"（信徒总代表）资格，乃使双方关系之恶化更为加重，致使此前之良好关系已完全绝迹，且成为敌对团体。在1991年，阿部日显对创价学会先后发出"解散劝告书"与"破门宣告书"，而创价学会则利用大众传播对阿部日显作激烈的诋毁，迄1992年夏秋之交，双方关系仍在恶化中，故大石寺与创价学会的关系，已形同陌路。

大树寺 位于爱知县冈崎市（三河国）的净土宗寺院，山号成道山，全称"成道山松安院大树寺"。是德川氏（松平氏）的菩提寺，安放有历代将军（大树公）的排位，上面记载着历代户主之墓及各自身高。

当麻寺 位于日本大和奈良县北葛城郡当麻村二上山麓，又称二上山禅林寺，乃真言、净土两宗兼修之寺院。圣德太子之弟麻吕子王创建于河内（大阪府）山田乡，时称万法藏院。天武天皇九年（681）移至现地。奈良时代，藤原丰成之女中将（法如尼）入住该寺，曾供奉所织之净土变相图（当麻曼荼罗）。治承年间（1177—1180）寺宇一度烧毁，其后源赖朝重兴之。金堂之本尊弥勒菩萨坐像高二点二公尺，为白凤时期之作品。四天王像为同时期之"干漆造"。讲堂建于镰仓时期，其内置有藤原期之佛像。本堂建于曼荼罗堂东侧，为全寺最大之堂，系镰仓时代之建筑。坛上之佛龛内置有当麻曼荼罗。

东大寺 位于日本奈良。为华严宗总本山。又称大华严寺、恒说华严寺、城大寺、总国分寺、金光明四天王护国寺。世称为四圣建立（本愿圣武天皇、开基良辨、劝进行基、导师菩提仙那）。欲使《华严经》之莲华藏世界实现于现世并兴隆佛法，圣武天皇遂于天平十年（738）颁发东大寺营造诏敕，建立以金铜卢舍那佛（奈良大佛）为中心的大伽蓝；天平胜宝四年（752），举行盛大之开光典礼。与藤原氏之氏寺兴福寺并称为南都之代表寺，为南都七大寺之一。治承四年（1180），遭平重衡之兵火烧毁。其后，俊乘由于源赖朝之援助，乃再兴之。永禄十年（1567），复受三好、松永之兵火烧毁。至元禄时代，公庆再度修整，即今安置本尊之大佛殿。本寺寺域极广，诸堂散布各处。中心之大佛殿系世界最大之木造建筑，为一回廊围绕之双层四注造。本尊卢舍那佛台座之莲瓣，制于该寺创立之时，为毛雕之莲华藏世界，其头部补修于江户时期。堂前之八角金铜灯笼之扉，属流丽之天平工艺，上有精致浮雕。该寺正南面之南大门为镰仓时期之大建筑，系一天竺式之代表作。两侧之金刚力士为运庆、快庆所作之最大木造杰作。大佛殿东面山麓之三月堂（法华堂），其年代较东大寺为古，称为金钟寺、罥索院。天平时期之本堂与镰仓时期之礼堂，自外观看，则调和为一体。本尊之不空罥索观音（干漆造）为庄严的天平巨佛。日光、月光（塑造）与四天王像，均为天平佛，此外另有其他佛像与之并排而立。背面厨子则置有秘佛执金刚神像。著名的"取水"行事之起点为二月堂与佛殿之间的开山堂（良辨堂）、钟楼、三昧堂（四月堂）等镰仓建筑。大佛殿西侧戒坛院为三戒坛之一。四天平像（塑造）为天平雕刻之代表作。西北隅之转害门为天平的八脚门。北侧的正仓院亦属东大寺所辖。雕刻方面有僧形八幡、金铜释迦诞生佛；肖像方面有良辨、俊乘之肖像画。此外，东大寺图书馆另藏有伎乐舞乐面七面、俱舍曼荼罗、华严五十五个所绘卷、东大寺要录十册、古文书、古写经等。

东寺 日本延历十三年（794）迁都京都后，于延历十五年（796）在京都建立了东寺，又名教王护国寺。大同元年（806），日本僧人空海从长安青龙寺得道归国，在东寺宣扬佛法，是为日本真言密教的发源。弘仁十四年（823），东寺被赐为真言密教的道场，以后虽数有灾劫，但世代香火旺盛，现为世界文化遗产。东寺在历史上经历了多次重建，正保元年（1644）由德川家光重建的五重塔是日本最高的古塔，高57米。东寺的正殿"金堂"重建于庆长八年（1603），是一座静肃宏大的建筑。空海居住多年的大师堂，又名御影堂，重建于建历元年（1379），其内供奉空海自大唐带回的密佛不动明王。讲堂则供奉有金刚大日如来等二十一座佛像。灌顶院则是对长安青龙寺建筑的仿建。真言密教的开源者空海在东寺弘扬佛法多年，死后谥"弘法大师"，东寺也因而保藏有很多真言密教的珍贵文物，部分文物展示于宝物馆中。

东本愿寺 庆长七年（1602），经德川家康将军之令，从西本愿寺独立后创立。寺内占地面积广大，排列着巨大的伽蓝，位于中心的御影堂是世界最大级木结构建筑物。今天的东本愿寺在江户时代曾遭大火，于明治年间重建，其正门"大师堂门"被称为京都三大门之一，高76公尺，宽58公尺，寺院内的御影堂当属世界最大级。东本愿寺的拂尘日广为人知，从上午七时起，数百名义工开始清扫榻榻米，擦拭柱子与台阶，以洗刷一年积累下来的尘埃，其清扫场面之浩大堪称世界第一。

东福寺 日本临济宗东福寺派大本山，位于京都市东山区，山号慧日山，为京都五山之一。由九条道家所创建，圆尔为开山祖师。嘉祯二年（1236），九条道家因瑞梦而发建寺度僧之愿。延应元年（1239），开始建造本寺。宽元元年（1243），道家皈依圆尔，遂请圆尔为开山祖师。建长四年（1252），道家去世，实经继其遗志，终于建长七年完成本寺，寺号"东福"。盖以其规模如东大寺，其盛业如兴福寺，故取二寺之各一字而命名为东福寺。弘安三年（1280），圆尔示寂。其后，任本寺住持一职者，先后有东山湛照、无关普门、白云晓慧、山叟慧云、藏山顺空、无为昭元、月船琛海、直翁智侃等人。建武元年（1334），本寺名列京都五山之一。同年遭火烧毁。延元元年（1336）复遭火灾，一寺俱付诸灰烬。贞和三年（1347），一条经通使复旧观。其后，得足利义持、丰臣秀吉、德川家康等人之护持，因而兴盛一时。明治十四年（1881），不幸又遭火厄，佛殿、法堂、方丈、库院皆毁。二十三年，重建方丈室。四十三年，复兴库院。大正六年（1917），着手于佛殿兼法堂之本堂之重建，昭和九年（1934）四月终告完成。本寺现存之建筑有月下门（文永年间，1264—1274）、禅堂（贞和三年，1347）、三门（至德年间，1384—1386）、二王门（明德二年，1391）、浴室及东司（室町时代）等。

法成寺 又称京极御堂，由藤原道长创建，建于现在京都市上京区的寺院。晚年信奉净土信仰的藤原道长发愿要在法成寺建立九体阿弥陀堂（无量寿院），当时建成后的伽蓝规模宏大，其雄壮之势在《荣花物语》里有过描述。据认为：道长日记《御堂关白记》里所提"御堂"亦指发成寺。因累遭兵火，至镰仓时期已然荒废。目前仅留有遗址石标于京都市上京区荒神通。

法华寺 位于奈良市法华寺町，所属宗派为真言律宗。无山号。本尊为十一面观音，据传由光明皇后发愿建造。因与光明皇后有因缘，此寺作为门迹尼寺（皇族出家就任主持的尼姑庵）而闻名。相对于东大寺是全国的总国分寺，法华寺便是总国分尼寺。全称"法华灭罪寺"。法华寺所在地原是藤原不比等的邸宅。不比等死后，其女光明子，即光明皇后继承此宅作为皇后宫。由皇后宫改成的寺院即法华寺。法华寺在奈良时代是大寺院，但在平安时代以后逐渐衰落。镰仓时代，西大寺真言律宗高僧睿尊复兴法华寺。现在，法华寺归属于真言律宗。现在法华寺内的建筑为近代的丰臣秀吉所重建。

法界寺 位于京都市伏见区日野，属真言宗醍醐派寺院，号东光山。据说本尊是药师如来，开基为传教大师最澄，乃是藤原氏一族日野氏的氏院。因寺院里的药师佛像以及阿弥陀堂而广为人知。据传于平安时代后期的永承六年（1051），由出家的日野资业建立了安置药师如来的堂宇，开始了法界寺的创建。关于寺院的草创亦有别的传说：弘仁十三年（822），藤原家宗把最澄自制的药师像作为本尊，以最澄为开基，建立了自己家族的氏寺，并平安时代后期在本寺建立了阿弥陀堂。又传净土真宗的开祖亲鸾于承安三年（1173）诞生于本寺（江户时代在本寺的附近创建了日野诞生院）。

法隆寺 日本圣德宗大本山，位于奈良县生驹郡斑鸠町，又名法隆学问寺、斑鸠寺，为南都七大寺之一。本寺草创于推古天皇十五年（607），系推古天皇继用明天皇之遗愿，与圣德太子共同完成开基；原供奉药师如来。但此事未见记载于正史。根据《日本书纪》及《七大寺年表》所载，天智天皇九年（670）本寺曾发生火警，因此，明治以后曾有本寺是否为重建物之论争。昭和十四年（1939），石田茂作在本寺西院伽蓝东南方的若草伽蓝遗迹进行调查。目前学界认为此遗迹乃法隆寺之原址，而今本寺之西院伽蓝则是灾后再予重建的。总而言之，本寺原是圣德太子一族的氏寺，其后于和铜四年（711）完成五重塔的塔本塑像、中门的力士像。当时属律、三论、唯识、别三论等四宗兼学寺，迨及中世则属法相宗。历代均有修建伽蓝事宜，近代亦于昭和年间进行大修葺。昭和二十七年（1952）改为圣德宗，以圣德太子的教学为宗旨。本寺寺境约十三万平方公尺，分西、东两院。

法轮寺 （1）位于奈良县生驹郡斑鸠町三井的圣德宗寺院，据传是山背大兄王等人为祈愿圣德太子病体痊愈而创建。其三重塔为飞鸟样式结构。1944年曾遭火灾，后于1975年重建。寺内药师如来坐像、虚空藏菩萨立像均为典型的飞鸟时代木雕，具有重要的文物价值。该寺又称三井寺、御井寺、法琳寺。

（2）位于京都市西区岚山的真言宗寺。据传其前身为行基创建于和铜六年（713）。

法起寺 位于奈良县生驹郡斑鸠町。据传由圣德太子曾经于推古十四年（606）讲解法华经的冈本宫改建而成。与法隆寺、四天王寺、中宫寺等一样，被列为圣德太子创建的七大寺之一。寺内三重塔建于石坛上，为日本现存最古老最高的三重塔（现为国宝级文物）。金堂与塔的位置与法隆寺相反，被称为法起寺式寺院布局。有关该寺的记载还见于《正仓院文书》、《日本灵异记》等文献中，据传奈良时期曾相当兴盛。

佛光寺 日本真宗佛光寺派大本山，位于京都市下京区高仓通佛光寺下峰新开町，山号涩谷山，本尊为阿弥陀如来。关于本寺之创建，寺传有两种说法：（1）系亲鸾圣人于建历二年（1212）在山科西野村所创，初名兴正寺。元应二年（1320）六月，第七世了源将本寺迁至京都东山涩谷，重建堂舍。嘉历二年（1327）五月，因本尊放瑞光，照凤阙，后醍醐天皇乃赐号"阿弥陀佛光寺"。（2）系了源于正中元年（1324）在山科安祥寺村所创，本愿寺觉如命名为兴正寺。元德元年（1329）本寺移往涩谷，改号佛光寺。至宽正六年（1465）第十三世光教时，本寺获后土御门天皇勒列为门迹。此为真宗门迹的滥觞。后经豪继任第十四世，但遭比睿山众徒的强烈反对，遂于文明十四年（1482）让予其弟经誉，自率众多支坊、末寺投本愿寺莲如门下，改称莲教，并在山科建一寺，名兴正寺。从此佛光、兴正二寺各自独立。天正十四年（1586），丰臣秀吉计划在涩谷造大佛殿，乃将堂舍徙至现址。天明八年（1788）、元治元年（1864）两度遭火焚毁，后逐渐修复。今本寺领域达四千余坪，除有阿弥陀堂、大师堂、钟楼、白书院等堂宇外，另有明显寺、照流寺、光兰院、大善院、长性院等支院。

佛向寺 据传为一向上人创建的寺院。镰仓时代最初存在于藤原氏的直辖领域成生庄（山形县天童市北西部的成生地区一带）。现在的本殿重建于文政八年（1825）。一向上人的忌辰为十一月十七日，全国要举行一种很少见的边跳舞边念佛的宗教活动。寺院内有织田藩的家老吉田大八的墓穴。

高山寺 位于京都市，属日本真言宗御室派，又作梅尾。曾为华严宗道场，应仁之乱，遭战火烧毁，其后，丰臣秀吉加以重建，移自后鸟羽院学问所石水院之五所堂，属镰仓期之寝殿造型。寺中所藏有名之佛画及宋版书籍甚多。本寺与高尾、槇尾等二寺合称"三尾"，以枫林景致，驰名远近。

高雄山寺 即神护寺，日本真言宗寺院。详解参看神护寺。

根来寺 日本新义真言宗之总本山，位于和歌山县那贺郡岩出町，号一乘山大传法院。大治五年（1130）觉鑁在高野山辟建大传法院，并奉敕兼掌金刚峰寺座主，晚年移居根来丰福寺，且殁于该寺。弘安九年（1286）大传法院之赖瑜受金刚峰寺之迫害，遂于正应元年（1288）三月将大传法院移至现址，独立成新义真言宗，此即根来寺之由来。不久，该寺寺运逐渐隆盛，不但成为新义真言宗的中心，亦由于寺领庄园日益扩增，而产生以"行人方"（寺院中处理法会杂役的下级僧侣）为中心的武装集团，形成僧兵，世称根来法师、根来寺众。此寺众于战国时代曾组织强大的洋枪队，后来由于织田信长有经略天下之志，而本寺僧众不服，织田信长遂命丰臣秀吉烧毁本寺，时为天正十三年（1585）三月二十九日。历此灾劫后，全山堂塔几乎化为灰烬，仅存堂舍数间，学侣亦流散四处，时能化专誉避难于大和（奈良县）长谷寺，玄宥居于京都智积院，新义真言宗之法幢便分"丰山方"与"智山方"。之后，根来寺得纪州德川家的援助而复兴，在宝历年中（1751—1764）恢复两学头制，又得丰山及智山两方的援助而重建法堂，本寺命脉遂得保存。明治以后，由智山派与丰山派轮流管理。寺内的池泉式蓬莱庭园被指定为"国名胜"。

广隆寺 日本真言宗御室派别格本山，位于京都市右京区太秦蜂冈町，又称蜂冈寺、太秦寺、秦寺、秦公寺、葛野寺、香枫寺，山号蜂冈山，为京都最古的寺刹。原为古时归化日本的秦族所住之地。推古天皇十一年（603），族长秦河胜获圣德太子赐予佛像，遂造此寺安置佛像，于推古三十年完成。其后，堂宇数度遭焚毁，亦屡次复兴重建。其中，讲堂（俗称赤堂）系永万元年（1165）重建，堂内安置有阿弥陀如来坐像、千手观音立像、不空罥索观音立像等。

光明寺 （1）日本净土宗西山派总本山。位于京都府长冈京市，又称报恩山念佛三昧院，系熊谷莲生房于建久九年（1198）所创，源空（法然）为其开山。嘉禄三年（1227）东山大谷的源空坟墓遭到比睿山众徒破坏，其遗骸遂被移至太秦。翌年迁本寺荼毗，并立庙祀之。后西山派祖证空继任第四世，建楼门、三重塔，大振寺风，使此寺成为西山派的根本道场。至六世净音，诸堂渐成。仁治三年（1242）受赐"光明寺"匾额。应仁元年（1467）因战乱波及，诸堂遭毁。尔后又遇二次火灾，宽延年中（1748—1750）复兴堂塔，以迄于今。有绢本着色二河白道图、绢本着色四十九化佛阿弥陀来迎图、木造千手观音立像等重要文化财。

（2）日本净土宗关东十八檀林之首。位于神奈川县镰仓市材木座，又号天照山莲华院。仁治元年（1240）三月，于佐介谷创莲华寺，延请然阿良忠为开山。宽元元年（1243）迁寺至现址，乃改称光明寺。逮第八世观誉佑崇中兴寺风，明应四年（1495），获后土御门天皇赐为勅愿所。庆长十三年（1608），德川家康命此寺列十八檀林之首，至三十一世深誉传察时，成为关东六派的本山。有纸本着色当麻曼荼罗缘起、纸本着色净土五祖绘传、绢本着色十八罗汉及僧像等珍贵文物。

（3）属日本临济宗东福寺派。位于三重县伊势市岩渊町，山号金鼓山。天平十四年（742）依圣武天皇勅愿，创建于继桥乡前山村鼓岳，兼属天台、真言二宗。元应元年（1319）禅僧月波惠观移此寺至山田吹上，并使之改隶禅宗，大兴堂舍，世称中兴开山。自此该寺成为东福寺之末寺。延元三年（1338）八月，惠观父结城宗广与北亲房随义良亲王，由大凑东渡陆奥。船经远州滩时遇飓风，亲王及宗广漂流至伊势。同年十月，宗广于此寺病逝。宽文十年（1670）遭回禄之灾。天和元年（1681）乃移建现址。原本境内有瑞庆院、广德寺、东渐庵、大仙院四寺，境外有十轮寺、金刚等二十余刹。其住持采轮番制。但明治维新时遭废除。今仅存本堂、钟楼等。

（4）属日本真言宗醍醐派。位于京都府绫部市睦寄町，山号君尾山。相传系推古天皇七年（599），圣德太子所创建。宽平年间（889—898）圣宝中兴寺门。大永七年（1527）遭火焚毁，尔后衰微。明治三十七年（1904）二月，被指定为日本国宝之一。

（5）属日本真宗大谷派。位于茨城县（常陆国）下妻市，又号西木山高月院。相传系承久二年（1220）亲鸾之弟子明空房所创。明空房俗姓三浦，原为武士，后投亲鸾门下，成为六老僧之一，于下妻建此寺弘教，永仁五年（1297）示寂。后由子孙继掌。此寺境内有江户时代迁自小岛的三月寺，乃建保二年（1214），亲鸾应郡司武弘之请而说法的遗迹。有安置阿弥陀如来的本堂、开山堂、钟楼、鼓楼、库里、宝藏等。

光明山寺 位于旧山城町（现木津市）的山岳寺院，其址位于蟹满寺以东，现已废绝不存。据传由南都僧创建并发展起来。曾作为东大寺的末寺，后又作为兴福寺的末寺，聚集过不少南都有名高僧。其寺院运营曾得到关白藤原忠实（1078—1162）的大力支持。作为有名的寺院，曾出现在许多文献记载当中。白凤时代著名的蟹满寺，当时也不过只是光明山寺的忏悔堂而已，可见其当时何其壮观。据传东大寺三轮宗高僧觉树（1081—1139）、永观（1033—1111）等曾居住该寺。明遍（1142—1224）也曾于治承受四年（1180）三十七岁时隐居于此修显密二教。著名高僧实范（？—1144）于天养院元年（1144）9月14日寂于此寺。另从《金叶和歌集》卷九·杂上·第538、539首歌里与橘能元的赠答歌里可看出，与藤原忠实关系密切的僧都赖基（1052—1134）曾经一度隐栖光明山寺。

光运寺 位于三重县四日市，为净土宗寺院，本尊为阿弥陀如来。据传以圣觉法印为开基，由上野国国府的住人明观创建于正安三年（1301）二月，当时号称三重山东源院尊乘寺，属真言宗。于应仁之乱时遭战火损毁，后由源誉超顺上人重建，由净土宗总本山知恩院第二十七代德誉光然上人改为净土宗，并改称光运寺。

桂宫院 又称奥院。系八角圆堂的梦殿形式建筑，由圣德太子创建，中观于建长三年（1251）重建，堂内安置圣德太子半跏像。上宫王院（本堂，又称太子堂）安置圣德太子等身立像，重建于享保十五年（1730）。寺中诸佛像多列为国宝，其中，飞鸟时代所制的二躯弥勒菩萨半跏像为寺宝。此外，本寺于每年十月十二日所举行的"牛祭"，祭祀仪式奇特，为京都著名祭祀之一。

观世音寺 位于福冈县太宰府市，属天台宗派，山号清水山，本尊是阿弥陀如来，登基为天智天皇。观士音寺是佛像雕刻的宝库，历史可以追溯到奈良时代。根据《续日本纪》的记载，观世音寺是天智天皇为了追思其母亲齐明天皇而发愿建造的寺院。关于观世音寺到底何时建成，历史上也有很多说法，但世人推测整个寺庙约在7世纪末基本峻工。如今所见建筑，皆为近代重建，已难见古时风貌。根据调查，观世音寺的构造类似于川原寺的构造。天平宝字五年（761）鉴真在此建戒坛院。该戒坛院之建立意味着一些有志成为僧侣者从此无需特意去到都市的寺院，在这里就可以受戒成僧。此乃当时天下三大戒坛之一。近代以后，观世音寺被废弃，如今所见堂宇乃近代藩主黑田家重建。

海藏寺 临济宗建长寺派寺院，山号扇谷山。由上杉氏定于应永三年（1394）奉镰仓幕府将军足利义满之命重建，一般认为开山是心昭空外，本堂中安放了南北朝时期的木质空外坐像，成为五山十刹之外的建长寺的塔头。虽然通过《永亨记》的记载，对室町时代扇谷上杉保护下该寺的繁荣景象略知一二，却无法知道其详情。当时，以佛超庵为首的塔头超过了十余庵。镇寺之宝有腹部有药师面容的药师如来坐像。

弘经寺 据传由日誉上人开基，由妙显寺分流而出建于永和元年（1375）的寺院，为古时洛中二十一本山之一，号寂光山。于永享元年（1429）由日延上人移至堺栉屋町，明治二十八年移至爱媛县。现留有遗址。

欢喜光寺 欢喜光寺是号称六条场道"紫苔山河原院"时宗六条派系的总寺院。原来位于京都府下八幡，被称为善导寺。寺院由一遍上人的堂兄弟圣戒上人开创，皈依上人的九条忠教于正安元年（1299）将京都六条河原的源融公公邸遗址的方圆四百米的土地捐赠给寺院，移造了舍堂，作为河原院欢喜光寺。欢喜光寺为镇守附近菅原道真的神社，寺内供奉着菅公像。天正年间（1573— ）丰臣秀吉为推进城市建设，使寺院都集中于今京都市寺内和寺町。欢喜光寺也迁移到寺町锦小路东（今四条新京极锦）。天治元年（1864）曾一度被烧毁，不久重建。明治五年，神教佛教分离，欢喜光寺内的神社独立成为"锦天满宫"。天满宫的分社盐釜神社（祭源融公）也迁移至此。明治四十年五月，与位于东山五条的法国寺合并，将寺基移到此处。现在的本堂属于法国寺，相传是庆长六年，丰臣秀赖为浅川备前守之女母公（淀君）二世安乐而建的。昭和五十年五月，为配合公用事业，应京都市请求，迁址到现在的山科之地。正殿和地藏堂为解体复原重建的，厨房、书院、御供所则是新建的。

华严寺 位于歧阜县揖斐郡谷汲取村，号谷汲山，为天台宗的寺院，建于平安时代初期。相传该寺曾自土中涌现油料，成为燃灯用油。此寺受醍醐天皇赐给敕额，成为一所敕愿寺。南北朝时代，曾遭新田军破坏。寺内收藏许多苊折（游方僧所穿的无袖外衣）。在关西三十三所寺院中，华严寺是唯一一所位于近畿之外的寺院。

慧日寺 位于福岛县磐梯町。开创者为奈良东大寺法相宗僧德一。据推测该寺开创于弘仁五年（814）。据传其最盛时寺僧三百，僧兵数千，寺领十八万石，子院达三千八百个之多。明治二年（1989）因废佛毁释运动而成为废寺，于大正二年（1913）复兴为现在的惠日寺。

极乐寺 位于神奈川县镰仓市西部，属真言律宗寺院，山号为灵鹫山，本尊为释迦如来。据传为北条重时所创立，开山祖忍性，于文永四年（1267）入寺。曾于建治元年（1275）遭火焚毁，后由忍性亲手重建。据传在中世时期兴盛一时，乃是拥有四十九个子院的大寺院。

建长寺 日本临济宗建长派大本山。位于镰仓市，山号巨福山，正式名称为建长兴国禅寺，本尊为地藏菩萨。系北条时赖发愿创建，伽蓝之配置系依中国杭州径山兴圣万福寺式样，而以南宋僧兰溪道隆为开山，于建长五年（1253）完成。道隆殁后，兀庵普宁、无学祖元、清拙正澄等相继来住，禅风兴盛，学徒云集。建武年间（1334—1336），此寺为镰仓五山的第四位。及足利义满确定五山制时，则改为第一位，与京都天龙寺并列。其后，屡遭回禄之灾及震灾，虽多有重修，然再兴之寺貌已不似当初创建时之规模。此寺之寺宝丰富，其中昭堂、佛殿、唐门等为重要文化财。此外，另有明兆的"十六罗汉图"、张思恭的"释迦三尊"、"大觉禅师画像"、"北条时赖坐像"等文物。

附：建长寺派，日本临济宗十四派之一。本山为镰仓建长寺，派祖兰溪道隆。原称大觉派（日本禅宗二十四流之一）或建长门徒。其禅风系承自中国杨岐宗风而来。派祖道隆（1213—1278）原为宋代西蜀涪江人，尝从无明慧性受杨岐派心印。宽元四年（1246）东渡日本，后应北条时赖之请，任建长寺开山第一世，法席大振，门徒猬集。就中，约翁德俭、桃溪德悟、无及德诠、苇航道然并称四杰，鼓扬禅风。

道隆寂后，兀庵普宁、大休正念、义翁绍仁相继掌理建长寺，第五世为无学祖元（圆觉寺开山）。此后，一山一宁、南浦绍明、高峰显日、东陵永玙等诸名僧亦尝来住，寺绩辉煌。传至二百三十六世后，开始采用轮番住持制。明治九年（1876）独立，称建长寺派，改置管长，统辖一宗，迄至今日。

建仁寺 日本临济宗建仁寺派的大本山，位于京都市东山区大和大路通四条下，山号东山，开山祖师为明庵荣西。建仁二年（1202）由于源赖家的支持而成为净土、真言、天台三宗兼学的道场。本寺之住持，在九世大歇了心之前，均由荣西门流的黄龙派弟子相承；在十世东福圆尔复兴堂塔以后，采十方住持的制度，亦即不管法系法流，凡高德禅僧皆可出任住持。建武年间（1334—1338），京都、镰仓的禅寺被列为五山，但屡有变迁，直到至德三年（1386）足利义满才决定其最终的位次，列建仁寺于第三位。其历任住持有开山荣西以来的黄龙派、圣一派（圆尔）、环溪派（镜堂觉圆）、嵯峨派（梦窗疏石）、大鉴派（清拙正澄）、大觉派（兰溪道隆）、一山派（一山一宁）、西涧派（西涧子昙）、曹洞宗宏智派（东明慧日）、佛源派（大休正念）、法灯派（无本觉心）、大慧派（中岩圆月）、大应派（南浦绍明）之诸派禅僧。寺内富文采之僧侣辈出，对于五山学艺之发展颇有贡献。应仁之乱后，五山势衰，因此安艺（广岛县）的安国寺惠琼（道号瑶甫），将东福寺食堂迁至建仁寺，改建为佛殿，又将安艺安国寺迁至建仁寺，改建为本坊。之后，由于丰臣秀吉、德川家康制定八百二十一石的寺领，到江户时期又受金地院僧录之统制支配，其末寺在天明八年（1788）有一百八十二寺（今仅存七十一寺），而土地面积为二万二千余坪。山内的院宇有兴禅护国院（开山塔）、西来院、两足院、灵洞院、大中院、正传永源院、兴云院、堆云轩、久昌院、禅居庵等。又境内有慈视阁（方丈）、望阙楼（山门）、大悟堂（僧堂）、群玉林（众寮）、入定塔（开山塔）、乐神堂（镇守）、三世如来殿（佛殿）、清凉轩（方丈书院）、拈华堂（法堂）等。

附：建仁寺派，日本临济宗十四派之一。本山为京都建仁寺，派祖则为明庵荣西（1141—1225）。原称千光派（日本禅宗二十四流之一）或建仁寺门徒，系传承中国黄龙宗学风而来。荣西于仁安三年（1168）首度入宋，登天台山，得天台章疏而还。文治三年（1187）再度入宋，从虚庵怀敞受黄龙派心印，建久二年（1191）返国。建仁二年（1202），源赖家建立建仁寺，迎请荣西为开山祖；此后，荣西大力阐扬禅道，法席极盛，海众满堂。其后，荣西门下退耕行勇、释圆荣朝、了然明全、天庵源佑、明惠高辩等人续扬此风。又，兰溪道隆、镜堂觉圆、清拙正澄、明极楚俊、中岩圆月诸派禅僧亦尝往来建仁寺，寺门兴隆，大放异彩。明治九年（1876）临济宗分立之际，此派独立称建仁寺派，置管长，延迄至今。

金仓寺 位于香川县善通市金藏寺町。正式名称为鸡足山宝栋院金仓寺，属天台宗寺门派寺院，本尊为药师如来。该寺前身为如意轮观音堂，据传由圆珍祖父和气道善开基创建于光仁天皇宝龟五年（774），当初称为道善寺。后来于文德天皇仁寿元年（851）成为敕愿寺。醍醐天皇延长六年（928）取当地名称改为金仓寺。

金刚峰寺 位于和歌山县伊都郡高野山，为日本古义真言宗的总本山。初为高野山全山堂宇的总称，明治以后，成为山上本院青岩寺的专称。弘仁七年（816），日本真言宗开祖空海（774—835）奏请嵯峨天皇赐地高野山，翌年空海即登高野山结庵修诸法，并着手营建伽蓝。十年（819），金堂落成。又仿南天竺之铁塔续建大宝塔，至真然之时始告完成，并命名金刚峰寺。宽平元年（889），长寿入住本寺，设座主职。后来本寺与京都之东寺发生争执，遂由东寺之观贤兼任座主职。此后，本寺即受东寺支配，势力逐渐衰退。至宽治四年（1090），明算任高野山检校，本寺始恢复昔日盛况。天承元年（1131），觉鍐（1095—1143）于高野山建大传法院，后任本寺及大传法院两寺座主之职，致使两寺发生纷争。保延六年（1140），本寺寺众攻击大传法院，觉鍐逃至根来（那贺郡），而成为真言宗新义派之祖。天正九年（1581），本寺不服织田信长之命，遂受大军攻打。天正十三年（1585），丰臣秀吉伐根来寺，欲乘势攻打本寺，幸赖木食应其之奔波游说，始得解围。其后，由于秀吉甚为赏识应其之才德，乃捐寺地与应其。此外，秀吉又为生母（青岩贞松禅尼）祈福，乃于高野山内建青岩寺。天保十四年（1843），本寺遭火烧毁。明治元年（1868），改青岩寺为金刚峰寺。六年，本寺与东寺共为古义真言宗总本山。三十三年，本寺独立称高野派，并置管长。大正十四年（1925），高野、御室及大觉寺三派联合以金刚峰寺为古义真言宗之总本山。本寺寺宝有佛涅槃图、阿弥陀圣众来迎图、五大力菩萨像、孔雀明王像等。

金光寺 位于兵库县神户市，属高野山真言宗，本尊为药师琉璃光如来，山号净国山。承安三年（1173）年由隆真法印创建。传说治承四年（1180）平清盛迁都福原之时，想先开凿运河，某天晚上，有童子在平清盛的枕边出现，托梦说"兵库的海中有灵佛，派人去找吧"。于是平清盛火速派人去找，果真找到了一尊黄金的药师如来像。平清盛对此事很是重视，随即下令药师如来佛为当地的守护佛，并建立寺院供奉。此即金光寺之由来。宽政十二年（1800）楠公祭之际，在此举行了太平记军书讲谈。据《北滨总会所日记》中记载，最初预定举行五十天的讲谈最后又延长了二十五天。在平成七年（1995）的阪神淡路大地震中，本堂和库里尽数被毁，之后复又再建。因本尊黄金药师的金色光彩夺目，故寺名为金山寺。山号则因为黄金药师的灵光照遍国内外，使万物纯净，故世人称之净国山。

金莲寺 金莲寺坐落在西湖一个小小的半岛上，属河内市西湖郡广安坊仪蚕村。相传，该寺建于李神宗王朝（1128—1138）。至今，已有近千年历史的金莲寺是京城最美的古寺之一。金莲寺三观门是极为独特的建筑物，宛如一枝莲花在四季碧波荡漾的西湖水面上绽放。该寺所有木结构都雕有精致婉转的龙和花草纹饰。屋檐上翘缀有陶制四灵龙麟龟凤。"金莲寺"朱漆三字悬在寺门正中。从三观门进寺，游客将穿过大院。院内保留着规格为宽零点八米、高一点二米的浮雕精美花纹的石碑。据研究者称，此为河内最古老的石碑，立于黎仁宗王朝泰和元年即1443年。该寺取"三"字形建筑，共有三座平行的房屋，外座是下寺，中间为中寺，最后是上寺。三座房屋均有两层叠檐屋顶，盖鳞瓦，斗拱柔美，雕刻细致。从寺的侧面看，两层屋顶上的二十四片屋檐辐射四方，充分体现了古人的建筑才华。金莲寺至今仍保藏有精美佛像，如三世佛、阿弥陀佛和观世音等组像，颇具艺术价值。前来金莲寺的游客不仅虔诚拜佛祈福，还可以观光游览，融入古老寺庙的静谧空间。

净琉璃寺 位于京都府相乐郡，为日本真言律宗寺。本寺系行基菩萨奉圣武天皇之敕愿所创建，永承二年（1047）义明再度修建。全寺共四十九院，为一显密俱修之道场。本堂称阿弥陀堂，为十一间四面"四注造"之平房建筑，供奉九尊阿弥陀佛。

净妙寺 临济宗建长寺派的古寺。名列镰仓五大寺院第五位。文治四年（1188），由源赖朝的刚强忠臣足利义兼开创，起初称为极乐寺。创始人据说是退耕行勇。行勇最初是学习真言密教的，后投于荣西门下修行临济宗。至德三年（1386）室町将军足利义满制定五山制度时完善了七堂伽蓝，成为具有超过二十三座塔头的大寺院，后因遇火灾而衰退。现在只残留有总门、本堂、客殿、库里（寺院的厨房）。因足利尊氏的父亲贞氏是该寺中兴的开基，因此墓地中有传说为贞氏之墓的宝匣印塔。木尊为释迦如来，寺内被指定为国家史迹。

净智寺 位于神奈川县镰仓市。属于禅宗寺院。同时也属于临济宗日觉寺派。在镰仓五山中位于第四位。号金峰山。本尊是阿弥陀如来、释迦如来、弥勒如来三佛。分别象征着过去、现在、未来。为了悼念镰仓幕府第五代执政者，北条时赖的第三个儿子北条宗政（1253—1281）于弘安六年（1283）创建了该寺。开基是以故的宗政与他的儿子北条师时。开山是身于南宋的高僧兀庵普宁。之后，高峰显日、梦窗疏石等名僧相继住持于此，在北条氏的保护下，该寺得以繁荣。镰仓幕府灭亡后，该寺的势力并没有衰退，延文元年（1356）因火灾，伽蓝全部被烧毁，但马上又得到重建。15世纪中期随着都市镰仓的日益衰败，此寺也逐渐衰退，但到江户时代末期，还保存着主要的八座塔头。大正十二年（1923），因关东大地震，该寺的大部分建筑都倒塌了，现在我们看到的伽蓝大部分是昭和时代重建的。

久远寺 位于山梨县南巨摩郡身延町，为日本日莲宗总本山，号身延山妙法华院。本尊是一塔两尊四士。文永十一年（1274），日莲自流放地佐渡归返后，入身延山，檀越波木井实长等人师事之，并为其建草庵。此后九年间，日莲在此教化弟子及著作，以终其一生。死后遗骨亦安置于此。"久远寺"一名，最早见于弘安六年（1283）的《久远寺轮番帐》。日莲殁后，由以六老僧为中心的十八名弟子轮流管理。后来，轮番制被废，改由日向担任第二代住持，其后成为常住持制。室町中期，第十一代住持日朝，将庵堂移至今址，建造大伽蓝，振兴教学，并制定全年例行法事。此外，第十二代日意、十三代日传均致力于兴隆寺运。至近代，在"受不施"与"不受不施"的争论平息之后，此寺便由身延门流的本山变成日莲教团的总本山。文政七年（1824），明治八年（1875）曾两度全部遭大火烧毁，其后重建。于昭和六十年（1985），大本堂（大殿）落成。

宽永寺 位于东京都台东区上野，为日本天台宗门迹寺（显贵出家所住止之寺院）。天台宗三山之一，山号东睿山圆顿院。沙门天海奉德川家康之命，改川越喜多院为天台宗之关东总本山，号东睿山喜多院。宽永二年（1625），在相当于江户城之鬼门地方（即现址）营造大伽蓝，型制模仿比睿山延历寺，其不忍池即琵琶湖之翻版，辩才天堂即仿竹生岛，并仿京都东山清水寺观音堂造立观音堂，移来东睿山号，并仿延历寺之以年号为寺名，而称宽永寺。后兼为日光轮王寺之门迹，又与东京芝公园之增上寺同为历代将军之灵庙，两寺轮流行祭，并另行建筑东照宫。元禄时代，以竹之台（今日本博物馆前广场）之中堂（琉璃殿）为中心，盛极一时。子院有三十五处，遍布上野山。明治元年（1868）因彰义队之战乱，寺宇多遭焚毁，仅存供奉天海与良源两大师之慈眼堂、灵庙（于第二次世界大战中烧毁）、东照宫、五重塔、本坊表门（黑门，移建于两大师前）等，广大之寺域大多变成为上野公园，现今之本堂乃明治年间自喜多院移建而成者。

来迎院 位于京都市左京区大原，号称鱼山大原寺来迎院。据传最初由慈觉大师圆仁开山以作为声明之修炼道场，创建于仁寿年间（851—854），至平安末期由融通念佛宗开祖良忍上人建成来迎院，因良忍集圆仁所传声明之大成而创鱼山流声明，使该院与胜林院同成为天台宗声明道场之中心。本尊为药师如来、释迦如来、阿弥陀如来三尊佛，故又称三尊院。

莲华寺 （1）位于滋贺县米原市（旧坂田郡米原町）的净土宗寺院。山号为八叶山。根据寺传，该寺为圣德太子创建，最初称为法隆寺，奉释迦如来和阿弥陀如来为本尊。后由良忠弟子一向上人获地方豪族土肥元赖皈依于弘安七年（1284）重建，改称八叶山莲花寺。

（2）位于静冈县周智郡森町，属天台宗寺院。山号八形山。本尊为阿弥陀如来。据传创建于庆长年间（704—708），以行基菩萨为开山祖。天长年间（824—834）成为天台宗寺院。中世时期曾隆盛一时，战国时代毁于战火而寺运衰微，至江户时期获幕府朱印状认可。

六波罗蜜寺 位于京都市东山区的真言宗寺院。据传由空也上人所创，为日本关西地区三十三札所（名刹）的第十七札所。以舞念佛而闻名的市圣空也上人，将十一面观音作为本尊，于应和三年（963）建立了本寺，最初称为西光寺。

龙安寺　龙安寺是宝德二年（1450）把贵族的别墅改修为禅寺的。长享二年（1488）本堂复兴之后修建了诸堂。其后于宽政九年（1797）被大火焚毁，现在的本堂乃庆长十一年（1606）将西源院本堂移筑过来而成。本堂南侧的本堂庭院为15世纪中期所修建，用土墙来围住东，西，而南面的石庭里铺上了白沙，白沙上面摆置了五群共十五个石组。该庭院布置因抽象而简明地表现出大自然之美而闻名于世。

鹿苑寺（金阁寺）　位于日本京都市北区金阁寺町，山号北山，正式名称为鹿苑寺，属临济宗相国寺派。本尊为圣观音。应永元年（1394），足利义满让位于其长子义持，翌年剃度出家。四年，受西园寺公经所赠别邸北山第，改筑为禅道修行道场，称为北山殿。义满殁后，义持奉遗命，改道场为禅刹，劝请梦窗疏石开山，并以其父谥号"鹿苑院"而改称此寺为北山鹿苑寺。然以该寺舍利殿（又称金阁）内外皆贴有金箔，故一般通称之为金阁寺。又，在三层金阁中，下层为法水院，安置阿弥陀三尊。寺域大半为庭园，堪称室町时代的建筑代表。昭和二十五年（1950）遭火烧毁，五年后重建恢复旧观。

轮王寺　位于栃木县日光市，乃天台宗正统门迹寺院。据传由奈良时代名僧胜道上人开创，但当时史书并无记载。据寺传记，天平神护二年（766），胜道及弟子一行辗转来到灵山日光山麓，因河流湍急而无法渡过大谷川对岸正陷入困境时，神态怪异的"深沙大王"神现身，并命两条大蛇搭桥助胜道等人顺利渡过对岸。胜道上人来到大谷川对岸找到圣地，遂建立安置千手观音的寺院于此，号"紫云立寺"，后改称四本龙寺。天正十八年（1590）时曾一度衰退，近世后由天台宗高僧天海任主持后得以复兴。现轮王寺本堂（三佛堂）位于远离大谷川之地，其堂塔山散坐于日光山境内多处。与位于神桥附近的二荒山神社本宫邻接的四本龙寺旧址，仍留有观音堂等若干堂塔。

妙本寺　位于神奈川镰仓市大街，是日莲宗的寺院。号长兴山。比企能员的儿子能本为了悼念死去的一族，也为供奉自己皈依的日莲，文应元年（1260）建立了此寺。寺内有比企一族的坟墓、一幡的坟冢（一幡，传说中即源赖家的儿子，相当于能员的孙子，因他的遗体没有被发现，就在此建造了衣冠冢）。

妙光寺　位于京都市右京区鸣滝，属临济宗建仁寺派寺院，山号为正觉山。由入宋僧无本觉心（1207—1298）为开山，创建于弘安八年（1285），为京都十刹之一。无本觉心法嗣中后来分别有高山慈照、东海竺源、孤峰觉明、无住思贤继任妙光寺住持。至德三年（1386）七月十日，幕府排定五山座位时，该寺被列为京师十刹的第八位。

妙觉寺 （1）位于千叶县胜浦市，为日本日莲宗四大本山之一。作为该宗最初的寺院，据传由领主佐久间重贞创建于文永一年（1264）。

（2）位于京都市上京区的日莲宗寺院。永和四年（1378）由日实所创建，至宽永七年（1630）为止一直是不受不施派的主要据点。

（3）位于冈山县御津郡，是日莲宗不受不施派的祖山。日莲宗不受不施派遭受江户幕府的打压被赶出京都后，于明治九年（1876）以日像为开山祖在此地再兴。

妙显寺 日本日莲宗四大本山之一。位于京都市上京区。号具足山龙华院，本尊为一塔两尊四士。该寺为镰仓时期僧人日像于元亨元年（1321）所创，为京都最早的日莲宗寺院。建武元年（1334），获后醍醐天皇列为敕愿所，赐号法华宗。三年，又成为足利直义的祈愿所，寺运兴隆。其后，于嘉庆元年（1387）遭比睿山徒破坏。天文五年（1536）被烧毁，寺址屡改。天正十一年（1583）奉丰臣秀吉之命迁至现址。现今寺域达九千二百余坪，统辖末寺二百六十余所。主要建筑有本堂、祖师堂、真骨堂、客殿、书院、库里、经藏等。塔头原有三十五院，今存大妙寺、泉妙院、久本寺、十乘院、惠命院、本妙院、实成院、教法院、善行院、法音院等。寺中藏有日莲真迹三八教、神国王书、强仁状御返事等物。

妙心寺 日本临济宗妙心寺派大本山。位于京都市右京区花园妙心寺町，山号正法山。创于日本南北朝初期，开山是关山慧玄，本尊为释迦如来。本寺系花园上皇捐出离宫荻原殿所改建，上皇自己则住寺内的玉凤院。至第三世无因宗因时，伽蓝逐渐完备。应永五年（1398）成为足利义满的祈愿所。翌年大内义弘之乱（应永之乱）起，由于第六世拙堂宗朴与义弘有师生关系，义满遂没收本寺财产，而交予青莲院义圆。后为南禅寺德云院的廷用宗器所管辖，改号龙云寺，而暂告衰微。永享四年（1432）第七世日峰宗舜重建诸堂，然于应仁元年（1467）又遭兵乱所毁。文明九年（1477）第九世雪江宗深奉命再兴。其弟子景川宗隆（龙泉派）、悟溪宗顿（东海派）、特芳禅杰（灵云派）、东阳英朝（圣泽派）四哲分创龙泉、东海、灵云、圣泽四庵。尔后由四派本庵掌管一山事务。中世末期因屡获织田、丰臣、德川等人护持，寺运极为隆盛，代代皆有优秀禅师出现，与大德寺同为江户时代的大寺。现今本寺领域达十三万六千坪[1]。主要建筑有佛殿（安置释迦三尊像）、法堂、山门、浴室、钟楼、经藏、寝室、库里、开山堂、敕使门、大方丈（安置弥陀三尊像）、小方丈等，多仿唐代建筑。

明王院 位于千叶县（广岛县也有）葛川坊村町。平安时代的贞观元年（859），延历寺的僧人相应在葛川的三瀑布修行时，见到不动明王，便相继跳入瀑潭。后

---

[1] 坪，日本面积单位名，等于一日亩的三十分之一，合 3.3057 平方米。

来僧人们在浮起的灵木上雕刻了不动明王，安置的地方就是后来的明王院。

南禅寺 日本临济宗南禅寺派本山。位于京都市左京区南禅寺町，山号瑞龙山。正应四年（1291），龟山上皇改其离宫为寺，称南禅寺，迎请无关普门为开山。其后，诸堂、子院逐渐兴建完成。应安二年（1369），与延历寺屡有纷争，山门遭受破坏。至德三年（1386），足利义满制定京都、镰仓五山十刹之位次，列此寺为天下第一、五山之上。其后，堂舍多次遭受焚毁，幸获历代朝廷与幕府的保护，而得以复兴。历代住持多为硕德，如一山一宁、梦窗疏石、虎关师炼、竺仙梵仙等。境内有南禅院、天授庵、归云庵、金地院、听松院等别院。寺宝有龟山天皇宸翰《禅林御起愿文案》一卷、绢本着色大明国师像、绢本着色释迦十六善神像等。

附：南禅寺派，日本临济宗十四支派之一。派祖为大明国师无关玄悟（普门），因以京都南禅寺为本山，故有此称。普门初谒圆尔辨圆，机语投契，不久入宋，参荆叟如珏于会稽，又见断桥妙伦于净慈寺。如是周游扣诸老之门达十二载。返日本之后，于东福寺谒辨圆，弘安四年（1281）任该寺第三世住职。正应四年（1291）奉龟山上皇之敕令，降服龙山离宫之邪怪，因之，上皇舍宫为寺赐住。此即本派之起源。门下有规庵祖圆、道山玄晟、玉山玄提、钩叟玄江、金光竺翁、岩窦明投等人。其中，祖圆初参无学祖元，后随侍普门，并于普门示寂后奉敕承袭第二世之法席，住山三十二年，大兴寺门。本派之基础虽由普门及祖圆所构筑，但在永仁七年（1299）龟山上皇下勒，令选拔器宇卓拔、才智兼全者为住持。此后付法传位即不依师资相承，而改为挑选诸山之英匠硕德任其职。因此，历世能放异彩者颇多。明治九年（1876）九月，临济宗诸派分立之际，独立为临济宗南禅寺派，别置管长。明治三十六年七月分立方广寺派，四十一年九月分立向岳寺派。在本山及美浓（岐阜县）永保寺、肥前（佐贺县）圆通寺设置专门道场，且联合临济、黄檗宗各派经营紫野中学校，培育派内子弟。

平等院 位于京都府宇治市的天台、净土系寺院。日本早期的木构建筑，沿着京都宇治川边兴建。该院创建于永承七年（1052），由平安时代权倾一时的藤原赖通改建其父别院而成。为引入宇治川水，依佛教末法之境，在水池之西建造阿弥陀堂，水池之东则建构象征今世的拜殿，打造"净土庭园"之喻的代表建筑，其规格更为后来日式庭园的参考指标。古刹的平等院最具代表性的建筑是面对阿字池而建，初期因置奉"阿弥陀如来"与五十一尊"云中供养菩萨像"得名的"阿弥陀堂"，后因"阿弥陀堂"外型似欲振翅而飞的禽鸟，在中堂脊沿更有两只尊贵象征的金铜凤凰像，遂在江户时代，更名为"凤凰堂"。

浅草寺 日本圣观音宗的总本山。位于东京都台东区浅草。山号金龙山。通称"浅草观音"。推古天皇三十六年（628），土师真中知于宫户川（隅田川）网获观音像，遂改宅为香堂，安置此像，此即建寺之起源。大化元年（645），胜海再建本堂，并被推为此寺之开山。天安年间（857—859），圆仁增建堂宇，中兴此寺。天庆五年（942），平公雅于此寺祈愿灵验，遂修缮诸堂，并捐赠庄园，寺域逐渐扩大。其后，又得源赖朝、北条、足利氏等的护持而渐隆盛。江户时代，成为幕府的祈愿所，又得德川家康所捐献的寺领五百石。明治以后，隶属于延历寺。昭和二十五年（1950），脱离天台宗而独立。"二战"后，本堂烧毁，昭和三十三年重建。寺中藏有纸本墨书《法华经》十卷、元版《大藏经》五千四百二十八卷等文物。

清澄寺 位于日本千叶县安房郡清澄山上，号千光山金刚宝院。本属真言宗，战后改属日莲宗。传说于宝龟二年（771）为不思议法师创建，圆仁再兴后改隶天台宗。江户初期时由智山派之门徒中兴，而改宗为真言宗。寺内有日莲宗始祖日莲之登山宣布开宗宣言之遗迹。

清净光寺 位于相模国（今神奈川县）藤泽市，为日本时宗的总本山。全称为"藤泽山无量光院清净寺"。于正中二年（1325）由镰仓时代后期时宗第四代吞海（1256—1327）创建。吞海曾于正安三年（1301）于京都七条开创金光寺，号称游行上人第四代。其系统的游行派后来成为时宗最大势力。该寺于江户时代作为本山重建。又称藤泽道场、游行寺。

清水寺 日本北法相宗的本山。京都之观光胜地。位于京都市东山区清水。别称北观音寺，为西国三十三所之第十六番札所。山号音羽山。延历十七年（798），参上田村麻吕创建，迎请延镇为开山。二十四年，大兴堂舍，成为桓武天皇勒愿寺。其后，由于隶属兴福寺之故，屡与祇园感神院（为延历寺所管辖）发生纷争，堂舍多遭破坏。源平之乱后，逐渐衰退。建久年间（1190—1199）再兴。室町时代，足利氏捐献寺领，营建诸堂。宽永十年（1633），德川家康重建，即今之堂宇。其中，本堂列为国宝，其前为俗称"清水舞台"之依悬崖而造之建筑。又，堂内挂有三幅渡海船图（二幅末吉船图，一幅角仓船图）。此外，境内庭园亦为京都之著名胜景。

青莲院 日本天台宗延历寺三门迹之一。位于京都市东山区粟田口町。别称粟田御所、粟田宫。天养元年（1144），行玄大僧正创建，至鸟羽法皇敕迁至今址，成为仙洞御所之祈愿所。其后慈镇和尚再度兴修，遂成为拥有广大寺域之道场。净土真宗开祖亲鸾即于此剃发出家，故后世历代之本愿寺法王得度时，必于此寺剃发。历代法亲王亦住于此，以继承天台座主之职。应仁之乱时，遭兵火焚毁，至室町末期加以修建。明治二十六年（1893），本堂、寝殿等又烧毁。二十八年修复。青莲院宸殿之袄绘为桃山式之金碧画。其庭园相传系相阿弥所作。该寺之寺宝"青不动"为平安末期之作，系现存不动图中之最高杰作。

劝修寺 位于京都府京都市山科区，为日本真言宗山阶派大本山，山号称龟甲山，本尊为千手观音。由醍醐天皇奠基创立，东大寺出身的法相宗僧承俊律师为开山（任初代住持）。是一所与皇室和藤原家族渊源极深的寺院。根据《劝修寺缘起》所记，醍醐天皇为追善生母，于昌泰三年（900）创建。远喜五年（905）被列为定额寺。历代法亲王均入该寺。文明二年（1470）曾因阿战火焚毁而衰落，江户时期获德川氏及皇室资助得以复兴。

泉涌寺 又称仙游寺，为日本真言宗泉涌寺派之大本山。位于京都市东山区今熊野，由空海所建，时称法轮院。再兴后，为天台宗之仙游寺。建保六年（1218），俊芿重修之，时境内清泉涌出，遂改称今名。为台、密、禅、净等四宗兼学之道场，又兼宏扬律仪，亦为敕愿所。后水尾天皇以后，寺后山为历代陵墓所在，如月轮陵、后月轮陵，均与朝廷关系渊源深厚。

壬生寺 位于日本京都市中京区壬生梛宫町，通称壬生地藏，或称宝幢三昧院（寺）、地藏院、心净光院，属日本律宗。中世以来，以作为京都地藏信仰的中心而著名。正历二年（991），三井寺僧快贤为安置定朝所刻延命地藏菩萨，乃于五条壬生创一寺，时称小三井寺。承历元年（1077），白河天皇特赐宫殿建地藏院。建保元年（1213），平宗平移建现址，且依旧址名而称壬生地藏。正嘉元年（1257）遭回禄之灾，圆觉上人导御再兴，此后成为律宗寺院。导御为再兴本寺，建融通念佛法会；此念佛会成为壬生狂言的起源。天明八年（1788），寺宇又因洛中大火而被毁。文化、文政年间（1804—1830）再兴。现存本堂、观音堂、阿弥陀堂、大念佛堂、一夜天神堂、辩天堂、六所明神社、忠灵堂、钟楼堂、东高丽门、西门、塔头地藏院等。本寺在每年四月所举行的大念佛会，世称之为壬生狂言，与嵯峨清凉山、千本阎魔堂（引接寺）的念佛会并称京都三大狂言。此壬生狂言，又称壬生大念佛、壬生猿乐。相传正安二年（1300），导御为除疫招福，而于正行念佛（即融通念佛）之外另创一种乱行念佛（狂言）。现行的曲目有桶取、红叶狩、汤立等三十首。

日光轮王寺 奈良末期，腾道上人开创日光山，建造四本龙寺供奉日光（二荒）权现。镰仓时期，将军皈依佛门现象盛行，涌现出许多侍奉镰仓将军的僧侣。这一时期，神佛调和进一步发展，三山（男体山、女峰山、太郎山）、三佛（千手观音、阿弥陀如来、码头观音）、三社（新宫、龙尾、本宫）得到协调完善，盛行山岳修行的修验道。室町时期，该寺的领地为十八万石，有多达五百间禅房，达到鼎盛。江户时期，天海大僧正（慈眼大师）担任住持，按照山王一实神道（天台宗）的教义在日光山迎奉德川家康为东照大权现。"轮王寺"的称号由天皇敕准，重新迎奉慈眼大师（天海大僧正）、三代将军德川家光，由"日光门主"轮王寺宫法亲王（皇族出身的僧侣）住持该寺，掌管宗派。明治时期，该寺逃过神佛分离的风波保存至今。作为轮王寺本堂的日光山随一，是东日本最大的木造建筑物，建造于平安时期，是全国少数的天台密教形式的佛堂。现存建筑物乃是正保年（1645）依照德川三代将军家光之命重建。

仁和寺 日本真言宗御室派总本山，位于京都市右京区御室大内町，山号大内山。又称仁和寺门迹、御室御所。仁和二年（886）光孝天皇敕建，光孝天皇崩殂后，宇多天皇继建，于仁和四年落成。延喜元年（901）天皇受益信灌顶后，在该寺内筑一室为御座所（宫），称为御室。从此每代法亲王皆入住于此，寺门大为繁荣。应仁二年（1468）遭罹兵火，堂宇全部烧毁，仅传法灯。宽永十一年（1634），受德川家光的外护，遂再兴堂宇，正保三年（1646）举行落庆供养。明治二十年（1887）再度失火，翌年逐次重建各堂宇。大正十四年（1925）归属古义真言宗；至昭和二十一年（1946），成为御室派本山。本寺寺宝有木造文殊菩萨坐像一尊、纸本墨书《圣教》三十册（三十帖册子）、旧御室相承记六卷、淡紫纸金泥《般若心经》一卷、绢本墨书《尊胜陀罗尼梵字经》一帖（不空三藏笔）、绢本着色孔雀明王像、圣德太子像、绀纸金泥《药师经》一卷、《承久三年四年日记》、唐革萌绘宝珠筥一个等，皆属国宝。

瑞龙寺 位于富山县高冈市，属曹洞宗的佛教寺院，山号高冈山。本尊为释迦如来，创立者为前田利常，初任住持为广山恕阳。其中山门、佛殿、法堂三幢建筑作为近世禅宗的代表作在1997年被指定为国宝，这也是富山县第一个被指定为国宝的。

瑞圣寺 位于东京都港区白金台的禅宗寺院。创建于宽文十年（1670）。宗派为单独创立的黄檗宗派系。山号紫云山。

如愿寺 （1）位于大阪市平野区喜连。属真言宗御室派寺院，山号为灵峰山，本尊为圣观音菩萨。据传圣德太子作为兴隆佛法之地，于用明天皇年间的585年创建该寺。初时称为喜连寺，西有阿弥陀寺，东有弥勒寺，南有奉药师如来为本尊的汤谷寺，此外还有桥本寺、松本寺、善法寺、高野寺等别院，曾是兴盛一时的大迦蓝，后逐渐衰退。弘法大师于弘仁八年（817）巡视高野山时，叹其衰落而立誓再兴，于弘仁十一年重建诸堂，改寺名为如愿寺。

（2）位于宫津市宫町。属真言宗寺院。山号为严松山。根据寺传，万寿元年（1024）比睿山皇庆上人身负行基所作药师如来像四处寻访灵地，至此地时佛像静止不动，于是将佛像安置于此，并创建如愿寺。

三宝寺 净土宗派寺院。于应永年间（1394前后）创建，当初建在石神井池的南侧，也就是今禅定院之地。文明九年（1477），石神井城的丰岛氏灭亡，奉太田道灌之命，迁移到现在的地方。据说江户时代，被给予朱印地十石，成为将军家狩猎时候的休息场所，十分繁荣昌盛。现在除了武藏野观音灵地之外，在本堂前面的大黑堂中也供奉着石神井七福神大黑天。安放着的本尊三宝大荒神保佑人们消除火灾，偷盗及病痛。本尊子安大荒神能保佑妇女顺利生产，孩子健康成长。

三千院 位于京都市左京区大原，为日本天台宗门迹。日本延历年间（782—806），最澄在比睿山东塔建三千院圆融房，后迁至东阪本尾井里，成为门迹寺。应仁之乱后移至现址。本堂之往生极乐院为源信创建当时之遗构，阿弥陀堂建筑为舟底形之天井，残留有彩画，本尊阿弥陀三尊之胁士乃最古之藤原佛。

善导寺 位于群马县馆林市楠町，属净土宗寺院。和铜元年（708），由行基创建。曾为馆林城主的榊原康政，在谷越兴建了寺院作为菩提寺。元和元年（1615），该寺成为德川家康规定的学习净土宗的关东十八寺院之一。正保元年（1644），在榊原氏第三代忠次被调往奥州白河之际，三代将军家光赐予其良田百石，以及免除杂役的朱印，榊原氏得以繁盛起来。平成二年（1990）秋，因馆林车站广场建设，善导寺遂移居至现址。寺内有德川四天王之一，馆林城主榊原康政及长子大须贺忠政，二代榊原康政胜和其母花房氏之墓。从馆林车站到琴歌房的途中，曾建有善导寺的本堂。传说该寺院迁移至此地时，住在城沼的龙王妻子，变成了一位美丽的女子，认真聆听了寺中僧侣的讲经之后，从困惑中解脱出来。为表达谢意，该女子跳入井中保护寺院。

善水寺 位于滋贺县湖南市，属天台宗寺院，号岩根山，本尊为药师如来。其与常乐寺，长寿寺并称为湖南的三山。本寺是在奈良时代创建的，据说由最澄将其改名为善水寺。也有说法认为，此寺乃奈良时代中期作为地方道场而建，称为和铜寺。平安时代初期，最澄入山，在延历寺建立了其他堂宇。后来，桓武天皇生病，得最澄运用法力，献上灵水，不日随即康复，故将其改名为善水寺。

深大寺 位于东京都调布市的天台宗别格本山的佛教寺院，山号浮岳山，全称浮岳山昌乐院深大寺。深大寺的名称据说源自唐朝僧人玄奘赴天竺求法的保护神"深沙大将"。据传天平五年（733），满功上人将其作为法相宗的寺院，一百年后的贞观年间，改宗为天台宗。本尊是正殿安置的阿弥陀三尊像。深大寺乃仅次于关东浅草寺的古寺。释迦堂中有铜造释迦如来倚像（重要珍贵文化遗产），被视为奈良文化的结晶。

神护寺 位于京都市右京区，属日本真言宗寺院。创立年代不详，本名高雄山寺或高雄寺。延历年中（782—806）和气清麻吕在河内国（大阪府）建立神愿寺。天长元年（824）其子真绢将其移至现址，改寺名为神护国祚真言寺。延历二十一年（802）和气弘世、真绢邀请南都的高僧及最澄至此举行天台三大部的讲会。二十四年，自唐归国的最澄在此地举行日本的第一次灌顶。弘仁三年（812），空海亦于此举行金刚界灌顶、胎藏界灌顶。天长元年（824），空海管理本寺。其后，空海移住高野山，由真济继任第二世。久安五年（1149）堂塔遭祝融，濒临荒废。仁安三年（1168）文觉致力劝募，终得后白河法皇、源赖朝等人的捐献，遂再度复兴。其后，又逢应仁兵乱，寺庙土地被没收，遂至荒废。大永年中（1521—1528）庆真加以修复，并因丰臣、德川两氏的援助，重建诸堂。明治四年（1871），寺庙土地再次被没收而衰退。十九年，香川县八栗寺高幢龙畅再度修建，从此渐渐复兴。本寺佛像多为平安初期的作品，本堂的药师三尊是弘仁时代佛像，钟楼的铜钟凤称三绝之钟（其上有橘广相的序词、菅原是善的铭文、藤原敏行的书法）。寺宝有两界曼荼罗二幅。

神野寺 位于奈良县山边郡山添村，据传于圣武天皇时代，天平十二年（740）由僧人行基所建，乃平安初期世人皆知之名刹。该寺的药师如来坐像乃是僧人行基自己制作供奉。神野寺是当时清和上皇游历的大和、山城、摄津三地的国内十三个寺院之一。寺内圣天堂香火茂盛，远道而来祈愿子孙繁荣、生意兴隆之参拜者众多。据传为推古六年（598）由圣得太子创建，后作为灵场而香火不断。天正十九年（1591），德川家康命令佐贯城主内藤家长在此营造枷蓝。本尊是药师如来和军荼利明王。

胜林院 位于京都市左京区大原三千院北侧，属天台宗寺院，本尊为阿弥陀日来。据传由圆仁创建于承和二年（835），后于长和二年（1013）再由寂源中兴，改称胜林院，成为天台宗的"谈义所"。该院与来迎院同成为天台宗修炼声明（佛教歌谣）的中心道场。文治二年（1186）发生于显真与法然之间著名的宗义争论"大原问答"即在该寺院进行。

胜光寺 位于京都市下京区中堂寺西寺町的日莲宗寺院，为洛中法华二十一寺之一。于应永三十四年（1427）由身延门流十七世慈云院（时称妙庆寺）日新创建。1536年因"天文法难"而遭烧毁，后移至静冈县感应寺。宽永八年（1631）重建，改称胜光寺，改山号为学养山，又称学养寺。

石山寺 山号石光山，属日本真言宗。位于大津市石山。本尊为二臂如意轮观音。其起源系良辨奉圣武天皇（724—749年在位）之命，为获得建造奈良东大寺大佛之黄金，故于此处造寺，安置如意轮像，祈颂如意轮观音，终于获得黄金，并建成大佛；其后刻丈六观音像，左右各安置约三公尺之金刚藏王及执金刚神，并建堂塔，乃成为敕愿寺。日本承历二年（1078），毁于火灾，至源赖朝始获再兴。寺内藏有珍贵之佛像、佛画及《石山寺缘起》七卷，并有多种珍贵之古写经、古籍。

寿福寺 位于神奈川县镰仓市扇谷的禅宗寺院，属于临济宗建长寺派，在镰仓五山中位居第三。山号为龟谷山，寺号全称为金刚寿福禅寺。本尊为释迦如来，创立者为北条政子，第一代住持为荣西。镰仓三十三观音的第二十四位，镰仓二十四地藏的第十八位。源赖朝圆寂后的第二年，正治二年（1200），其妻北条政子招募叶上房荣西为住持创建该寺。据说此地原先是以为祈祷源赖义征伐奥州获得胜利的源氏山为背景的源氏家族祖传之地，也是源赖朝之父源义朝的旧宅，治承四年（1180）初来镰仓的源赖朝本打算在此地建造幕府，但是冈崎义实已经在此建造殿堂，为义朝祈祷冥福。又因为土地面积狭窄，所以源赖朝改变了初衷。该寺创建之时，是拥有七堂伽蓝及十四个塔头的大寺院，作为禅寺调整格局大概是弘安元年（1278）。宝治三年（1247）遭遇火灾，在正嘉二年（1258）的火灾中寺院全部被烧毁。因为寺内有实朝墓五轮塔等，因此一般认为该寺的复兴是在南北朝时期。以二世退耕行勇为首，心地觉心、円尔弁円、阑溪道隆、大休正念等名僧相继进入该寺。因此从镰仓的禅宗文化方面来说，该寺具有重要意义。镰仓初期，虽然该寺因其较高的寺院地位而繁荣昌盛，但像《海道记》、《东关纪行》的作者都没有提及该寺。

双林寺 （1）位于日本京都。号金玉山，属于天台宗。据本寺之寺传记载，延历二十四年（805）最澄自中国返日，携回大批佛像及天台、密教之经疏等，上表奉进，天皇嘉许之，遂敕令臣下营建伽蓝及十七僧房以赐予最澄。最澄以此地之形状类似中国东阳郡乌伤县之沙罗双林寺，遂号双林寺。后成为延历寺之别院。建武三年（1336），罹兵灾而烧毁，遂又修建。后改属时宗，成为时宗一派之本山，称东山道场。然因与正法寺起本末寺之争，结果以正法寺为本山，本寺遂复归天台宗。应仁元年（1467）再遇兵火之灾，后几经改建。本有通玄庵、长喜庵、景云庵、妙吉庵等，明治三年（1870）以后，渐次废绝。今有本堂及僧房等，本堂安置本尊药师佛（相传为最澄作）、左方置阿弥陀佛（相传为圆仁作）、右方置国阿像。又本寺古来即以风光明媚见称。

（2）位于日本上野。号最大山，属曹洞宗。宝德二年（1450）长尾景信创建，以月江正文为开山。元龟三年（1572）曾罹兵灾而烧失。后再兴寺宇。元禄年间（1688—1704），该寺于上野、信浓、越后、佐渡等四国，统辖曹洞宗约二千寺。今有佛殿、廊下、开山堂、禅堂、方丈、众寮等，有末寺四十八所，为当地之巨刹。

四天王寺 位于大阪市天王寺区元町，为日本和宗（圣德宗）的总本山，山号荒陵山，略称天王寺。别称荒陵寺、敬田院、难波寺、难波大寺、崛江寺、三津寺。关于本寺的创建由来，众说纷纭。最普遍的说法为：用明天皇二年（587），圣德太子为讨伐物部守屋，乃造四天王像，并建立此寺。其原址设于玉造东岸，后移往难波的荒陵，即现址。其后，受历朝尊崇。承和五年（838），寺中设置"别当"一职，由天台宗山门、寺门交互补任此职。后以二门屡为此职争执不断，文永元年（1264）该职转由延历寺担任。康安元年（1361）震灾后，圆海再兴之。此后，由于数度火灾及"二战"的空袭，寺舍烧毁大半。近年渐次复兴，伽蓝配置形式与创建当时相同（其式样系自中门至讲堂南北相连，称为四天王式）。由于此寺系圣德太子所创建，遂成为太子信仰的中心地。中世以后，贵族、庶民的诸多信仰亦多集中于此。寺宝颇多，其中，纸本着色扇面法华经册子及丙子椒林剑、七星剑（二剑相传为圣德太子所佩带之）等，均已列为日本国宝。

唐招提寺 日本律宗总本山，位于奈良市五条町。南都七大寺之一。又称招提寺、唐律招提寺、建初律寺等。系唐·鉴真所创。天平胜宝六年（754），鉴真率门人至日本，深受圣武天皇推崇，获赐新田部亲王之旧地，遂于此地营建律寺，作为研究律学的道场。天平宝字三年（759）落成，孝谦天皇勒额"唐招提寺"。其后，备受坛天皇的鼎力协助，寺域逐渐扩大。平安中期左右，寺运逐渐衰退。宽正二年（1244），觉盛住此寺，一新寺规，世称中兴之祖。室町末期，寺运再度衰落，江户时代以后渐次复兴。本寺有颇多优美的建筑与雕刻，深具美术价值。如金堂系四种流派混成的大建筑，屋顶饰有鸱尾，为奈良时代唯一的金堂遗作，其内置有卢舍那佛、千手观音、药师如来等佛像。又，讲堂为和铜年间（708—715）的平城京朝集殿，内有镰仓时代的弥勒像。其中，有被称为"唐招提寺样"的木雕佛像。此外，开山堂置有鉴真和尚坐像，为奈良时代干漆肖像雕刻的代表作。寺中亦藏有纸本着色《东征绘传》与古写经等文物。

醍醐寺 日本真言宗醍醐派的总本山。位于京都市伏见区醍醐伽蓝町，山号深雪山，又称笠取山、万茶山。自贞观十六年（874）圣宝在山上结草庵以来，先后建立准胝堂、如意轮堂、药师堂、五大堂等。延喜七年（907）成为醍醐天皇的敕愿寺，十三年成为定额寺，十九年由圣宝的法弟观贤担任初代座主。醍醐寺是由上醍醐、下醍醐合为一山之总称，全山由五门迹所统辖。五门迹即：（1）三宝院，为第十五代座主胜觉于永久三年（1115）创建；（2）报恩院，系第三十五代座主宪深于建长三年（1251）创建；（3）金刚院，由圣贤创建；（4）理性院，由贤觉创建；（5）无量寿院，由元海创建。在镰仓时代，此寺一度衰落，至室町时代满济创立三宝院门迹之后，寺势始再恢复。后遭到应仁、文明之乱，伽蓝被烧毁，寺地也丧失甚多。至义演担任第八十代座主时，由于丰臣秀吉的外援，遂重建寺宇，并举行醍醐赏花宴，寺势乃得以复兴。上醍醐供奉的是西国三十三所第十一番札所的准胝观音。下醍醐的五重塔，是依据醍醐天皇的皇后稳子的御愿而建立的，此塔为藤原期最古的建筑。

天龙寺 日本临济宗天龙寺派大本山。位于京都市右京区嵯峨町。寺内藏有梦窗国师顶相、佛画、策彦周良之入明记录类等。

万福寺 位于京都府宇治市，为日本黄檗宗大本山，山号黄檗山，开山祖为清代渡日僧隐元隆琦。万治二年（1659），妙心寺龙溪性潜拟为隐元隆琦建立伽蓝，经幕府德川家纲允准，于宽文元年（1661）动工，宽文五年完成。寺名取自隐元禅师来日前的旧寺名号。自隐元开山以后，本寺住持多由中国僧担任；至元文五年（1740）日僧龙统元栋补任住持后，始改由日僧继任住持。全寺建筑有三门、天王殿、大雄宝殿、法堂等处，颇具明代中国寺院的风格。17世纪时，日僧铁眼道正于此寺开雕黄檗版《大藏经》。

万寿寺 位于京都市东山区，是东福寺的塔头。曾和天龙寺、相国寺、建仁寺、东福寺并称为京都五山而繁荣。万寿寺的起源要追溯到平安时代后期白河上皇在六条内里建造的六条御堂。据《京城万寿禅寺记》等记载，白河天皇的女儿郁芳门院（媞子内亲王）永长元年（1096）去世，年仅二十一岁。悲痛欲绝的天皇为给女儿超度就建造了六条御堂。天皇也出家成为上皇。此御堂镰仓时代由法然的弟子湛空（1176—1253）住持，后由十地觉空继承。当时已成为天台系净土教的寺院。正嘉年间（1257—1259），十地觉空及其弟子东山湛照皈依东福寺后，该寺变成临济宗寺院，寺号改为万寿禅寺。弘长元年（1261）进行了建寺仪式。文永十年（1273）寺院遭到火灾，元德二年（1330），得到后宇多院皇女崇明门院赏赐土地，迁移到六条旧地以北，高仓通以西，樋口小路（现万寿寺）以南。附近留有下京区万寿寺町，万寿寺中町等街道名称。虽然在室町时期该寺为京都五山第五，永享六年（1434）遭遇火灾后，逐渐衰退。天正年间（1573—1592），迁移至五山第四位的东福寺北侧的三圣寺旁边。据说三圣寺建寺也与十地空觉和东山湛照有关。三圣寺本是镰仓时代具有禅宗式样大伽蓝的主要寺院，后来逐渐衰退。明治六年（1873），与万寿寺合并。明治十九年（1886）开始成为东福寺塔头。据《东福寺志》记载，明治十四年（1881），东福寺佛殿烧毁，万寿寺的释迦三尊像被迁至东福寺成为新的本尊。因此现东福寺的本尊是原三圣寺的。另外，东福寺内爱染堂和仁王门，万寿寺入口的钟楼（以上都为重要文化财产）原来都是三圣寺的建筑。

往生院 （1）位于东大阪枚冈的净土宗寺院。又称六万寺。《日本书纪》曾记载，善信尼等人留学百济，于崇峻天皇三年归国后住樱井寺。据传六万寺乃由行基菩萨奉圣武天皇敕愿于天平十七年（745）重建于荒废的樱井寺遗址上，奉药师如来为本尊。在此之前的文武天皇时期，修验道的开山祖役小角曾到此地，修行于背后的岩泷山。据《大日本史》记载，南北朝时期战死的楠木正行遗骸葬于往生院。该寺因战火焚毁，后于承应三年（1654）以净泉为开山重建。俗称楠公寺。

（2）位于京都市右京区嵯峨清凉寺西侧的净土宗尼寺。由法然的弟子良镇于承元年间（1207—1211）开基创建。现有真言宗祇王寺，因平清盛宠爱的祇王、祇女、佛家前曾经隐居于此而出名。

无量光寺 位于神奈川县相模原市当麻578号，属时宗寺院，旧时宗的大本山。山号当麻山，院号金光院，道场号当麻道场。被称为当麻无量光寺。本尊是木造的一遍的立像，被指定为有形文化遗产。复制品被放于国立历史民俗博物馆内。根据寺内沿革的传说，该寺起源于弘长元年（1261）一遍建造的草庵。而实际上乃起源于一遍的得意门生他阿真教于嘉元元年（1303）二月结束云游之后开设的道场。在《游行上人缘起图》的最后，记录了该寺在特殊时期念佛的场面。文保三年（1319），真教灭亡，开始时该寺成为时宗僧侣教团的圣地，参拜者络绎不绝，此事记载于他阿吞海遗留下来的法语当中。后来，吞海在藤泽设立道场，此即无量光院，一直延续至今。

西本愿寺 西本愿寺是净土真宗本愿寺派的大本山。文永九年（1272）创建于东山，天正十九年（1591）迁至现址。它是日本京都最大的寺院，为日本佛教净土真宗愿派总寺院。西本愿寺的建筑反映了绚烂豪华的桃山时代的艺术风格。寺内安置有开山始祖亲鸾圣人坐像。西本愿寺内的唐门、白书院、黑书院、日本最古老的能舞台等是日本国宝级建筑物，其他还有壁画、枯山水样式的虎溪庭院等精彩景点。飞云阁与金阁、银阁共称为京都三阁，是日本国宝之一，也是炫丽桃山文化的精华荟萃。净土真宗的创立者是亲鸾圣人（镰仓时代）。亲鸾圣人死后，女儿觉信尼于文永九年（1272）在东山大谷建了一座庙堂，龟山天皇赐名为"本愿寺"（现在讲到的本愿寺，一般就是指西本愿寺）。院中藏有亲鸾圣人的骨灰及其画像。本愿寺宏伟的建筑群和宽畅的砾石广场与其显得较为简朴的入口大门形成了鲜明的对比。著名的本愿寺两堂即为广场右边的御影堂（本愿寺的缔造性建筑）和广场左边的阿弥陀堂。其中，御影堂为僧侣和信徒们的聚集地。

西大寺 （1）日本真言律宗总本山。位于奈良市西大寺芝町，又称高野寺、四王院，山号秋筱山。系称德天皇为平定藤原仲麻吕（惠美明显胜）之乱，于天平神护元年（765）所创建的勒愿寺，开祖为常腾律师。至奈良时代末期，成为南都七大寺之一，且与东大寺并称大寺。本尊是释迦如来。宝龟年间（770—780），本寺除四王院外，药师金堂、弥勒金堂、十一面堂院、西南角院、东南角院、小塔院等诸堂亦陆续完成。延历十七年（798）更与大安、元兴等寺同列官寺之林。承和十三年（846）、贞观二年（860）遭回禄，寺运渐衰。平安时代，受兴福寺统治。嘉祯元年（1235）兴正菩萨睿尊复兴本寺堂宇、佛像，创光明真言会（自九月四日起，七日间诵光明真言的法会）。文龟二年（1502）因战乱，诸堂付之一炬。天正年间（1573—1592）复遭松永久秀掠夺寺地，而再呈衰微。至江户时代，由于德川家康捐地，始重修本堂、四王堂、爱染堂、护摩堂等。寺中所藏珍贵文物有清凉寺式释迦如来像、兴正菩萨（睿尊）像、绢本着色十二天像（平安时代）、金铜透雕舍利塔（镰仓时代）、《金光明最胜王经》、《大毗卢遮那成佛神变加持经》（奈良时代）、四天王立像等，为数颇多。

（2）日本高野山真言宗寺院。位于冈山市西大寺中，又号金陵山观音院。系天平胜宝三年（751），周防国藤原泰明之女皆足于郡内金冈庄松中岛所创。一说为津高报恩大师所建。宝龟八年（777）纪伊安隆上人迁寺于现址，称犀戴寺。承久三年（1221）后鸟羽上皇因祈愿调伏北条氏，乃改为今名。本尊为千手观音。

镰仓时代，本寺成为天下的祈愿所。正安元年（1299）遭闪电所击，一山悉归乌有，仅存本尊。文龟年间（1501—1504）忠阿上人中兴之，重建堂塔伽蓝。天文元年（1532）复遇祝融，三年始再兴。现存本堂、药师堂、大师堂、三重塔、护摩堂、十王堂、牛王所殿、千手院、经堂、方丈、仁王门等建筑。

西芳寺 属日本临济宗天龙寺派。位于京都市西京区松尾神谠谷町，山号洪隐山，又称苔寺，本尊为阿弥陀如来。此寺原为圣德太子的别墅。天平年间（729—748），行基创建四十九院时，在此建一堂宇，安置阿弥陀三尊，号西方寺。建久年间（1190—1199），中原师员皈依法然，乃将此寺分成西方、秽土两寺，隶属净土宗。历应二年（1339），摄津亲秀请梦窗疏石为中兴始祖。修整堂舍林泉，易名西芳寺，改属临济宗。永禄十一年（1568），策彦再建伽蓝。后遇洪水肆虐。明治十一年（1878）始复兴。本寺自中世以降即以庭园之美而著名。境内四周丘陵环绕，风景幽雅宁静。有西来堂、无缝阁、湘南亭、琉璃殿、黄金池、合同船、潭北亭、缩远亭、向上关、指东庵、邀月桥等景。足利义政酷爱此寺之庭院造型，故其所建高仓御所及东山山庄即仿此寺而建。

西光寺 由平安时代空也创立的寺院，空也寂后改称六波罗蜜寺。详细参看六波罗蜜寺。目前日本各地均建有不少名为西光寺的寺院。

西园寺 净土宗宝珠山竹林院西园寺，原位于京都市倍区鞍马口通寺变迁至高德寺町的西园寺，于鞍马口通寺町稍南面，与天宁寺的南侧相邻。承久之乱后，镰仓幕府的太政大臣藤原公经元仁元年（1224）于北山的衣笠山脚兴建别墅北山第。于北山第又建作为那家的菩提寺的佛堂，开始西园寺作为其号。公经是内大臣藤原实宗之子。这个寺名后来成为子孙后代的姓氏。藤原公经后来将栂尾高山寺的明惠上人作为戒师出家。公经作为镰仓时期的和歌诗人而被人所知，因一首《小仓百人》而闻名。《新古今和歌集》中收录公经的和歌近一百一十四首。应永四年（1397）迁至室町头（上京区），天正十四年（1586）三迁至现居地。这之后西园寺家族日渐衰败，于江户时代的延宝年间（1673—1680）灭绝。明治时期，从德大寺（本姓藤原）家族过继以继承西原家族的西原公望活跃于明治到昭和时期，历任第十二代、第十四代内阁总理大臣。

相国寺 日本临济宗相国寺派大本山，位于京都市上京区，号万年山相国承天禅寺。系足利义满于永德二年（1382）所创建。翌年迎请春屋妙葩为首任住持，追请梦窗疏石为开山。应永元年（1394）后屡遭焚毁，迄"应仁之乱"时，更为荒废。后藉丰臣秀吉、德川家康之力而暂告复兴，但天明年间（1781—1788）又再遭焚毁。现存之正殿系庆长十年（1605）得丰臣秀赖所助而重建之法堂，为安土桃山时代禅宗建筑之代表作。江户末期至明治年间，其建筑物又再度兴建，明治九年（1876）临济宗分派，本寺成为相国寺派之总本山。寺内藏有无学祖元墨迹（国宝）、十六罗汉像、十牛颂等寺宝。

附：相国寺派，日本临济宗十四派之一。以京都相国寺为本山，为春屋妙葩所开创。初，春屋妙葩曾多方协助足利义满建立相国寺，及寺完成（永德三年，1383），追请其师梦窗疏石为开山祖，而自居第二世。此即本派之滥觞。尔来名德相继驻锡此寺，空谷明应、太清宗谓、云溪支山、绝海中津、物先风格、万宗中渊、观中中谛等相继继承法灯，法系连绵不绝，与天龙寺派齐名，并扬禅风。明治九年（1876）独立，置管长统辖全派。

蟹满寺 位于京都府木津川市山城町。是真言宗智山派的寺院。山号普门山。本尊为观世音菩萨。寺院的创建年代不详，但根据周边的发掘调查，推定为飞鸟时代。江户时代，正德元年（1711）智积院的僧亮范入寺，复兴了蟹满寺。

新善光寺（善光寺） 位于长野市大字长野，是无宗派的佛教寺院。号定额山。从古代开始就称其为"四门四额"。东门是定额山善光寺，南门是南命山无量寿寺，北门是北空山云上寺，西门是不舍山净土寺。建立了二十五院天台宗的大却进和十四坊净土宗的大本愿。本尊是阿弥陀三尊像，是尊秘佛。据说这尊秘佛是钦明天皇时代，百济的天皇赠送的，后来推古天皇命令本田善光把这尊秘佛迁到现在所在地。据传善光寺的名称源自本田善光的名字。昭和二十八年（1953）三月，这尊佛像被国家列为国宝。中世以后，信仰善光寺的人增多，镰仓时代以后，模仿善光寺本尊雕塑了很多的佛像，在日本各地建立了"善光寺"和"新善光寺"。战国时代的寺至今已然荒废，其后把善光寺建到了各个地方上，所建之处皆流传着一些传说。据传因担心善光寺被人焚烧，信弦把本尊迁移到甲府，当时所建寺院即位于甲府市的甲斐善光寺。为保护善光寺，上杉谦信把本尊迁移至越后国直江津（现在的上越市），将十念寺（滨善光寺）作为大本愿的另一个寺院传承着法灯。后来织田信长把本尊迁移至歧埠，又由丰臣秀吉带回京都，德川家康把其迁移至尾张，又于庆长二年（1598）回归信浓。

兴福寺 日本法相宗大本山，位于奈良市登大路町。天智天皇八年（669），藤原镰足之嫡室镜女王继镰足遗志，于山城山阶村陶原（今京都市山科区东野之地）建立山阶寺，安置丈六释迦像。此即本寺滥觞。天武天皇元年（672）将此寺移至大和高市郡厩参（今奈良县高市郡明日香村剑池附近），改称厩参寺。和铜三年（710），迁都平城京之际，藤原不比等复移寺址至现地，且易名为兴福寺。此后，随着藤原氏之隆盛而兴隆，成为南都七大寺之一，并为法相、俱舍教学之中心道场，人才辈出。平安时代，兼管春日社，威势更盛，拥有庞大之庄园与僧兵。镰仓、室町时代以后，由于兵乱频仍，僧众纷纷自立门户，庄园又多为幕府所收回，故寺势逐渐衰落。明治维新之际，百余塔头尽皆废绝，乃隶属于真言宗。明宗十五年（1882）独立，成为法相宗大本山。自天平宝字符年（757）慈训担任别当以来，本寺寺务由别当、权别当管理。中世以降，别当一职由一乘院、大乘院两门迹轮流担任。又，本寺多次遭回禄之灾，现存建筑物有中金堂、东金堂、南圆堂、北圆堂、五重塔、三重塔、大御堂（菩提院，俗称十三钟）等。其中，北圆堂、三重塔为镰仓中期再建；东金堂、五重塔则为室町初期再建。本寺寺宝丰富，现存国宝、重要文化财级之贵重文物多达百余件。

兴国寺 日本临济宗法灯派大本山，位于和歌山县日高郡由良町，山号鹫峰山。安贞元年（1227），高野山金刚三昧院愿性（俗名葛山景伦）为源实朝祈求冥福而创建此寺，号西方寺。正嘉二年（1258），礼请自宋返国的无本觉心（法灯国师）为开山，并改寺号为兴国寺。其后，四方学徒云集，孤峰觉明、规庵祖圆、慈云妙意等人皆入觉心门下，蔚然而成法灯派。此后，本寺遂成为法灯派中心道场。又，觉心返国时，镇州普化之四居士亦相随而行；四居士后于本寺普化谷（一说风名地）建立普化庵（一说广化庵），参禅之余，并吹尺八（虚铎），开日本虚无僧（普化宗）之风。日本中世战乱以后，本寺逐渐荒废。庆长六年（1601），浅野行长再兴。明治年间，属妙心寺派。昭和三十一年（1956），独立为法灯派本山。

兴圣寺 位于日本京都府宇治市，属日本曹洞宗寺，山号佛德山。由道元所开创，为日本最早之禅寺。本寺前身原为深草乡谷口之旧极乐院，复建后改称观音导利院兴圣宝林寺。后因道元前往越前永平寺，寺遂荒废，故迁至现址，再度兴修。本寺面临宇治川而与平等院相望，环境幽静。

修禅寺 日本曹洞宗寺院，位于静冈县田方郡修善寺町。空海之弟子杲邻所创，时为真言宗寺。后宋僧兰溪道隆住于此，改为临济宗寺。又于北条早云之外护下，隆溪禅师迁入该寺，始改为曹洞宗寺。寺内所藏宋版一切经（北条政子捐献），因德川家康之令，遂移置增上寺。此外，寺中藏有宋朝之绣佛、古写经、兰溪画像等。

学养寺 日莲宗身延门流为在京都布教而创建于京都的寺院。详细参看胜光寺。

药师寺 位于日本奈良，旧称香药师寺。属日本华严宗寺。为东大寺之别院。天平十九年（747），光明皇后为祈求圣武天皇眼疾痊愈，令行基创建本寺。寺内安置七尊药师佛。宝龟十一年（780）烧毁，未久奉敕重修。其金堂为天平建筑。本尊药师如来坐像为木造巨像，两目炯然有神，系平安初期之名作。又有十一面观音立像二尊，亦为平安时期之佛像。以本尊为中心之圆坛上置有并列之十二神将（塑造），为天平末期之代表作，其中一尊系后来补作者，相传移自大和之石渊寺。此外，另有地藏堂、钟楼、东门等建筑，皆为镰仓时期之建筑。又寺宝有香药师立像、佛涅槃图等。

岩船寺 位于京都府木津川市加茂町，为真言律宗寺院，山号高雄山，本尊为阿弥陀如来。传说创立者是行基。此地作为盛产绣球花而闻名。岩船寺因寺门前有岩船而得名。岩船寺虽位于京都境内，但临近奈良，所以在文化上也受到了一定影响。边上有因九体阿弥陀佛而闻名的净琉璃寺。岩船寺、净琉璃寺附近有当尾石佛群。据寺传中记载，岩船寺是天平元年（729）根据圣武天皇的发愿由行基创建的。之后，在平安时代初期的大同元年（806）空海（弘法大师）的外甥智泉入寺建立了作为传法灌顶（密教的仪式）的道场的报恩院。弘仁四年（813）因为在嵯峨天皇祈求皇子诞生之后有授予仁明天皇的仪式，所以嵯峨天皇的皇后将试院进行了修建，寺院也命名为现在的岩船寺。以上是寺传中所记述的。因为中世之后的火灾，使寺院草创的正确时间无从考证。但根据本尊阿弥陀如来坐像的坐高超过二十八米，坐像上刻有天庆九年（946）的字样，可推测10世纪中期的岩船寺是一座有相当规模的寺院。承久三年（1221）的承久之变战火把岩船寺几乎全部烧毁，但在室町时代三重塔等建筑得以重建。至江户时代成了兴福寺的分寺。

延历寺 位于日本京都滋贺县境比睿山，又作比睿山寺、比睿寺、比江寺、山门、北岭、台岭。为日本天台宗总本山。桓武天皇延历四年（785），最澄于此结一草庵，三年后，创立根本中堂，于中安置自作之药师佛像，称为一乘止观院。后于延历二十三年来华参学，翌年返日，依敕愿建大伽蓝，遂开日本天台法华宗。弘仁十三年（822）最澄示寂。同年敕许建大乘戒坛，翌年赐"延历寺"之额。义真任第一世天台座主，又有圆仁、圆珍等高僧辈出，故宗风大盛，诸堂建设次第完备，最盛时有三塔、十六溪、三千余坊。贞观元年（859），圆珍再兴园城寺，以为别院。平安时期（794—1192）和镰仓时期（1192—1333）佛教兴盛，不少名僧到此学习。元龟二年（1571），织田信长（1534—1582）与延历寺僧兵冲突，烧毁全山，僧众死伤颇多。后在丰臣秀吉（1536—1598）、德川家康（1542—1616）支持下，由全宗、诠舜等重建，大致恢复旧观。教学方面，圆密戒禅之外，净土思相亦发达于此，故发展为一综合佛教之道场，开创镰仓时期新佛教之祖师大都曾登临此山修学。南北朝时（1336—1392），后醍醐天皇亦曾两度亲临。全山内分三塔：①东塔，以根本中堂为中心。根本中堂置有本尊药师如来、千手观音立像。大讲堂于近年烧毁，本为举行六月会、十一月会等法会之场所。戒坛院为圆顿戒（即大乘戒）最早之戒坛。此外，有文殊院（又称一行三昧堂，系模仿我国五台山之风格而建者）、前唐院（圆仁住处）、总持院、净土院（最澄之庙所）、檀那院（觉运住处）、五智院（圆仁之庙所）、明王院（无动寺之本堂）、大乘院（慈圆之旧迹、亲鸾之修学所）。②西塔，以释迦堂为中心。释迦堂又称转法轮堂，本尊为释迦如来，并安置文殊、普贤、四天王等像；西塔一院之大众，于此堂修法华法、八字文殊法、不动法等。法华堂与常行堂有曲折之回廊。黑谷之青龙寺位于释迦堂之北，系良源所创，后为法然、真盛之修学地。此外尚有琉璃堂、相轮橖等。③横川，以横川中堂为中心。横川中堂又称首楞严院，圆仁所创，本尊为圣观音，并安置胁士毗沙门天、不动尊。此外，四季讲堂（又称定心房）

为良源之住处，惠心院为源信住处，定光房为日莲之修学地，华藏院为道元之剃发处，东山麓之滋贺院为延历寺本坊，日吉神社则祭祀山王权现。本寺寺宝有宗祖最澄所书写之《将来目录》、《羯磨金刚目录》、《天台法华宗年分缘起》、《六祖惠能传》、《入唐牒》、《山门再兴文书》等。

野中寺 位于大阪羽曳野市，乃高野山真言宗的佛教寺院，山号青龙山。主佛药师如来。于飞鸟时期创建。代代相传为圣德太子建立的四十八个寺院之一，由稣我马子奉太子之命创立。其"上之太子"叡福寺、"下之太子"大圣胜军寺合称三太子，被称为"中之太子"。从院内残留的基石来看，充分证明飞鸟至奈良时期，这里曾存在着大规模的寺院伽蓝。也有说法认为此寺是作为渡来系氏族的船氏家族的氏族寺院而建立的。创建时的（寺院的）殿堂和佛塔到南北朝时代因战祸而全被烧毁，院内还残存着中门、金堂、塔、讲堂、回廊等显示法隆寺式的寺院构造的基石。现存正殿乃江户时代初宽永至宽文年间（1624—1673）重建，其他殿堂为享保年间（1716—1735）重建。江户时代，作为律宗的劝学院同和泉神凤寺、槙尾西明寺一起构成律宗的三大禅房而繁荣兴盛。明治时代中期开始作为现在的宗派高野山真言宗寺院。

银阁寺 原名慈照寺。属日本临济宗相国寺派，位于京都市左京区银阁寺町。山号东山。本尊是释迦如来。文明十四年（1482），足利义政于净土寺旧址营建东山殿（东山山庄）。义政殁后，后人依其遗命，改东山殿为禅刹，号慈照寺，并迎请梦窗疏石为开山，并以相国寺室处为第一世住持。元和年间（1615—1624），宫城丹波守丰盛再兴此寺。宽永十六年（1639），宫城丰嗣为父祈求冥福，营建方丈，大修银阁（观音殿）。其后，逐渐衰退，今存银阁与东求堂（持佛堂）。又，其庭园与建筑物驰名远近，与金阁寺同为室町文化、东山文化的象征，亦为京都市内之著名观光胜地。

永光寺 位于石川县羽咋市，属曹洞宗寺院，号洞谷山。本尊是释迦如来。能登观音灵场第五位。正和二年（1313）左右，酒匂氏的祖忍尼成为檀家，由莹山绍瑾创建。元亨三年（1323）建造了寺院。元亨四年（1324），建成了本堂普光堂。历应二年（1339）建立了利生塔，成为后土御门天皇的敕愿寺。天正七年（1579），因为兵乱，除了开山堂的五老峰，全部被烧毁。天正十年（1582），前田利家复兴本寺，明治十六年（1883）再次复兴。

永平寺 日本曹洞宗的两大本山之一（另一大本山为横滨附近的总持寺）。位于福井县吉田郡永平寺町，山号吉祥山。开山祖为道元禅师。宽元元年（1243），道元应檀越波多野义重之请，自山城（京都府）深草兴盛寺移至越前（福井县）；翌年，于该地建立一寺，号伞松峰大佛寺。宽元四年，改称永平寺（永平为中国东汉明帝之年号，乃佛法东渐之嚆矢）。道元殁后，怀奘、彻通义介、义演相继董理其席。其间，因寺运发展方针的歧见，纷争不断，寺运遂逐渐衰微。至第五世义云（宝庆寺寂圆的弟子），迁寺地至现址，宗风大振。世称中兴之祖。此后，本寺住持皆由寂圆派诸师担任。其后，本寺屡蒙后圆融、后奈良、后阳成天皇封赐出世道场的勒额。德川时期（1600—1868），江户幕府颁布"永平寺法度"，本寺遂成为曹洞宗大本山。自创建以来，寺中堂舍曾七度遭回禄之灾，后多有重建。现存堂舍系仿中国天童山伽蓝形式，诸堂整然。寺藏丰富，其中，道元手书《普劝坐禅仪》一卷、《普劝坐禅仪撰述由来记》一幅，被列为国宝。

园城寺 日本天台寺门宗之总本山，位于滋贺县大津市。通称三井寺、御井寺。相对于延历寺之称"山门"，本寺又称"寺门"。山号长等山。相传系大友与多王（弘文天皇皇子）于天武天皇十四年（686）所创建。清和天皇贞观年间（859—876），圆珍中兴此寺，作为延历寺别院，传法灌顶道场，并出任此寺之"别当"（后改称长吏）。其后，圆珍门徒与圆仁门徒互争势力，正历四年（993），两方为天台座主职再起冲突，圆珍门徒撤离延历寺，而以此寺为根据地，山门与寺门分裂，争斗日盛。永保元年（1081）以后，本寺多次遭烧毁、破坏，后得皇室、贵族的外护始再复兴。现存金堂、唐院（大师庙）、三重塔、二王门等堂宇。又，寺宝甚多，其中，尤以黄不动尊最为著名。

圆觉寺 （1）日本临济宗圆觉寺派大本山。为镰仓五山之一。位于神奈川县镰仓市山之内，山号瑞鹿山，本尊是释迦如来。弘安五年（1282），北条时宗为供养元寇之役的罹难者，仿宋式伽蓝而创建本寺，请南宋僧无学祖元（佛光禅师）任开山住持，相传由于兴建之初掘出内有《圆觉经》的石柜，开堂之日有白鹿群前来听法，故号瑞鹿山圆觉寺。弘安六年本寺成为幕府的祈愿所，尔后，与建长寺以镰仓禅苑双璧的形态发展。延庆元年（1308）获伏见天皇勒为定额寺，至德三年（1386），位列镰仓五山之第二位，各地禅僧云集，盛极一时。本寺自应安七年（1374）以来，数度遭回禄之灾，仅有北条贞时所建的舍利殿幸免于难。该殿为日本现存最古之禅宗建筑。大正十二年（1923）此寺再遇关东大地震，其后又告复兴。寺中所藏有绢本着色佛涅槃图一幅、纸本淡彩圆觉寺境内绘图一幅、铜造弥陀三尊像、木造佛光国师像一尊、定额寺官符一幅等，皆属日本国宝。

（2）属日本临济宗妙心寺派。位于琉球（隶冲绳县）首里市当藏二丁目，又称祖庙，山号天德山，系琉球国主尚真王为祈求亡父之冥福，于弘治五年（1492）所创建。历时三年始告完成。以日僧芥隐承琥为开山住持，王并赐其紫衣，任之为僧录。其后本寺成为御愿寺，具备七堂伽蓝，为琉球第一巨刹，但第二次世界大战时遭焚毁。

圆满院 位于滋贺县大津市园城市町，为天台宗寺院。园城寺三门迹之一。在近畿三十六不动尊中位居第二十五。于宽和三年（987）由村上天皇皇子悟圆法亲王开山创建，建于京都冈崎，时称平等院。后于天文年间（1532—1555）移建至现址。其宸殿为典型的桃山时代建筑，被指定为重要文化遗产。庭院里配有石山清池，被指定为国家级名胜古迹。

元庆寺 位于京都府京都市山科区，寺院专奉天台宗。为僧正遍昭在元庆元年（877）所建。宽和二年（986），花山天皇因中了藤原兼家、道兼父子之奸计，被迫于本寺出家。其后不久，兼家的外孙怀仁亲皇（一条天皇）夺取了帝位。

元兴寺（法兴寺，飞鸟寺） 日本南都七大寺之一。位于奈良市芝新屋町。崇峻天皇元年（588），苏我马子于飞鸟（现奈良县高市郡明日香村飞鸟）创建一寺，号法兴寺，又称飞鸟寺，为日本最古的伽蓝。后改称元兴寺，与大安寺、川原寺、药师寺并称为飞鸟四大寺，寺势殷盛。本尊为丈六释迦如来像（称作飞鸟大佛），约高二点七五公尺，相传为止利于推古天皇十四年（606）所作。养老二年（718），迁都平城之际，本寺移至现址重建。为资区别，乃称旧址所建者为本元兴寺，新建者为新元兴寺。建久七年（1196），本元兴寺遭雷击，伽蓝毁坏殆尽，其后逐渐衰微，现仅存塔头安居院，内供飞鸟大佛。新元兴寺建立之初，寺运隆兴，成为三论、法相义学的中心地。后遭祝融肆虐与强风袭击，堂舍多毁坏不全，今仅存极乐坊等。极乐坊，又称极乐房，内置智光曼荼罗；平安时代中期，以该院为中心而兴起的净土信仰，至镰仓、室町时代，渐成为庶民信仰。

云居寺 位于神奈川县井郡津久井町，为临济宗建长寺派寺院。自古以来本寺兼有禅宗、天台、真言三大宗派，宝历年间大云和尚在此建立巡拜道场，并自封为第一名刹。

增上寺 日本净土宗关东大本山，位于东京都港区芝公园，山号三缘山广度院，略称缘山。原称光明寺，位于武藏国（埼玉、东京）丰岛郡贝冢（今千代田区纪尾井町），属古义真言宗。明德四年（1393，一说至德二年）圣聪住持此寺后，改属净土宗，号增上寺。天正十八年（1590），德川家康入江户，皈依本寺第十二世源誉存应，遂以本寺为其家庙。庆长三年（1598）寺域移至现址。由于家康的护持，寺运甚为兴隆。元和元年（1615）制定关东净土宗十八檀林时，本寺为十八檀林之首。不久，取代镰仓光明寺而为关东僧录所，后又成为总录所，掌管净土一宗。明治维新后，幕府瓦解，寺运因而衰微。后为战火烧毁，仅存庆长十年（1605）所建的三解脱门（三门）。现在的本堂完成于昭和四十九年（1974）。三门及家康所捐赠之宋、元、高丽三版《大藏经》，皆为日本之国宝。

贞观寺（嘉祥寺西院） 嘉祥寺是天台宗的寺院。贞观三年藤原良房为求惟仁亲王（清和天皇）的保佑，创建了嘉祥寺西院，贞观四年（862）改名为贞观寺。

正法寺 （1）位于京都市西京区大原野，属真言宗东寺派寺院，号法寿山。据传创建于天平胜宝年间，因创建奈良唐招提寺的鉴真和尚高徒智威大德曾在此地隐世，由是创建该寺。后来弘法大师于弘仁年间来到此地，雕刻圣观音像于此。该寺曾遭应仁之战火烧毁，后于元和元年由惠云、微圆两律师重建。

（2）位于东京都世田谷区的净土真宗本院寺派寺院。本尊为阿弥陀如来像，寺内还存有亲鸾圣人手笔所书"南无阿弥陀佛"六字名号。其前身可追溯至创建于平安时代后期保延五年（1139）的京都成胜寺，为当时崇德天皇发愿创建的六大寺之一。后于元和二年（1616）由玄觉法师开基于京都伏见正式以"伏见山正法寺"为名创建，并于元和七年三月迁移至江户浜町。

（3）位于京都市东山区的时宗寺院。据传初时为天台宗寺院，称灵山寺，曾作为光孝天皇、宇多天皇的敕愿所。镰仓初期法然上人曾在该寺修行念佛。一度荒废，后于永德三年（1383）由时宗僧人国阿重建，改名正法寺，成为时宗寺院。曾获室町幕府第三代将军足利义满的皈依而寺运兴隆，明治以后逐渐衰退。

知恩院 净土宗总本山，位于京都市东山区林下町，号华顶山大谷寺。承安五年（1175），法然移居至此，建立念佛道场。建历二年（1212），法然示寂，其弟子源智于文历元年（1234）修理庙堂，安置其遗骨，并建佛殿、御影堂、总门等，号知恩院大谷寺，尊法然为开山祖。后来，为避"应仁之乱"，祖像移至近江伊香立。文明十四年（1482），迎回祖像，诸堂复兴。庆长七年（1602），德川家康发愿扩张寺域，建立大伽蓝。庆长十二年（1607），并奏请设置宫门迹。明治维新以后，宫门迹逐渐荒废。明治二十年（1887），当山门主被选为净土宗管长。"二战"后，净土宗分裂，本院仍属本派净土宗。本寺之寺宝甚丰，除纸本着色《法然上人绘传》、《菩萨处胎经》、《大楼炭经》等国宝之外，另有绢本着色观经曼荼罗图、木造阿弥陀如来立像等。

智积院 为日本真言宗智山派总本山，位于京都市东山区东大路，山号佛顶山。该址本为丰臣秀吉所建之祥云寺。智积院之名，缘自纪州根来山大传法院之一院。天正十三年（1585），该院为丰臣秀吉焚毁，住持玄宥至诸国避难，布教于京都北野，德川家康请其留居现地，为中兴之第一世。至第七世运敞住持时，学德极高开创学寮，门下号称三千人，今亦设有学院。至明治十八年（1885），合丰山长谷寺，公称真言宗新义派；三十三年独立，称智山派。今有方丈、大师堂、开山堂、宸殿、大书院等，庭园多利用自然地形，今仍存有桃山式庭园。袄绘有桃山期豪放华丽之金碧画，并藏有佛画、写经等。

中宫寺 始于7世纪的尼姑院，再建于昭和四十三年（1968）的本堂内放置有"世界三大微笑"之一的弥勒菩萨像。位于奈良县生驹郡斑鸠町的法隆寺东院邻侧。中宫寺与圣德太子颇有渊源。其宗派为圣德宗。山号法兴山。本尊为如意轮观音，创立者为圣德太子。传说推古天皇二十九年（621）这里曾是圣德太子及母亲穴穗部间皇后的御所。现在的中宫寺与法隆寺东院相接，但最初曾有约五百米的距离。据推定在16世纪末期才位于现在的位置。根据昭和三十八年（1963）的发掘调查，最初的中宫寺与大阪的四天王寺一样，正殿与塔前后（南北方向）排列。中宫寺在平安时代以后一度衰弱。江户时代初期的庆长七年（1602），慈觉院宫迎来了初任的贵族住持，之后作为贵族的尼姑院一直延续至今。

中尊寺 日本天台宗东北大本山，位于岩手县西盘井郡平泉町，山号关山，又称平泉寺。据寺传所载，此寺系圆仁创建于嘉祥三年（850），号弘台寿院。贞观元年（859），获清和天皇敕号中尊寺。长治二年（1105），藤原清衡再兴此寺，首建最初院，其后，相继造立大长寿院、金堂、三重塔、经藏、金色堂等。大治元年（1126），举行"落庆供养"。相传镰仓初期，寺塔有四十余座，僧坊三百余间。延元二年（1337），祝融肆虐，仅存金色堂与经藏。此中，金色堂系清衡为自身所建的葬堂，安置有藤原三代的肉身像，闻名遐迩。经藏遭火烧毁上层部，后经修理，成为单层宝形建筑，内藏有《中尊寺经》（系由绀纸金银字交书一切经、绀纸金字一切经、绀纸金字千部一日经三类合成，共计二千七百三十九卷）与宋版《一切经》九十卷等国宝级重要文物。其后，逐渐复兴。室町时代，该寺的宗派色彩为天台、真言二宗混合。宽文五年（1665），成为上野宽永寺末寺，并渐次排除真言势力，而成天台一宗之寺院。

总持院 （1）位于日本横滨市鹤见区鹤见町。山号诸岳山。为日本曹洞宗大本山。天平年中（729—749），日僧行基于能登（石川县）凤至郡创建诸岳寺，又作诸岳寺，属于真言律宗（或谓属白山天台系）。后以元亨元年（1321）住持定贤皈依曹洞宗太祖莹山绍瑾，遂改律院为禅刹，号总持寺，并礼请绍瑾为开山祖师。翌年，后醍醐天皇敕本寺为曹洞宗出世道场。四年三月，制定诸岳山十条之龟镜，规定嗣法门人轮番住持等条例。四年七月，绍瑾让席予法嗣峨山绍硕，绍硕扩张寺规，奠定本寺基础，举扬宗风，兴盛一时，而与越前之永平寺并列。二寺遂互争本山之地位，至元和元年（1616），乃定总持寺为能本山，永平寺为越本山，并称两大本山。安永元年（1772）十一月，值开祖绍瑾四百五十年远忌，敕赐"弘德圆明国师"之谥号，此为洞门有国师号之始。明治三年（1870）废旧有之轮住制，新立独住制，以梅崖奕堂为独住第一世。五年，与永平寺结盟约，共称大本山。十二年，再与永平寺结盟约。三十一年，罹回禄之灾，诸堂悉成灰烬。四十年，第四世牧牛素童将寺基移转今地，翌年始兴工事。大正十二年（1923）关东大震灾，诸堂几皆倒溃，后再逐渐修造。今有敕使门、传道馆、大僧堂、东部役寮室、三宝殿、钟鼓楼、茶处、宝物馆、仓库、西部役寮室、东司、一文字廊下、观音大铜像等，境内又有羯鼓林、三松关、千光城、吹上堭等十境，为关东一大巨刹。本寺并经营三松学林（山内）、光华女学校、鹤见高等女学校等，作育英才。又开设鹤见社会馆、鹤见公益质屋等社会事业、另于能登之旧地，置别院与三个支院。1975年,我国唐代禅师石头希迁之肉身为日本佛教界所发现,今即供奉于鹤见之本寺。此外寺宝尚有纸本着色提婆达多像、刺绣大法被等。

(2)位于日本摄津国三岛郡三岛村。山号补陀落山。属于日本古义真言宗。宽平二年(890),藤原山阴从我国购得白檀香木,遂造千手观音像,后即建寺安置观音像,此为总持寺创建之因缘。曾遭兵火焚毁而重新建造;今有本堂、护摩堂、经藏、钟楼、药医门、庚申堂、药师堂、库里、宝藏等。

(3)位于日本纪伊国海草郡野崎村。山号受阳山知足院。属日本净土宗西山光明寺派,即西山派七檀林之一。宝德二年(1450),由明秀光云所创建。今有本堂、释迦堂、开山堂、经藏、钟楼等。寺中珍藏绢本着色阿弥陀三尊像板装三帧(传为真如亲王所绘),被编为日本国宝。

(4)位于日本近江国波田郡南乡里村。山号医王山。属于日本新义真言宗丰山派。相传于天平年中(729—749)为日僧行基所开创。永享五年(1433)列为敕愿所,蒙赐"总持院"之号。元禄五年(1692),有末寺八十七、孙末寺五十,其后逐渐衰微,现有末寺三十二、孙末寺十四等。现存之堂宇有本堂、库里、客殿、书院、钟楼、宝库等。有绢本着色爱染明王像一幅、木造圣观音立像一尊等被编为国宝。

(5)位于日本东京都足立区西新井町。山号五智山遍照院。属于日本新义真言宗丰山派。相传为日本真言宗开祖空海所草创,原位于千住五丁目,后移往现址。有大师堂(本堂)、仁王门、书院、方丈、客殿、钟楼、荣螺堂、不动堂、女人堂等建筑。寺内供奉之本尊为空海之像,古来称为"厄除大师",参诣者络绎不绝。

第五章　日本人撰写的重要佛教著作

《辩显密二教论》　平安时代前期真言宗僧空海著。二卷。撰述年代不详，据推测成书于弘仁六年后不久，在大师众多著述中当属前期之作。又略称《显密二教论》或《二教论》。收于《大正藏》第七十七册。空海自入唐归国后，一直有意致力于判明显教密教之不同，以明确真言密教的实质，谋求真言宗的独立。该书被视为真言判教的根本圣典之一。

《传光录》　凡二卷。莹山和尚传光录之略称。为日本曹洞宗莹山绍瑾之侍者所编撰。收于《大正藏》第八十二册。书中叙述自释尊、达摩大师、六祖大鉴慧能、如净、道元、怀奘等，共五十二代法脉之传承。本书与道元之"正法眼藏"同被重视。

《东域传灯目录》　全一卷或二卷。日本永超编述（1094）。收于《大正藏》第五十五册。全书集流布于日本之经典目录，计分弘经录、传律录、讲论录、杂述录、传记录等五科。（一）弘经录，分为华严、般若、法华、众经等四种，计七百一十八部。（二）传律录，内收《梵网经义记》等大小乘律部注书一百零四部。（三）讲论录，收《大乘释经论》、《大乘集义论末释》三百九十八部及小乘论疏记四十二部。（四）杂述录与（五）传记录不分，共计收录大乘义章以下章疏纪传二百六十七部、西域诸贤著述十二部、梵释寺录传记书目外十四部、护命僧正撰述书目外二十七部。以上五科总合一千五百八十二部。又各项之下，列有卷数、作者，间亦有考注。

《法华秀句》　三卷。日本天台宗开祖最澄晚年的代表作，成书于弘仁十二年（821）。收在《传教大师全集》、《日本大藏经》第三十九册。由于日本法相宗德一提倡"五姓各别、三乘真实"之说，并判《法华经》为方便权教。针对于此，最澄乃加以反驳，谓《法华经》为一乘真实教，说一切皆成佛。本书即最澄与德一"三乘、一乘权实论争"的总结。书中并揭示天台华宗优于唯识、三论、真言诸宗的缘由。又，本书现行本为上卷（本）、（末），中卷（本）、（末），下卷；其中之中卷（本）、（末）原为另一书，后被加入本书而成五卷本。

《佛性抄》　南都东大寺法相宗学僧德一著。成书于弘仁七年（816）。该书从法相宗三乘论之立场对法华一乘论进行批判。后遭最澄于翌年二月著《照权实境》加以反驳，由是开始天台宗与法相宗之间的"三一权实争论"直至最澄辞世为止，两宗围绕教义之争持续多年。德一充分展示出其作为南都佛教学僧为捍卫传统法相宗正义而战的姿态。

《扶桑略记》 平安时代后期的佛教史书。三十卷（现存十六卷）。成书年代不祥。日本天台宗僧皇圆著。是一本以六国史以及寺院的古代传记、僧传等为基础，重点围绕佛教有关的事例，对自神武天皇至堀河天皇时代的历史展开略述的汉文编年体史书。所作记述大部分都明记出典，所引史料半数以上佚失不传，因而极具史料价值。

《观心本尊抄》 一卷。日本日莲宗的根本圣典之一。全称《如来灭后五五百岁始观心本尊抄》，略称《本尊抄》、《观心抄》。日莲于文永十年（1273）著于流放地一谷。收于《大正藏》第八十四册。为其三大部、五大部中最要者。本书重要之论点有如下数说：十界互具之本体论之说明、信心成佛之宗教体验之提示、主客绝待之本佛本尊之奠定、法华经之末法为正论、开显统一一切宗教之本法三段之教判论、本因下种论、一阎浮提之正中基本大日本国之提倡。其注释书有《日常之本尊抄见闻》、《日辉之本尊抄略要》等多种。

《教时问答》 四卷。平安时代前期天台宗学匠安然著。又称《教时义》。该书以问答体形式系统论述台密的教相。设立"四一（一佛、一时、一处、一教）十门（说、语、教、时、藏、分、部、法、制、开）"教判，极力宣扬唯有真言宗才是一切佛法中最胜之教法。

《教行信证》 六卷。日僧亲鸾撰。全称《显净土真实教行证文类》，略称《教行证文类》、《本典》、《御本书》或《广文类》等。收于《大正藏》第八十三册。为真宗立教开宗的根本典籍。内容引用六十四部佛典之所载，计收三百余篇文章。用以说明念佛往生，并阐明净土真宗的教义。全书分教、行、信、证、真佛土、化身土等六卷。其中，《教卷》阐明《大无量寿经》为阿弥陀佛的本愿。《行卷》说明"南无阿弥陀佛"六字名号。《信卷》叙述相信阿弥陀佛的信心是往生净土的正因。《证卷》说明由行、信所得的往生即成佛之证果。《真佛土卷》诠示真的净土是酬报佛之光明无量、寿命无量两愿所显现的国土。《化身土卷》则依《观无量寿经》及《阿弥陀经》以说明化身、化土。作者亲鸾系净土真宗之开祖。他为报其师法然（日本净土宗之创始者）之恩，于元仁元年（1224）完成本书之初稿，时年五十二。其后又投注心血，于晚年完成全书。本书之注疏极多，较重要的有存觉《教行信证大意》、《教行信证六要抄》等。

《净土源流章》 镰仓时代后期的东大寺儒僧凝然著。凝然号示观房。籍贯为伊予国。除拜东大寺戒檀院的元照为师，学习通受戒外，还拜在华严宗的宗性、律宗的证玄、真言密教的圣守真空、净土教的长西门下学习佛理。其人博学多识。特别精通华严教学，并到各地讲授。继元照后就任东大寺戒檀院主持，并管理着法隆寺、唐招提寺等众多寺院。

《觉禅抄》 平安末期、镰仓初期真言宗觉禅著。又称《百卷抄》。为小野流图像集。该书参照密教经典和仪轨、章疏和古代记录，以诸大师关于各种经法、尊法及灌顶的口传为中心集撰而成。其价值早已为人所知，醍醐寺、高野山西南院及其他真言系的寺院均存有抄本。

《开目抄》 凡二卷。为日僧日莲五十一岁（1272）时，因龙口法难被流放佐渡时所著。收于《大正藏》第八十四册。本书系作者于流放期间，省察其受难之缘由，并自外道、儒家而作诸教、诸学之比较、对照，而导入法华经究竟真理之五重相对（制定内外、大小、权实、本迹、种脱等，及教观之五种相对判释），为一比较宗教学之著作。日莲于书中陈述其信仰体验，且深刻考察其受难之理由，并解答所以受此法难之疑惑，复就殉难布教发表激烈之言论。日莲系一能忍难舍命之法华经行者，于其著作特强调以折伏为实践方法。本书与观心本尊抄共为日莲宗学之双璧。

《立正安国论》 日本日莲宗要典。一卷。日僧日莲著。略称《安国论》。收在《大正藏》第八十四册。与《观心本尊抄》、《开目抄》共为日莲三大部。全书旨趣在于兴立法华正法，以使国家安定，故名《立正安国论》。正嘉、正元年间（1257—1259），日本连年天灾，五谷不收，人民饱受饥馑、疾病之苦。日莲以为灾害的发生，乃因宣扬净土宗和其他各宗教义所致。遂于文应元年（1260）作成此书，并上呈幕府。书中述说各种灾害之不息，乃因人民违背《法华经》的正法，而皈依净土念佛的邪法所致，如果放任邪法不管，必会产生自界叛逆（内乱）和他国侵逼（外国的侵略）二难，因此，他劝人舍弃念佛信仰，皈依《法华经》。全书以主客问答的体裁展开，采用四六骈俪体的形式撰写。又，本书有广本、略本之分。一般所说的《立正安国论》，即指略本。其真迹由中山法华经寺收藏。至于广本，则引文较多，所述教义范围也更为扩大。其真迹藏于京都本国寺。

《秘藏宝钥》 平安时代前期真言宗僧空海所撰。三卷。成书于天长七年（830）。当时，淳和天皇曾勒命佛教各宗将本宗最有代表性的教理教义上呈天皇，该书即根据天皇勒命，将其十卷大部头《十住心论》的内容简略撰述而成。

《弥勒讲式》 贞庆（1155—1213）著。贞庆是镰仓时代前期法相宗的僧侣。生于京都。祖父是藤原通宪（信西），父亲是藤原贞宪。号解脱房。谥号"解脱上人"。被称为笠置寺上人。拜入兴福寺的叔父觉宪为师学习法相宗、律宗。寿永元年（1182）推行维摩会竖义，效力于御斋会、季御读经等大法会。是被寄予厚望的儒僧。因不愿僧侣堕落，于建久四年（1193）后托故信仰弥勒，隐遁于笠置寺中。此后一方面建立般若台和十三重塔以及整备笠置寺寺观，一方面又创立龙香会，制作弥勒讲式等，对弥勒的信仰越发深入。此外，于元久二年（1205）起草兴福寺奏状，批判了法然的专修念佛。承元二年（1208），移居海住山寺，并对信仰观音产生了兴趣。除著有《愚迷发心集》外，与法相宗，律宗，信仰弥勒有关的著作也有大量存世。

《明义进行集》 镰仓时代僧信瑞撰。三卷。该书依照人物圆寂年代的顺序，列举皈依法然房源空所倡念佛义而行"无观称名"达至往生的诸宗学僧的传记、事迹及其思想和主张，宣扬其师信空倡导的"无观称名"义。现存世的只有卷二、卷三。对于了解和研究诸宗学僧的事迹和思想方面具有重要价值。

《普劝坐禅仪》 一卷。日本曹洞宗始祖道元著。又称《坐禅仪》。收在《大正藏》第八十二册。全文仅七百余字，内容主要在叙述坐禅的意义、方法及功德。道元入宋四年，从天童如净修行，受其印可。嘉禄三年（1227）回国，为宣扬禅风，并强调坐禅在佛教修持领域上的重要性，乃参考《禅苑清规》之《坐禅仪》、宏智正觉《坐禅箴》而著本书。注疏有《普劝坐禅仪提耳录》一卷（西有穆山）、《普劝坐禅仪不能语》一卷（指月慧印）、《普劝坐禅仪讲话》一卷（忽滑谷快天）等。日本曹洞宗大本山永平寺，另藏有道元亲笔书写的《坐禅仪》。其内容与一般流布本有少许不同。

《日本洞上联灯录》 江户时代中期曹洞宗僧岭南秀恕编集的曹洞宗僧侣传记集。十二卷十三册。随着江户幕府修史事业的盛行，日本当时的禅宗界也出现了相应的动向。岭南秀恕在经过长期研究、收集僧传的基础上，于享保十二年（1727）完成该书，后由其弟子华狱秀云出版。

《日本高僧传要文抄》 东大寺华严宗僧宗性撰。作为僧传，仅次于日本最初的《延历僧录》。其中包括《弘法大师传》、《净藏传》、《慈觉大师传》、《音石山大僧都传》等重要资料。书中按时代排列，分项目，示标题，列要纲，并提示所引僧传的出典，不失为僧传史上具有重要价值的文献资料。

《日本灵异记》 全名是《日本国现报善恶灵异记》，是平安时代初期所写成的日本最早的说话集。一般称之为《日本灵异记》。成立年代不详。若依照序以及本文的记述，应成立于弘仁十三年（822）。作者是奈良右京药师寺的僧人、景戒。分为上、中、下三卷。上卷有三十五篇，中卷有四十二篇，下卷则有三十九篇，合计一共收录了一百一十六篇。其中故事里的时代设定，大多是奈良时代，最早的有雄略天皇时代的故事。场景大多发生于畿内以及周边的国家，特别是纪伊国。登场人物阶级广泛，下自庶民、衙役、上自贵族、皇族，此外僧侣的部分也是从上自得道高僧下至沿路行乞的乞讨僧人都有。虽然说话本身的目的并不在于要传达事实，而是在于教化人心。但是抛开主题不管，我们还是可以由时代背景，人物设定上窥知当时的风俗世相。引水入田纠纷（上卷第三）、将赃物于市集贩卖之盗贼（上卷第三十四、第三十五）、长期担任边疆防守者的辛劳（中卷第三）、国司命人偷采官营矿山之事（下卷第十三）等等。

《日本往生极乐记》 一卷。平安时代中期文人庆滋保胤撰。又称《往生极乐记》、《日本往生记》、《日本往生传》、《庆氏往生记》。收在《群书类从》第六十六册、《大日本佛教全书》第一百零七册、《续净土宗全书》第六卷。成书于宽和年中（985—986），书中辑录圣德太子、行基、善谢、圆仁等四十余人的往生传记。依卷首《自序》载，作者仿唐迦才之《净土论》，以及文谂、少康之《西方净土瑞应传》，自国史及各种传记类中搜集往生者之传记而成此书。为日本最早的往生传，也是研究平安后期净土思想的根本史料。明治十四年（1881），赤松连城将本书与被视为其续传的大江匡房所撰之《续本朝往生传》一卷、三善为康所撰之《拾遗往生传》三卷、《后拾遗往生传》三卷，辑成《日本往生全传》刊行于世。

《三代实录》 日本三代实录，日本国编史书，为六国史之六，讲述清和天皇天安二年至光孝天皇仁和三年时期共三十年的日本历史。原文语言：古汉语，混同少量古日本语。编者：藤原时平、大藏善行、菅原道真。延喜元年（901）出版。

《三国佛法传通缘起》 三卷。东大寺华严宗学僧凝然所撰的佛教通史，成书于应长元年（1311）。内容略说印度、中国、日本三国诸宗传播的情形。上卷叙述印度佛教的流通，以及中国毗昙、成实、戒律、三论、涅槃、地论、净土、禅、摄论、天台、华严、法相、真言等十三宗。中、下卷叙述日本的三论、法相、华严、俱舍、成实、律、天台、真言八宗。卷末略述禅宗与净土宗。本书与《八宗纲要》同被视为重要的佛教入门书，收在《大日本佛教全书》第一百零一册、《佛教大系》第八册、《大藏经补编》第三十二册。

《三教鼎足论》 净土宗大我《三教鼎足论》以五戒与五常的一致说明佛儒关系，以佛教的戒、定、慧三学，儒教的君臣、父子、夫妇的三纲和神道的剑、玉、镜三种神器的一致，来说明神道与儒、佛的关系：又用佛教的般若、慈悲、方便，儒教的智、仁、勇，神道的明镜、灵玺、宝剑的一致，论述神道教与儒、佛具有一致性，说三者皆"劝善惩恶"，儒佛二教也"辅翼神祇，益吾灵国"。这些理论的提出，促进了僧人对佛教以外各种知识的学习，为明治维新以后僧人从事各种社会文化事业创造了条件。

《三教一致之辨》 白隐禅师著。贯穿三世古今的根本真理，是至善。禅所说的原有的自性，净土所谓的阿弥陀佛，老庄所崇尚的虚无，神道的高天原，凡此一切，在根本上都是一样的，此亦即所谓三教一致。

《三教指归》 三卷。日僧空海著。内容阐示儒道佛三教之归趣，并论其优劣。关于制作年代，或说延历十年（791），或说延历十六年，而以延历十年起草，十六年修订为通说。全书上、中、下三卷中，上卷有作者自序、龟毛先生论，卷中为虚亡隐士论，卷下为假名乞儿论。其中，序文叙述作者出家的动机及撰述本书的理由；龟毛先生论以下，采对话方式以论三教优劣。在一故事中，虚设龟毛先生、虚亡隐士、假名乞儿等三人,依次分别述说儒教、道教、佛教之要旨,最后以龟毛先生、虚亡隐士均皈依佛教终结,以意味三教中以佛教最为深远广大。全文以华丽的四六骈体汉文写成,运用颇多典故成语。卷末另附有十韵诗。本书另有异本,别称《聋瞽指归》。此异本为一卷本,其原本藏于高野山金刚峰寺,一般考证为空海真迹,现为日本国宝。一卷本与三卷本除序文及卷末十韵诗外,内容大体相同;二本今皆收在《弘法大师全集》卷九。《三教指归》本文至镰仓中期始开版(即建长五年版,1253),然其注疏于较早的平安中期已有敦光、济暹二注,镰仓初期又有撰者不明的注。其后,版本方面另有天正八年(1580)、元禄十年(1697)、享保六年(1721)等刊本。

《三论大义抄》 四卷。平安初期西大寺玄睿所著。全名《大乘三论大义抄》。该书作为"天长六本宗书"之一,奉淳和天皇敕命撰于天长七年(830),与法相宗护命、华严宗普机、律宗丰安、天台宗义真、真言宗空海一起,代表各自宗派阐明本宗宗义精要以供御览。该书详述三论宗的流传及发展历史、宗义、教理和特色等,可谓最早的三论教学之集大成。玄睿因此而名声大振。

《沙石集》 凡十卷,或十二卷。日僧无住一圆著。书题沙石,乃取聚沙淘金、集石磨玉之义。集录日本有关佛教之奇闻杂谈,总计一四九项。自弘安二年(1279),历四年余脱稿。作者无住为导引人入于佛道,令得佛法金玉之第一义谛,将世俗杂谈、教门戏论等,用平易的语言叙述之。作者虽为临济宗僧,然广通佛教各宗及神道、儒家,其不偏于一宗门而非难排斥他教之态度,在日本佛教思想史上,具有重大之意义。

《十善法语》 全书十二卷。日本慈云尊者饮光(1718—1804)著。有语体本与文言本两种。语体本收在《日本大藏经》之《慈云尊者全集》第十一卷,文言本则收在第十二卷。据慧琳尼所写的缘起,慈云尊者曾应义文尼、慧琳尼之邀,于安永二年(1773)十一月八日至三年正月十八日期间,每月八日、二十三日在京都阿弥陀寺开示说法,本书即其法语的汇编(安永四年完成)。全书内容述说佛教徒应遵守的十善戒戒相及其功德。卷一为不杀生戒,卷二为不偷盗戒,卷三为不邪淫戒,卷四为不妄语戒,卷五为不绮语戒,卷六为不恶口戒,卷七为不两舌戒,卷八为不贪欲戒,卷九为不嗔恚戒,卷十、十一、十二为不邪见戒。书中所引的典籍,包括《阿含经》、《涅盘经》、《华严经》、《四十二章经》、《梵网经》、《十住毗婆沙论》、《瑜伽师地论》、《信心铭》、《大唐西域记》、《诗经》、《易经》、《汉书》、《老子》、《庄子》等数十部,颇可反映出慈云尊者的博学。

《十住心论》 十卷。日僧空海重要著作之一。全名《秘密曼荼罗十住心论》。淳和天皇天长年间(824—834)奉敕撰述。建长六年(1254)始由快贤于高野山开版印行,被认为是真言宗立教开宗的要典。收在《大正藏》第七十七册。主要根据《大日经》《住心品》的思想，论述真言行者心品转升的十个阶段（即十住心），同时对显密诸宗之教说加以分类、批判。所谓十住心，依次为异生羝羊心、愚童持斋心、婴童无畏心、唯蕴无我心、拔业因种心、他缘大乘心、觉心不生心、一道无为心、极无自性心及秘密庄严心。书中引用诸多经论，详加阐释，因而内容极为庞杂。为此，空海于天长七年（830）另撰《秘藏宝钥》三卷，作为《十住心论》的略论，但论旨稍有不同。本书为真言宗之教义体系的主要典籍，后世注释颇多，有重誉的《十住心论肝要抄》、赖瑜的《十住心论勘文》、凝然的《十住心论义批》、宥快的《十住心论义林》、秀翁的《十住心论科注》及如实的《十住心论冠注》等多种。另外，胜又俊教的《秘密曼荼罗十住心论译注》（1954），则专就引文作注。

《守护国界章》　凡三卷（各卷又分上、中、下三卷，合为九卷）。日本天台宗开祖最澄撰。略称守护章。收于《大正藏》第七十四册。法相宗之学僧德一，曾以唯识思想之立场，对天台思想提出论难而著《中边义镜》一书；本书系针对"中边义镜"之思想、观点加以破斥评论，并由法华一乘平等论之立场，以论破三乘差别之说。此外，本书亦述及天台宗创立之宣言。全书分为五十一章，于各章之初皆附有小引，次则举出德一之言说，而加以辩驳，并详细阐明三权一实之旨趣。本书于弘仁九年（818）成书，为最澄重要著作之一，与另一著作《显戒论》并称。

《天台法华宗义集》　日本天台宗第二祖义真著。又称《天台宗义集》，为天长敕撰六本宗书之一。奉敕撰于天长年间（824—834），从教观二门阐述天台法华宗要义。该书取问答形式，对基本术语加以说明，教门设四教义、五味义、一乘义、十如是义、十二因缘义、二谛义，观门则设四种三昧义、二惑义为项加以解说，为天台学的入门书。其中有梵语与汉译语的对照，由此可知义真精通梵语。

《往生讲式》　三论宗净土教僧永观撰。一卷。成书年代不详，据传作于承历三年（1079）。永观因获释尊遗教而悟往生西方极乐之道，常感三生有幸，每月十五日在阿弥陀佛迎接像前解说七门，同时为报释尊宏大恩德，特撰成此书。分七门解说，归纳出欲达往生极乐而念佛礼颂的法式。所谓七门，即：一、发菩提心门；二、忏悔业障门；三、随喜善根门；四、念佛往生门；五、赞叹极乐门；六、因圆果满门；七、回向功德门。每一门还有相应的愿文和歌颂。该讲式收于《净土宗全书》十五、《大藏经》（大正新修）八十四。

《往生要集》　凡三卷，或以每卷各分本末，共计六卷。平安时代中期天台宗僧侣源信（惠心僧部）撰（984—985）。收于《大正藏》第八十四册。系辑录一百六十余部经卷之往生要义，以问答体裁撰写而成。共分厌离秽土、欣求净土、极乐证据、正修念佛、助念方法、别时念佛、念佛利益、念佛证据、往生诸业、问答料简等十门。由于辨别现世之无常，而发愿往生净土；若欲往生极乐，则以念佛为最重要。在念佛中，立有观念、称念两种方式。源信认为观念较殊胜；称念则为众人所能实行者。

《唯信抄》 镰仓时代僧圣觉著。一卷。成书于承久三年（1221）。是一本宣讲"他力专修念佛"要义的书。以法然房源空《选择本愿念佛集》之要义为基础，主张舍弃圣道门，归于净土门，弃杂修之行而专修念佛，强调念佛行者务必具足三心，最后回答有关念佛方面的诸多疑问。据传亲鸾对该书评价极高，多次抄写授予本门门徒，并就其中引用的经释要文作注，撰成《唯信抄文意》。

《五轮九字明秘密释》 一卷。平安时代后期真言宗僧觉鑁撰，收于《大正藏》第七十九卷。平安时代末期亦即本书作者生存之年代，当时人们日渐盛行信仰死后往生西方极乐净土。本书以密教之立场设立大日如来与阿弥陀如来无异无别，一体平等；再者密教净土亦即极乐净土，场所相同；死后往极乐净亦等同成佛。"五轮"代表五种元素，地、水、火、风、空，而其位置则如塔状，从底部开始属地，一直向上。至于"九字"是梵文阿弥陀如来之真言。觉鑁指示此五轮与九字实完全相同，可谓同体，而阿弥陀如来与大日如来则完全一样。本书以密教之立场对阿弥陀佛及极乐净土之看法，实在是一部十分重要之著作。

《显戒论》 凡三卷。日本天台宗之祖最澄撰（820）。收于《大正藏》第七十四册。由于最澄上表请废小乘戒仪，而立大乘戒仪，并别设大乘戒坛，遂引起南都诸宗之多方论难，最澄乃针对此类论难而阐明大乘戒为经论中所明示之事实。此实为开展日本山家学生式及成立天台宗之根本理论，亦为纯大乘戒创立之根本圣典。

《兴禅护国论》 三卷。日僧明庵荣西撰。收在《大正藏》第八十册。本书可谓为日本禅宗之独立宣言书，书中发表禅宗之宗义纲领，是日本佛教史上、思想史上具有重要地位的划时代著作。荣西系将中国临济宗黄龙派之禅宗传至日本的第一人，在其再度入宋返日后，受到以天台宗为首之旧佛教之非难攻击，故以"镇护国家、兴禅护国"为旨趣而撰成此书。不久后他就在京都五条建立禅宗第一座寺院，并蒙赐号"建仁寺"。本书内容分为十门：令法久住门；镇护国家门；世人决疑门；古德诚证门；宗派血脉门；典据增进门；大纲劝参门；建立支目门；大国说话门；回向发愿门。此书完成于建久九年（1198），即荣西五十八岁、第二度入宋返日之八年后。东晙所撰《兴禅护国论凿窍》（四卷，文化十年刊行），系本书之重要注释书。

《选择本愿念佛集》 日本净土宗之根本圣典。一卷。法然源空著。略称《选择集》。收在《大正藏》第八十三册。系建久九年（1198），法然源空应关白九条兼实之请而撰。全书叙述他力本愿之深旨，并彰显念佛法门为末代相应之法门。内容由十六章组成，每章均揭示引文，再以问答体方式，加上作者的解释。书中所揭举的引文，以净土三部经及善导《观经疏》为主，并延引道绰《安乐集》、法照《净土五会法事赞》、慈恩《西方要决》等书。全书十六章之内容，略如下列：①教相章：又称二门章。依圣净二门、难易二道之判，说明应归净土。②二行章：揭示应专修称名正定业。③本愿章：明示弥陀本愿即在念佛往生。④三辈章：引《无量寿经》所说一向专念无量寿佛，立念佛之说。⑤利益章：谓一念称名有无上大利。⑥特留章：谓末法万年之后，余行悉灭，惟念佛为住止百岁的有缘殊胜法。⑦摄取章：谓弥陀光明唯摄取念佛行者。⑧三心章：谓念佛者须具备至诚心、深心、回向发愿心。⑨四修章：明示念佛者须遵行恭敬、无余、无间、长时的四修法。⑩化赞章：谓弥陀化佛来迎时，只赞叹念佛之行。⑪赞叹章：对杂善念佛之赞叹。⑫付嘱章：引《观经疏》之文，谓释尊唯以念佛一行付嘱阿难。⑬多善章：阐明余行是少善根，念佛是多善根多福德。⑭证诚章：谓六方恒沙诸佛不证诚余行，唯证诚念佛一行。⑮护念章：明示诸佛护念念佛行者。⑯殷勤章：依《阿弥陀经》，叙述释迦如来特以弥陀名号，殷勤付嘱舍利弗。本书问世时，曾引起激烈的反应，先后有公胤《净土决疑抄》、明慧《选择集摧邪论》及《摧邪论庄严记》等书加以反驳。然后世仍盛行不衰。注释书颇多，如《彻选择本愿念佛集》二卷（辨长）、《选择传弘决疑抄》五卷（良忠）、《选择密要决》五卷（证空）等，不胜枚举。

《续日本高僧传》 江户、明治时代前期真言宗僧道契撰。十一卷。日本近世高僧传记集。成书于庆应三年（1867）。其内容分为法本、净慧、净禅、净律、乐邦、感进、檀兴、愿杂八部门。如法本部专收录各宗派之祖，净慧部收录钻研教学造诣高超之学僧，净禅部专收录禅僧，净律则收录以戒律为主之高僧，等等。如此分类收录，共计收录诸宗高僧二百三十八人的传记。刊本卷末附有撰者道契的略传。收于《大日本佛教全书》。

《延宝传灯录》 江户时代前期临济宗僧卍元师蛮编集的日本禅僧传灯录。四十一卷。该书集录了参禅悟道的禅僧们的行状和语言，于延宝六年（1678）成书。仿中国宋朝成书于景德元年的《景德传灯录》而取名《延宝传灯录》。著者青年时代开始即有志于编纂僧传，并为此耗时三十余年收集史料，于妙心寺东西轩著成此书。书中收录禅僧千五十名，同时还收入皈依修禅的其他宗派僧侣以及天皇、皇后、相将居士等，总数达千百数十之多。在三十六卷后还收录了杰出禅僧的法语、拈古、颂古等，实为日本禅宗史研究方面的重要文献。

《一心戒文》 三卷。天台宗光定著。正式名称为《传述一心戒文》。集录比睿山大乘戒坛院创立的有关文书而成。上卷五条、中卷十四条、下卷一条，合共收录了二十条有关文书资料，是研究戒坛独立前后经过以及大乘戒（一心戒）的内容本质不可多得的珍贵文献。

《永平清规》 二卷。日本曹洞宗始祖永平道元（1200—1253）述。又称《永平禅师清规》、《永平大清规》。系集录道元所制定的禅林生活规则所成。收在《大正藏》第八十二册。现行本于宽政六年（1794）刊行。全书分作六篇，即：①典座教训，及禅林典座之应知事项。②办道法，阐述坐禅的作法、要义。③赴粥饭法，述饮食法。④众寮箴规，说众寮的读经、求学与应对等事项。⑤对大己五夏阇梨法，指初学者对先辈僧的礼仪作法。⑥知事清规，说禅院知事职的重要性与注意事项。又附录《僧堂四板被位图并凡例》、《僧堂十二板首钵位图并凡例》等。大部分的清规书多在说明枝微末节的规则，本书则特别强调"众僧日常的威仪作法即佛道修行"，谓并非只有坐禅才是佛道修行，实则禅林生活的任何行止皆与坐禅无异。其注疏有《典座教训闻解》、《众寮箴规闻解》（以上二书为面山瑞方撰）、《众寮箴规求寂参》（本光瞎道）等。此外，也有英译本《永平清规》，为横井雄峰所译。

《元亨释书》 日本佛教史书。三十卷。日本虎关师炼撰。收在《大藏经补编》第三十二册。元亨二年（1322）成书，贞治三年（1364）至永和三年（1377）刊行。集录推古朝至元亨时期七百年间的高僧传记而成，以编年体方式叙述佛教史事。是日本第一部系统性的僧传，也是日本纪传体史书的滥觞。全书分传（僧传）、表（资治表，亦即佛教通史）、志（佛教文化志）三部分。卷一至卷十九僧传部分，是参考中国的高僧传编辑而成，分为传智、慧解、净禅、感进、忍行、明戒、檀兴、方应、力游、愿杂等十科。正传收有四一六人，附传有二十六人。资治表、志是受司马迁《史记》一书的影响；志又分学修、度受、诸宗、会仪、封职、寺像、音艺、拾异、黜争、序说十类，末附《略例》、《智通论》二文。本书卷首附元亨二年虎关自请敕许入藏的上表文。虎关灭后，法嗣无比单况刊刻本书，明德二年（1391）再刊。此外，又有庆长四年（1599）、十年（1605）、元和三年（1617）所刊行的古活字版、宽永元年（1624）版等。注疏书有《元亨释书微考》三十卷、《元亨释书便蒙》三十卷、《元亨释书和解》二十三卷等；而《元亨释书王臣传论》、《元亨释书源空上人别传私注》也有本书的部分注解。

《真禅融心义》 据传为荣西所撰。据《日本禅林撰述书目》，该书包含在荣西撰述十部之内，但从该书卷末的识语上看，其成书年代尚有存疑，加之现存各种抄本断误不少，故此学界对该书撰者真伪之争一直不断。

《真言宗教时义》 四卷。日本天台宗僧安然著。又作《教时义》、《真言宗教时问答》、《教时问答》。收于《大正藏》第七十五册。是系统地论述台密教相的书。全书以问答的方式展开论说，共由三百四十组问答组成。本书以立"四一"、"十门"之说为其特色。所谓"四一"，指一佛、一时、一处、一教，藉此四一能统摄一切佛教。基于此而强调一切佛一佛、一切时一时、一切处一处、一切教一教，进而一一展开论说。所谓"十门"，即自说、语、教、时、藏、分、部、法、制、开等十门批判佛教之教相。全书上承最澄、圆仁、圆珍之所说，并巧妙地批判吸收空海之思想，以论证台密为事理俱密之教，并以之为佛教中之最优者。此外，本书与仁和元年（885）所作之《胎藏金刚菩提心义略问答抄》同为台密教判之集大成者。其注释有《教时义勘文》一卷、《北岭教时要义》等书。

《正法眼藏》 九十五卷。日本曹洞宗祖永平道元撰。为日本曹洞宗的根本宗典。详称《永平正法眼藏》。收在《大正藏》第八十二册。本书所收乃道元于宽喜三年（1231）自宋回日本后至建长五年（1253）间，于后山城兴圣寺、波罗蜜寺、越州吉峰寺、永平寺、大佛寺等所写的笔记，或示众之法语。内容包括道元自己体验的思想精髓、日常的办道工夫、宗门规则、古人的道迹，以及公案剖析、宋土名刹之高卑、僧仪之隆颓等。义云于卷首序云："正法眼藏，密传密付，古之与今，嫡佛嫡祖。永平元祖入宋，穿凿五叶之根蒂归朝，能为一天之荫凉，忒杀婆心。以和字柔汉语，奇妙善巧，令人不累文言。如石含玉，似地擎山。"后世解说本书者甚多，有卍山、面山、定山等，大多收录在神保如天、安藤文英共编的《正法眼藏注解全书》，以及永久岳水编的《正法眼藏注解新集》中。

《正法眼藏随闻记》 道元禅师著述口授之书，有相当数量的日文和汉文。虽从著书的数量来看，禅师在各派祖师中可数一二，但占大部分的《正法眼藏》九十五卷并不拘泥于全篇日文，是十分费解的著述，外行自不必说，连禅道高深之人也不易理解。《正法眼藏随闻记》六卷是随时听候禅师指示训诫的侍者怀奘和尚的笔录，比九十五卷容易理解，而且是探究禅师行为方面训诫的绝好著作。书中详细记载这主要是为了训诫禅宗僧侣所著之书，不仅说禅，更解释了道德伦理，值得僧侣和普通人学习。此书古有庆安、宽文、宝历、明和四个版本，今有明治四十年九月永平寺发行的近十余种刊物，大多自成一部，也有单行本，全部绝版，十分珍贵。

附录一：日本佛教史大事年表[1]

522年 继体16	中国梁人司马达（司马达止）等到达日本，结庵奉佛。
538年 钦明7	明王献佛像、经论（《上官圣德法王帝说》一说552年《日本书纪》）。
552年 钦明13	苏我氏与物部氏、中臣氏争论国家是否应该奉佛。
570年 钦明31	物部氏等排佛派把佛寺烧毁，把佛像投入难波之中。
577年 敏达6	百济圣明王献经论、禅师、比丘尼、咒禁师、造佛工、造寺工予日本。
584年 敏达13	苏我马子在石川住宅建寺，置佛像，请善信尼修法。
587年 用明2	苏我马子灭物部氏。厩户皇子在摄津造四天王寺。
588年 崇俊1	觉信尼等入百济修学。法兴寺（飞鸟寺、元兴寺）动工。
593年 推古1	厩户皇子（圣德太子）为皇太子，摄政。把四天王寺移建难波之荒陵。
594年 推古2	圣德太子下诏兴隆三宝。
595年 推古3	高句丽僧慧慈、慧总赴日，圣德太子师之。
596年 推古4	飞鸟寺（法兴寺）建成。
602年 推古10	百济僧观勒到日本，献历本、天文地理、遁甲方术之书。
604年 推古12	圣德太子颁布《宪法十七条》。
607年 推古15	派小野妹子遣隋，沟通中日邦交。
608年 推古16	四月小野妹子归国。九月携留学生（僧）再次使隋。建法隆寺。
610年 推古18	高句丽僧昙微、法定到达日本；昙微精通五经，造彩色面具、纸墨等。
611年 推古19	圣德太子开始著《胜鬘经义疏》，《维摩经义疏》、《法华经义疏》。
615年 推古23	圣德太子完成《三经义疏》。
622年 推古30	圣德太子去世。
623年 推古31	新罗、任那派使者到日本，送佛像、佛具。
624年 推古32	任命僧正、僧都、法头，使检校僧尼。
625年 推古33	高句丽僧慧灌传入三论宗（第一传）。
630年 舒明2	首次遣唐使入唐。
645年 大化1	苏我氏灭亡。下诏兴隆佛法，任命十师、法头。
653年 白雉4	定惠随遣唐使入唐。
661年 齐明7	道昭传入法相宗（第一传）（一说660年《日本佛教史纲》）。
676年 天武4	遣使诸国说《金光明经》、《仁王经》。
678年 天武6	道光传律宗。
680年 天武8	开始在宫中和诸寺讲《金光明经》。

---

[1] 据杨曾文：《日本佛教史》，浙江人民出版社1995年版，略有增删。

684年 天武12		任命僧正、僧都、律师，使统领僧尼。
685年 天武13		命各地每家设佛龛，置佛像、佛经，礼拜供养。
699年 文武3		役小角被流放到伊豆岛。
700年 文武4		道昭（年72）去世，首次举行火葬。
701年 大宝1		公布《大宝令》，内有《僧尼令》。
702年 大宝2		诸国设国师。
717年 养老1		禁止私度僧尼，禁止行基的布教活动。
718年 养老2		道慈归国，带回义净译《金光明最胜王经》。
720年 养老4		首次向僧尼授公验。
723年 养老7		在兴福寺兴建施药院、悲田院。
728年 神龟5		向诸国颁发《金光明经》。
735年 天平7		玄昉由唐归国，带回经论5000余卷。
736年 天平8		天竺僧菩提仙那、林邑僧佛哲、唐僧道璇到达日本。
741年 天平13		诏全国建国分僧寺、国分尼寺。
743年 天平15		圣武天皇发愿造卢舍那金铜大佛像。
745年 天平16		行基任大僧正。
749年 天平胜宝1		圣武上皇临幸东大寺自称"三宝之奴"。八藩神托宣上京。
752年 天平胜宝4		东大寺卢舍那大佛像造成，举行开光法会。圣武上皇、孝谦天皇、光明皇太后临幸东大寺。
753年 天平胜宝5		唐鉴真到达日本九州。
754年 天平胜宝6		鉴真到奈良，献上经论佛像等。鉴真为天皇、皇后、太子等授戒。
755年 天平胜宝7		东大寺戒坛院建成。
759年 天平宝字3		鉴真大师建唐招提寺。
761年 天平宝字5		在下野药师寺、筑紫观世音寺建立戒坛。
763年 天平宝字7		鉴真去世，年77。
765年 天平神护1		道镜任太政大臣禅师。
766年 天平神护2		道镜任法王。
770年 宝龟1		道镜被流放到下野。
779年 宝龟10		元开（淡海三船）撰《唐大和上东征传》。
785年 延历4		最澄在比睿山结庵修行。
788年 延历7		最澄在比睿山建寺（后为延历寺）。思托撰《延历僧录》。
795年 延历14		改国师为讲师，每国置一人。
796年 延历15		恒武天皇在平安京建立东寺、西寺等寺庙，镇护京城。
797年 延历16		空海撰《三教指归》。
804年 延历23		最澄、空海入唐求法。
805年 延历24		最澄归国，传天台宗。
806年 大同1		规定华严、天台、律、三论、法相诸宗每年度僧的人数额，最澄也可度2人，

	标志日本天台宗的独立。空海归国,传真言宗。
816年 弘仁7	空海得赐高野山作为建立传法道场之地。
818年 弘仁9	最澄制定《天台法华宗学生式》6条、《劝奖天台宗学生式》8条,并著《守护国界章》批驳法相宗。
819年 弘仁10	空海建立高野山金刚峰寺。
820年 弘仁11	最澄撰《显戒论》。
822年 弘仁13	最澄去世,年56。敕许在比睿山建大乘戒坛。景戒著《日本灵异记》。
823年 弘仁14	空海得赐东寺,号"教王护国寺"。赐比睿山一乘止观院"延历寺"之号。
828年 天长5	空海创建综艺种智院。
835年 承和2	空海去世,年62。真济著《空海僧都传》。
838年 承和5	圆仁、圆行、园载、常晓等随最后一次遣唐使入唐求法。
847年 承和14	圆仁归国,撰《入唐求法巡礼记》。
848年 嘉祥1	圆仁在比睿山建常行三昧堂,后在此修五台山念佛三昧法。
851年 仁寿1	圆仁撰《金刚顶经疏》。
853年 仁寿3	圆珍入唐求法。
858年 天安2	圆珍归国。
864年 贞观6	圆仁去世,年72。
925年 延长4	兴福寺僧人宽建获准入唐。
938年 天庆1	空也在京都传念佛法门(净土宗)。
983年 永观1	奝然入宋。宋太宗赐予"法济大师"的称号。
985年 宽和1	圆信撰《往生要集》。
987年 永延1	奝然携带开宝敕版《大藏经》归国。庆滋保胤撰《日本往生极乐记》。
993年 正历4	圆仁、圆珍的门徒争斗,后者离开比睿山。
995年 长德1	宋僧源清将自著的经卷赠送天台座主,并索求宋土失散的经典。
1003年 长保5	寂昭入宋,真宗授予"圆通大师"的称号。
1006年 宽保3	兴福寺与大和国司发生冲突,拥入京都嗷诉。
1020年 宽仁1	藤原道长建成法成寺无量寿院。
1035年 长元8	延历寺、园城寺僧众械斗。
1039年 长历3	延历寺僧众向藤原赖通强诉。
1042年 长久3	延历寺僧众火烧园城寺。
1052年 永承7	日本佛教以此年为末法的第一年。藤原赖通建宇治平等院。
1072年 延久4	成寻入宋巡礼五台、天台,宋真宗赐予"善慧大师"号。
1081年 永保1	兴福寺僧众火烧多武峰。延历寺僧众火烧园城寺。
1082年 永保2	熊野僧众入京(京都)嗷诉。
1093年 宽治7	兴福寺僧众入京(京都)强诉。
1102年 康和4	兴福寺僧众与院厅官纷争。
1108年 天仁1	源、平两氏防备延历寺僧众入京。

附录一：日本佛教史大事年表

1113年 永久1	延历寺、兴福寺僧众械斗。	
1120年 宝安1	延历寺、兴福寺僧众械斗。	
1121年 宝安2	延历寺僧众火烧园城寺。	
1123年 保安4	延历寺、兴福寺僧众械斗。	
1124年 天治1	良忍创融通念佛宗。	
1132年 长承1	良忍寂于大原来迎院，年60。	
1134年 长承3	觉鑁任高野山大传法院和金刚峰寺座主。	
1140年 宝延6	延历寺僧众械斗，觉鑁被园城寺僧众袭击，移根来。	
1142年 康治1	园城寺僧众火烧延历寺。	
1163年 长宽1	延历寺僧众火烧园城寺。	
1168年 仁安3	荣西入宋求法，同年与重源一起回国。	
1175年 安元1	源空倡专修念佛，创立净土宗。	
1180年 治承4	平重衡（冲）烧东大寺、兴福寺。	
1186年 文治2	显真请源空到大原胜林寺与诅宗学僧谈净土宗教义（大原问答）。	
1187年 文治3	荣西再次入宋求法。	
1191年 建久2	荣西回国，传临济宗（临济宗成立）。	
1194年 建久5	因延历寺僧众反对，朝廷禁止荣西、能忍传禅宗。兴福寺重建。	
1196年 建永7	贞庆撰《弥勒讲式》。	
1198年 建久9	源空撰《选择本愿念佛集》。荣西撰《兴禅护国论》。	
1200年 正治2	北条政子建寿福寺，请荣西为住持。幕府禁止念佛宗。道元生于京都。	
1202年 建仁2	源空制定七条制诫。荣西开始建立建仁寺。	
1203年 建仁3	荣西到源赖家建的建仁寺传禅宗，兼传天台、密宗。	
1205年 元久2	《兴福寺奏状》列举九大罪状攻击净土宗。	
1206年 建永1	高辩创高山寺。兴福寺控告源空及其弟子，行空、尊西被流放。	
1207年 承元1	禁止专修念佛，源空被流放土佐，亲鸾被流放到越后。	
1211年 建历1	俊仍在宋留学12年，携经论章疏2000余卷等归国。源空蒙赦归京都。	
1212年 建历2	源空去世，年80。	
1214年 建保2	荣西撰《吃茶养生记》。	
1215年 建保3	荣西去世，年75。	
1219年 承永1	禁止专修念佛。	
1223年 贞应2	明全、道元入宋。	
1224年 元仁1	亲鸾撰《教行信证》，传净土真宗。	
1227年 安贞1	延历寺僧众掘毁的墓，要求禁止专修念佛。隆宽、空阿被流放。道元归国。撰《普劝坐禅仪》，传入曹洞宗。	
1231年 宽喜3	道元撰《辩道话》，即开始撰《正法眼藏》。	
1233年 天福1	道元建圣兴寺。	
1234年 文历1	禁止专修念佛，藤原教雅被处流刑。	

1235 年	嘉祯 1	幕府禁止专修念佛。圆尔入宋。
1236 年	嘉祯 2	睿尊、觉胜在东大寺自誓受戒,发誓兴律学。
1240 年	仁治 1	禁止专修念佛。凝然生于伊予国(爱媛县)。
1241 年	仁治 2	圆尔回国。
1243 年	宽元 1	道元在越前创建大佛寺。藤原道家创建东福寺,以圆尔、圆辩为初祖。
1244 年	宽元 4	圆尔入东福寺,传临济宗。道元到越前创大佛寺。
1246 年	宽元 4	道元改大佛寺为永平寺,撰《知事清规》。宋僧道隆到日本,传临济宗。
1247 年	保治 1	幕府请道元到镰仓。
1251 年	建长 3	宗性撰《日本高僧传要文抄》。
1253 年	建长 5	日莲开始传法华信仰。道元去世,年54。
1256 年	康元 1	北条时赖从道隆剃发出家。
1258 年	正嘉 2	亲鸾著《三帖和赞》
1259 年	正元 1	南蒲绍明入宋。
1260 年	文应 1	日莲著《立正安国论》,进幕府。镰仓僧众烧毁日莲的草庵。宋僧普宁抵日。传临济宗。
1261 年	弘长 1	日莲被流放到伊豆。
1262 年	弘长 2	亲鸾去世,年90。
1263 年	弘长 3	日莲被赦。
1264 年	文永 1	日莲遭到东条景信的袭击。
1265 年	文永 2	普宁回国。
1268 年	文永 5	日莲向幕府、建长寺、极乐寺等送书,要求公开辩论。凝然著《八宗纲要》。
1269 年	文永 6	大休正念来日,传临济宗。
1271 年	文永 8	日莲被流放佐渡。
1272 年	文永 9	日莲著《开目抄》。亲鸾女儿觉信尼把亲鸾墓移到大谷,安置其遗像。
1273 年	文永 10	日莲著《内证血脉抄》、《观心本尊抄》。
1274 年	文永 11	日莲被赦,入身延山。一遍创立时宗。
1277 年	建治 3	日莲著《撰时抄》。
1278 年	弘安 1	道隆去世,年66。
1279 年	弘安 2	宋僧祖元来日,传临济宗。
1282 年	弘安 5	日莲去世,年61。北条时宗创圆觉寺,请无学祖元为开山。
1289 年	正应 2	一遍圆寂,年51。
1290 年	正应 3	日兴创建大石寺。
1294 年	永仁 2	日像到京都传日莲宗。
1299 年	正安 1	一山一宁作为元的使者在日,开始被软禁。
1302 年	乾元 1	一山一宁应请入圆觉寺,传临济宗。
1307 年	德治 2	日像被流放土佐。
1311 年	应长 1	凝然著《净土法门源流章》、《三国佛法传通缘起》。

附录一：日本佛教史大事年表

1321年 元亨1	凝然圆寂于千戒坛院，年82。
1322年 元亨2	虎关师炼著《元亨释书》。
1324年 正中1	妙超创大德寺。
1325年 正中2	南禅寺镜圆与延历寺玄慧进行佛法辩论（正中法论）。
1326年 元德1	元僧楚俊、梵仙等来日，传临济宗。
1334年 建武1	定建仁、东福、万寿、建长、圆觉为五山，置南禅寺为五山之上。
1336年 建武3	梦窗疏石被授国师号，任临川寺诸寺之首。
1339年 建武4	足利尊氏建天龙寺，请梦窗疏石为初祖。（南朝延元1）
1342年 康永1	幕府定五山十刹，建长、南禅、圆觉、天龙、寿福、建仁、东福为五山。（南朝兴国3）
1345年 贞和1	幕府设禅寺僧录职，任春屋命妙葩为僧录。（南朝兴国6）
1368年 应安1	南禅寺祖禅著《续正法论》，贬诸宗。延历寺徒众袭击南禅寺。
1379年 康历1	幕府在各地建安国寺、利生塔。（南朝天授5）
1383年 永德3	足利义满创建相国寺，尊梦窗疏石为初祖，春屋妙葩为二祖。
1386年 至德3	幕府定五山名次，以南禅寺为第一，位于五山之上。（南朝元中3）
1398年 应永5	足利义满建造鹿苑寺金阁。
1401年 应永9	幕府以相国寺为五山第一。
1436年 应永8	关东管领足利义持破坏日莲宗寺院。
1458年 长禄2	幕府禁止五山僧徒不经僧录补任诸职。
1465年 宽正6	延历寺僧众袭击和破坏本愿寺大谷本庙，莲如逃到近江。日向将军义政献《谏晓书》。延历寺僧众要求取消在京都的日宗寺院。
1467年 应仁1	"应仁之乱"开始，相国寺和南禅寺遭到兵火，寺院相继遭到严重破坏。
1470年 文明2	兴福寺僧众袭击奈良的日莲宗徒。周凤撰《善邻国宝记》。
1471年 文明3	莲如在越前吉崎建立道场。
1474年 文明6	一向宗（真宗）在加贺开始武装斗争（一向一揆）。
1479年 文明11	莲如在山城山科再建本愿寺。
1481年 文明13	加贺一向宗武装与医王山惣（总）海寺、越中石黑义光作战。兴福寺众徒袭击大和辰市的一向宗徒。
1483年 文明15	足利义政建立东山殿（银阁）。
1488年 长亨2	加贺一向宗武装攻高尾城，守护富樫政亲自杀。
1497年 明应6	莲如创建石山本愿寺。
1499年 明应8	莲如去世，年85。
1501年 文龟1	细川政元，让日莲宗、净土宗进行宗义辩论。
1506年 永正3	北陆一向宗武装迅猛发展。
1514年 永正11	幕府禁止播磨国的一向宗，（角鸟）庄政所取缔庄内的念佛道场。
1524年 大永4	延历寺僧众毁坏日莲宗徒的房屋，此后冲突加剧。
1532年 天文1	京都的日莲宗徒展开武装自卫和斗争，在六角定赖的支持下攻毁山科本愿

	寺。奈良的一向宗徒火烧兴福寺。
1533 年 天文 2	细川晴元、日莲宗徒在界、伊丹与一向宗徒战斗。
1534 年 天文 3	细川晴元与一向宗武装在摄津作战。
1536 年 天文 5	六角定赖等的幕府军队与延历寺僧众联合打败京都的日莲宗武装，烧毁日莲宗寺院。日莲宗被迫离开京都。
1542 年 天文 11	准许日莲宗在京都再建寺院。
1555 年 弘治 1	越前守护朝仓义景攻打加贺的一向宗徒。相良氏禁止领地内的一向宗。
1556 年 弘治 2	朝仓义景与一向宗和解。
1559 年 永禄 2	本愿寺显如列入门迹。
1563 年 永禄 6	松平家康和三河的一向宗武装作战。
1564 年 永禄 7	三河一向宗武装向松平家康投降。
1566 年 永禄 9	北条氏禁止领内的一向宗。
1570 年 元龟 1	织田信长与一向宗武装之间的石山战争开始。伊势长岛的一向宗武装之间的石山战争开始。伊势长岛的一向宗武装攻打织田信兴自杀。
1571 年 元龟 2	织田信长攻入比睿山，烧毁寺院。
1572 年 元龟 3	上杉谦信打败越中的一向宗武装。
1574 年 天正 2	织田信长打败伊势长岛的一向宗武装。
1575 年 天正 3	织田信长打败越前的一向宗武装。
1577 年 天正 5	织田信长打败纪州杂贺的一向宗武装。
1579 年 天正 7	织田信长在安土城支持净土宗贞安等人与日莲宗日（日光）辩论，判日莲宗败，受罚（安土宗论）。
1580 年 天正 8	一向宗法主显如与织田信长讲和，石山会战结束。
1581 年 天正 9	织田信长杀高野山僧徒（高野圣）1383 人。
1583 年 天正 11	家康解除各地禁止一向宗的禁令。
1585 年 天正 13	羽柴秀吉（丰臣秀吉）烧毁根来寺，又攻入高野山威慑当地僧众。
1591 年 天正 19	本愿寺从大阪移回京都。
1594 年 文禄 3	秀吉命诸寺严守戒律，致志学问。
1595 年 文禄 4	丰臣秀吉在广方寺举行大佛供养千僧法会，日莲宗僧日奥倡"不受不施"之义，拒绝与会。
1599 年 庆长 4	德川家康召日奥到大阪城，命他与主张"不受不施"的日绍辩论，翌年把他流放到对马。
1600 年 庆长 5	日奥被流放。
1601 年 庆长 6	德川幕府向高野山下达法度。
1602 年 庆长 7	本愿寺分为东、西本愿寺。
1606 年 庆长 11	高野山学侣与行人纷争。
1608 年 庆长 13	向比睿山下达法度。在江户，净土宗廓山与日莲宗日经辩论（庆长宗论）。日经被处罚。

附录一：日本佛教史大事年表

1609年 庆长14	向园城寺、东寺、醍醐寺、关东真言宗古意派、相模大山寺、圣护院等下达法度。	
1610年 庆长15	向石山寺、高野山下达法度。	
1612年 庆长17	向曹洞宗、兴福寺、长谷寺下达法度。	
1613年 庆长18	向关东天台宗、修验道、关东新义真言宗下达法度。	
1615年 元和1	制定本寺本山诸法度，其中有《五山十刹诸山诸法度》、《大德寺诸法度》、《妙心寺诸法度》、《真言宗诸法度》、《永平寺诸法度》、《总持寺诸法度》、《净土宗诸法度》等。	
1616年 元和2	天海奉命在日光山建德川家庙。向身延山久远寺下达法度。	
1617年 元和3	把家康改葬日光山，授"东照大权现"之号。	
1619年 元和5	崇传任僧录司。京都把60余基督教徒处以火刑。	
1625年 宽永2	天海在江户创建宽永寺，称东睿山。	
1627年 宽永4	制定诸宗僧侣位阶、出世法度。在长崎逮捕基督教徒340人。	
1629年 宽永6	久远寺的日暹与本门寺的日树就"不受不施"与"不受不施"派教义进行辩论。身延山的日暹向幕府告不受不施派。长崎严厉镇压基督教徒，有很多基督教徒被迫改宗。	
1630年 宽永7	日莲宗不受不施派的日奥、日树、日贤、日弘等被流放。	
1631年 宽永8	幕府命诸宗制交末寺帐，禁止在江户建造新寺。	
1632年 宽永9	诸宗向幕府上交末寺帐。	
1635年 宽永12	严禁基督教。幕府置寺社奉行，在全国推行由寺院证明身份制度(寺谱制)。	
1637年 宽永14	刊印天海版《大藏经》。"岛原之乱"。	
1640年 宽永17	置"宗门改役"，命各地制作宗门户籍（宗门人别帐）。	
1649年 安庆2	向高野山学侣、诸院、众徒、行人下达法度。	
1654年 承应3	明僧隐元到日本，后创黄檗宗。	
1655年 明历1	幕府命毁本愿寺学堂，处罚月感等人。	
1663年 宽文3	制止日莲宗徒毁谤净土宗。隐元传黄檗宗。	
1665年 宽文5	制定诸宗寺院法度。	
1666年 宽文6	冈山藩、水户藩、会津藩整顿寺院。	
1668年 宽文8	禁止新建寺院。	
1671年 宽文11	设"宗门户口簿"，统一宗门户籍的记载格式。	
1673年 延宝1	隐元圆寂于万寿寺松隐堂，年82。	
1687年 贞亨4	日莲宗不受不施派僧人被流放。	
1691年 元禄4	禁止日莲宗悲田派。	
1692年 元禄5	幕府对高野山学侣、行人之间的冲突进行裁判，驱逐千余人。	
1702年 元禄4	师蛮著《本朝高僧传》。	
1722年 亨保7	制定有关诸宗僧侣的法度。	
1741年 宽保1	命寺院的公事、诉讼在录所、触头、本寺（总寺）处理。	

年份	年号	事件
1744年	延亨1	富永仲基著《出定后语》。倡大乘非佛说。
1762年	宝历12	禁止随意改派改宗。禁止建立新寺和向寺院施舍田地。
1774年	永安3	东、西本愿寺请公称净土真宗。
1795年	宽政7	禁止上总、下总的农民皈依不受不施派。
1798年	宽政10	西本愿寺智洞倡"三业归命"之义,所谓"三业惑乱"开始。
1829年	文政12	幕府下令整治寺院僧侣的生活、风纪。
1832年	天保3	水户藩撤、并寺院。
1838年	天保9	对不受不施派进行大检举。
1841年	天保12	东本愿寺发生顿成"异安心"事件。
1843年	天保14	水户藩征收寺院的梵钟铸造大炮。
1865年	庆应1	萨摩藩实行"废佛毁释"。
1867年	庆应3	津和野藩实行"废佛毁释"。
1868年	明治1	开始维新,发布"神佛分离令"。"诸宗道德会盟"成立。
1869年	明治2	在东京建立"招魂社"(后为靖国神社)。
1870年	明治3	下达宣布"大教"的诏书,推行神道国教化政策。
1871年	明治4	发布寺社领地上缴令(上知令)。废除宗门户籍。各地"废佛毁释"激化。
1872年	明治5	设置教部省,置教导职,公布"教则三条"。设置大教院。实行一宗一管长制。允许僧侣吃肉、带妻、蓄发。
1873年	明治6	基督教解禁。越前三郡真宗教徒护法暴动。岛地默雷上述请求把佛教从大教院中分离出去。
1874年	明治7	各派可设管长。融通念佛宗独立。
1875年	明治8	废除大教院。允许日莲宗不受不施派传教。
1877年	明治10	废除教部省。在内务省置社寺局。
1879年	明治12	东京招魂社改称靖国神社。
1881年	明治14	东本愿寺改称大谷派,西本愿寺改称本愿寺派。
1883年	明治16	南条文雄编刊英文版《大明三藏圣教目录》。
1884年	明治17	废除教导职,委任各宗派管长任免寺院住持,制定宗制、寺法等。
1885年	明治18	田中智学组织"立正安国会"。
1886年	明治19	井上圆了刊行《真理指针》。
1887年	明治20	井上圆了刊行《佛教活论》,创立哲学馆。
1889年	明治22	公布《帝国宪法》,规定有条件的"信教自由"。大内青峦组织"尊皇奉佛大同团"。
1890年	明治23	颁布《教育敕语》。村上专精著《日本佛教统一论》。
1894年	明治27	中日甲午战争。日本佛教各宗派随军"布教使"。村上专精等发刊《佛教史林》。
1899年	明治32	境野哲、高岛米峰等组织"佛教清徒同志会"(后改"新佛教徒同志会")。
1900年	明治33	《新佛教》创刊。宗教法案第一次被否决。清泽满之在东京设立"浩浩洞",

	开展"精神主义运动"。
1901年 明治34	清泽满之发刊《精神界》。村上专精著《佛教统一论》,脱离僧籍。
1902年 明治35	大谷光瑞到中国西域"探险"。
1903年 明治36	村上专精著《大乘佛说论批判》。前田慧云著《大乘佛教史论》。
1904年 明治37	日俄战争。日本佛教各宗派随军"布教使",召开"战时宗教家恳谈会"。
1905年 明治38	伊藤证信创立"无我苑",发行《无我之爱》。
1910年 明治43	发生所谓"大逆事件",僧侣内山愚童、高木显明等受连累。姊崎正治著《根本佛教》。
1911年 明治44	鹫尾顺敬发刊《佛教史学》。
1912年 大正1	召开神道、佛、基督三教联合会议,决议"扶翼皇运,振兴国民道德"。开始刊行《大日本佛教全书》。
1914年 大正3	田中智学组织"国柱会"。
1915年 大正4	成立"佛教联合会"。
1916年 大正5	各地成立"佛教护国团",成立"宗教研究会",发刊《宗教研究》。
1917年 大正6	藤井日达创立"日本山妙法寺大僧伽"。开始刊行《国译大藏经》。
1924年 大正13	开始刊行《大正新修大藏经》。
1925年 大正14	久保角太郎、小谷喜美创立"灵友会"。
1927年 昭和2	宗教法案第二次未通过。
1928年 昭和3	《昭和新纂国译大藏经》开始刊行。
1930年 昭和5	牧口常三郎、户口城圣成立"创价教育学会"。妹尾一郎组织"新兴佛教青年同盟"。
1931年 昭和6	"日本战斗的无神论同盟"、"日本反宗教同盟"成立。井上日昭组织"血盟团"法西斯组织。
1937年 昭和12	日本发动全面侵华战争。东京佛教护国团召开"报国大会"。"新兴佛教青年同盟"成员被捕,组织被迫解散。
1938年 昭和13	文部省宗教局召开三教会议,协商所谓"对华布教"问题。庭野日敬、长沼妙佼创立"立正佼成会"。
1939年 昭和14	制定《宗教团体法》。
1940年 昭和15	佛教13宗56派合并为13宗28派。
1941年 昭和16	"佛教联合会"改为"大日本佛教会"。各教召开"大日本宗教报国会"。
1942年 昭和17	召开"奉戴大诏宗教报国会"。成立"兴亚宗教同盟"。
1944年 昭和19	三教组成"大日本战时宗教报国会"。
1945年 昭和20	日本无条件投降。成立"日本宗教会"。美国占领军以盟国最高司令部名义下达《人权指令》、《神道指令》,废除《宗教团体法》,颁布《宗教法人令》。
1946年 昭和21	天皇发布《人间宣言》。建立"佛教联合会"。"日本宗教会"改组为"日本宗教联盟"。颁布《日本国宪法》,规定信教自由和政教分离。"创价

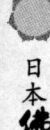

		教育学会"再建,改名"创价学会"。
1947年	昭和22	举行"全日本宗教和平会议"。临济宗妙心寺派在各地寺院设"花园会"开展本宗振兴活动。
1951年	昭和26	公布《宗教法人法》。成立"日本印度学佛教学会"。
1952年	昭和27	"世界佛教徒日本联盟"成立。"世界佛教徒联谊会"在东京召开。
1954年	昭和29	"全日本佛教会"成立。
1955年	昭和30	"日中佛教交流恳谈会"成立。北京版《西藏大藏经》开始刊行。
1960年	昭和35	"佛教和平协议会"组织佛教信徒举行反对修改《日美安全条约》的游行。池田大作任创价学会第三任会长。
1962年	昭和37	真宗大谷派、本愿寺派分别发起"同朋运动"和"门信徒运动"。创价学会成立"公明政治联盟"。"日本宗教徒和平协议会"成立。
1963年	昭和38	"日中佛教交流恳谈会"举行鉴真大师逝世1200周年纪念活动。"世界联邦日本佛教徒和平协议会"成立。
1964年	昭和39	创价学会改"公明政治联盟"为"公明党"。
1965年	昭和40	真言宗丰山派开展"光明曼陀罗运动"。
1966年	昭和41	净土宗开展"传继运动"。曹洞宗开展"一佛二祖奉祀运动"。日莲宗开展"护法运动"。
1967年	昭和42	高野山真言宗开展"合掌运动"。
1968年	昭和43	全日本佛教会、日本宗教联盟等反对靖国神社法案。临济宗南禅寺开展"总合掌运动"。
1969年	昭和44	自民党向国会提出靖国神社法案。全日本佛教会发表声明表示反对。天台宗开展"照一隅运动"。真言宗智山派开展"互相尽力运动"。
1970年	昭和45	创价学会与公明党"政教分离"。"世界宗教徒和平会议"第一次会议在京都召开。
1971年	昭和46	久保继成任灵友会第二任会长。
1974年	昭和49	"日中友好佛教协会"成立。
1975年	昭和50	各国创价学会代表在美国关岛召开"世界和平会议",成立"世界佛教徒联盟"。日本国际佛教兴隆协会在印度菩提伽耶主持"第一次国际佛教徒集结"。
1976年	昭和51	"亚洲佛教徒和平会议"第四次会议在东京召开。
1978年	昭和53	"世界佛教徒来联谊会"第十二次会议在东京举行。
1980年	昭和55	鉴真和尚像在唐招提寺森本孝顺长老护送下来中国巡展。
1986年	昭和61	日本佛教大学与中国佛教协会联合在京都召开"中日第一次佛教学术交流会议"。

附录二：主要参考文献

第一章

千叶乘隆、北西弘、高木丰：《佛教史概说》，平乐寺书店1977年版。
杨曾文：《日本佛教史》，浙江人民出版社1995年版。
村上专精：《日本佛教史纲》，杨曾文译，商务印书馆1981年版。
杨曾文：《日本近现代佛教史》，浙江人民出版社1996年版。
家永三郎：《日本佛教史的展开》，平乐寺书店1956年版。
木宫泰彦：《日中文化交流史》，胡锡年译，浙江人民商务印书馆1980年版。
竹贯元胜：《日本禅宗史》，厚德社1989年版。

第二章

《中华百科全书（佛教篇）》（网络版），http://fodian.goodweb.cn/dict_4.asp。
《佛学大辞典》（网络版），http://fodian.goodweb.cn/dict_1.asp。
《丁福保佛学大辞典》（网络版），http://fodian.goodweb.cn/dict_2.asp。
《陈义孝佛学常见词汇》（网络版），http://fodian.goodweb.cn/dict_7.asp。
释圣严：《日本佛教史》，载《现代佛教学术丛刊》第82期（1980.10）。
村上专精：《日本佛教史纲》，杨曾文译，汪向荣校，商务出版社1981年版。
杨曾文：《日本佛教史》，浙江人民出版社1995年版。

第三章

《本朝高僧传》卷二、卷三、卷十六、卷二十、卷二十四、卷二十七、卷三十四
《宋高僧传》卷十四
《延宝传灯录》卷一、卷二、卷六、卷七、卷十一、卷二十三
《续日本纪》
《扶桑略记》
《日本纪略前篇》卷二十
《日本纪略后篇》卷一、卷四
《元亨释书》卷一、卷二、卷三、卷四、卷五、卷六、卷十一、卷十六、卷二十九
《入唐记》
《入唐五家传》

《唐大和上东征传》
《日本往生极乐记》
《今昔物语》卷十一
《续本朝往生传》
《扶桑禅林僧宝传》卷六
《三代实录》卷三十
《本朝祖师传记绘词》
《律苑僧宝传》卷十四
《东大寺要录》卷二
《历代三宝纪》卷七
《招提千岁传记》卷上之二
《净土真宗圣教目录》
《拾遗古德传》卷七、卷九
《本朝法华验记》卷下
《行基年谱》
《行基大菩萨行状记》
《空也诔》
《空也上人绘词传》
《融通念佛缘起》
《声明源流记》
《两祖师绘词传》
《融通念佛宗三祖略传》
《善信圣人亲鸾传绘》
《慈惠大僧正传》
《慈惠大师传》
《天台座主记》
《圆照上人行状》卷中
《天台宗延历寺座主圆珍传》
《首楞严院源信僧都传》
《惠心院源信僧都行实》
《二十五三昧结缘过去帐》
《法然上人传记》
《圣一国师年谱》
《神子禅师行实》
《东福寺文书》
《神子禅师行实》
《大应国师塔铭》

《镰仓五山记》
《戒律传来记》卷上
《四明教行录》卷一、卷四
《佛祖统纪》卷八、卷二十五、卷四十四
《常晓和尚请来目录》
《梁高僧传》卷六
《出三藏记集》卷十二、卷十五
《大唐内典录》卷三
《广弘明集》卷十五、卷二十七、卷三十
《法苑珠林》卷一〇〇
《东林十八高贤传》
《海藏和尚记年录》
《三祖行业记》
《洞上联灯录》卷一
《天龙开山梦窗正觉心宗普济国师年谱》
《梦窗正觉心宗国师塔铭并序》
《东寺长者补任》卷一
《诸门迹谱》
《无学禅师行状》
《东岩安禅师行实》
《五山名僧小传》
《五山传》
《西大寺缘起》
《西大寺资财流记帐》
伊藤英三《禅思想史体系》
大野达之助《日本佛教思想史》
村上专精著，杨曾文译《日本佛教史纲》
《惠心僧都全集》
宫本正尊编《佛教の根本真理》
稻叶昌九《莲如上人行实》、《莲如上人遗文》、《莲如上人御一代闻书》
百濑明治《大实业家·莲如》
丹羽文雄《莲如》（八卷）

第四章

《元亨释书》卷九、卷二十二
《金陵山缘起》

《西大寺略记》
《西大寺缘起》
《西大寺资财流记帐》
《续日本纪》卷二、卷三、卷五、卷十、卷十七、卷二十二、卷三十四、卷三十六
《日本书纪》卷十七、卷二十一至二十七、卷二十九、卷三十
《三代实录》卷六、卷七、卷十五、卷二八、卷四十
《延喜式》卷二十六
《扶桑略记》卷三、卷四、卷六
《元兴寺缘起》
《本朝佛法最初南都元兴寺由来》
《圣德太子传历》卷上、卷下
《神护寺略记》
《文觉四十五个条》
《高雄山中兴记》
《高雄山神护寺缘起》
《宋高僧传》卷十四
《唐大和上东征传》
《兴福寺缘起》
《兴福寺伽蓝记》
《三国佛法传通缘起》卷中
《本朝高僧传》卷四、卷五、卷四十五
《三论祖师传集》卷下
《总持寺文书》
《大本山总持寺要览》
《三国传记》卷七
《净土传灯总系谱》卷下
《江户名所记》卷二
《九院佛阁抄》
《山门堂舍记》
《睿岳要记》
《三塔诸寺缘起》
《传教大师行状》
《天台座主记》卷一、卷二
《三塔诸寺缘起》
《山家最略记》
《仁和寺文书》
《仁和寺御室系谱》

— 166 —

附录二：主要参考文献

《仁和寺诸堂记》
《仁和寺御传》
《诸门迹谱》
《仁和寺诸师年谱》
《日本纪略后篇》卷二、卷七至卷九、卷十一、卷十三
《左经记》
《荣华物语》卷十
《京都坊目志》
《建仁寺住持位籍》
《扶桑五山记》
《叶黄记》
《东福纪年录》
《明庵禅师塔铭》
《兴福护国论序》
《妙心寺文书》
《玉凤院文书》
《本光国师日记》
《延宝传灯录》卷二、卷十五、卷二十一、卷二十二、卷二十八、卷三十、卷三十一
《妙心寺六百年史》
《妙心寺史》
《花园妙心寺略志》
《建长兴国寺碑文》
《圆觉寺古文书》
《龙宝山志》卷一
《镰仓五山记》
《五岳禅住籍》
《五山传》
《碧山目录》卷一、卷二
《天下南禅寺记》
《佛光禅师塔铭》
《佛国应供广济国师行录》
《普明国师行业实录》
《天龙寺供养记》
《天龙杂志》
《法然上人行状绘图》
《知恩院文书》
《华顶志要》

《东福寺记》
《东福寺文书》
《圣一年谱》
《拾芥抄》卷下（本）
《吾妻镜》卷三十三
《百炼抄》卷十四、卷十七
《和汉禅刹次第》
《清水寺缘起》
《雍州府志》卷四
《山城名胜志》卷十五
《大石寺文书》
《妙法寺记》
《当家诸门流继图之事》
《本化别头佛祖统纪》卷九、卷十二
《和汉三才图会》卷六十九
《骏国杂志》卷四十七
《寺鉴》卷下
《日本名胜地志》卷三
《妙显寺文书》
《龙华秘书》
《日像门家分散之由来记》
《梦窗国师御咏草》
《荫凉轩日录》
《西芳寺池庭记》
《法灯圆明国师年谱》
《法灯国师缘起》
《沙石集》卷八
《碧山日录》卷一
《孤峰和尚行实》
《镰仓佐介净刹光明寺开山御传》
《然阿上人传》
《观经疏传通记糅抄》卷一、卷四十八
《大谷本愿寺通纪》卷七
《和汉三才图会》卷六十六
《光明寺残篇》
《光明寺旧记》
《大谷本愿寺通纪》卷七

《和汉三才图会》卷六十六
《西山西芳寺缘起》
《平安通志》
《日本高僧传》卷五十六
《续日本高僧传》卷三、卷四
《日光山志》
《慈照寺记》
《神皇正统记》
《大觉寺文书》
《大觉寺门迹次第》
《大觉寺门迹略记》
《东照宫御实纪》第五
《京师巡览集》第五
《壬生寺缘起》
《圆觉十万上人年谱考》
《缁白往生传》卷中
中岛俊司：《醍醐寺略史》
佐和隆研：《秘宝醍醐寺》
永岛福太郎：《丰山前史》
逸日出典：《长谷寺史の研究》
樱井景雄：《南禅寺史》
斋藤昭俊（等）编：《日本佛教宗派事典》
井川定庆编：《知恩院史》

第五章

《元亨释书》卷一
《传教大师章疏》
《传教大师传》
《诸宗章疏录》卷二、卷三
《密宗书籍目录》
《弘法大师年谱》卷二
《净土依凭经论章疏目录》
《莲门类聚经籍录》卷下
《净土真宗教典志》卷三
《选择要决》
《选择传弘决疑抄》卷五

《净土法门源流章》
《祖书纲要删略》卷二
《元祖化导记》卷上
《本化高祖年谱》
《日莲宗宗学章疏目录》
《传律图源解集》卷下
《招提千岁传记》卷下之三
《海藏和尚纪年录》
《济北集》卷十
《续史愚抄》卷十七
稲叶秀贤：《教行信证の诸问题》
宫井义雄：《教行信证成立史考》、《教行信证の成立とその神髓》
渡边显正：《教行信证大观》
曾我量深：《教行信证内观》
大谷大学真宗学会编：《教行信证の研究》
赤沼智善、山边习学合编：《教行信证讲义》
莲茨祖运：《教行信证の基础讲座》
重见一行：《教行信证の研究》。）
安藤文英：《永平大清规通解》
筱原寿雄：《永平大清规》
平川彰编：《佛教と心の问题》
《弘法大师空海全集》第二卷（筑摩书房，1983）

后　记

　　本书虽远远称不上佛教研究方面的力作，但在终于得以付梓之时，仍有如释重负之感。皆因从教将近三十年来，常有学生们问起：老师是不是信佛？而当问及何有此问时，回答说是一种感觉。据说学生们私底下时有议论，感觉到老师每谈及佛教、佛学、禅文化方面的话题时，神情似乎总有些超乎寻常。呜呼，喜形于色如此，岂是得道大德之所为？

　　其实，自己之所以在接触日本文化时即对其中佛教文化部分别有感觉，除却在前言里提及"日本的历史文化难以割断与佛教文化间的关联"这一重要因素外，与自己对佛、禅所倡为人处世之道有所偏好、认同不无关系。既难脱凡夫俗子之胎骨，则说明修行尚未到家。闻学生有此议论，本亦不该耿耿于怀，却由是以来自觉肩上多了一点责任：好歹总该穷己所学，在佛教文化方面弄出点东东来吧。于是从赴日本京都大学留学时起，在研修日语教学之余，有意识地致力于日本佛教文化方面的钻研。后来回国在暨南大学攻读博士学位时，亦很自然地选择了"宋元时期中日佛教文化关系"为研究课题，并籍此成果获史学博士学位。其后虽偶有诸如"论宋元文化的影响力与日本的佛教文化"、"中日禅僧与日本中世文化"、"日本中世文化与中国禅文化的关系"、"论日本室町文化中的禅文化因素"等一系列小论问世，却始终难以释怀。亦因如此，在学界学兄王勇教授力荐之下，于2008年初欣然承接了浙江省中日关系史学会委托的"日本佛教源流"重点研究项目，欲借此机会将自己在日本佛教文化钻研上的成果和心得做个总结，一来可了却自家心愿，二来对周围抱有某种期待的学生也好有个交代。

　　该项目在研究过程中，经申请获准作为广东省"211工程"三期重点学科建设项目"全球化背景下的外国语言文学研究"的子项目（GDUFS211-1-086）立项资助，本书即为该子项目的最终成果。全书的整体构思和写作提纲由韦立新拟定，第一章由韦立新执笔，第二章由任萍执笔，第三章、第四章、第五章由韦立新、任萍共同执笔，韦立新负责书稿的统稿、修改及最后审定。本研究在启动初期获得浙江省中日关系史学会在启动经费上的资助，在书稿构思上以及撰写过程中得到王勇教授的无私帮助和指导,在资料的收集和整理上,得到广东外语外贸大学余六一副教授和香港大学日本研究系博士生韦玮的大力帮助,书中参考并借鉴了诸多先学的研究成果,在此一并表示谢忱之意。

编著者

2012 年 9 月 18 日于广州